"2019江苏高校青蓝工程优秀教学团队培养对象项目——现代服务BPO教学团队"成果

智慧城市大发展背景下智慧社区建设研究

余凡 著

图书在版编目（CIP）数据

智慧城市大发展背景下智慧社区建设研究／余凡著
.—苏州：苏州大学出版社，2021.9（2022.9重印）
ISBN 978-7-5672-3683-7

Ⅰ.①智… Ⅱ.①余… Ⅲ.①社区建设—研究—中国 Ⅳ.①D669.3

中国版本图书馆 CIP 数据核字（2021）第 163812 号

智慧城市大发展背景下智慧社区建设研究
余 凡 著
责任编辑 孙志涛
助理编辑 曹晓晴

苏州大学出版社出版发行
（地址：苏州市十梓街1号 邮编：215006）
广东虎彩云印刷有限公司印装
（地址：东莞市虎门镇黄村社区厚虎路20号C幢一楼 邮编：523898）

开本 700 mm×1 000 mm 1/16 印张15.25 字数243千
2021年9月第1版 2022年9月第2次印刷
ISBN 978-7-5672-3683-7 定价：58.00元

若有印装错误，本社负责调换
苏州大学出版社营销部 电话:0512-67481020
苏州大学出版社网址 http://www.sudapress.com
苏州大学出版社邮箱 sdcbs@suda.edu.cn

前　言

据联合国及世界银行统计数据显示，1960年至2019年，世界城市人口从10.19亿人增长到42.74亿人，全球城市化水平不断提高。联合国发布的《世界城市化展望（2018年修订版）》指出，到2050年全球城市化率有望达到68.4%，接近70%的世界人口将生活在城市。这必然会对城市的经济发展、资源利用、生态环境、生活质量提出更高要求，甚至会使城市面临非常严峻的挑战。那么，如何应对呢？构建智慧城市发展体系、实现城市的可持续发展，成为众多国家的选择。

在我国，自2012年发改委、住建部、科技部、工信部等国家部委联合推动智慧城市试点工作以来，超过300个城市纷纷开始智慧城市的规划和建设。根据2018年德勤对全球智慧城市在建数量的统计，我国是全球智慧城市建设探索最积极、最深入的国家，试点数量占比达到了48%。我国智慧城市建设已经历智慧城市概念导入的分散建设阶段、智慧城市试点探索的规范发展阶段、"以人为本、成效导向、统筹集约、协同创新"的新型智慧城市发展阶段三个阶段。目前，我国最重视的是智慧城市的顶层设计与数据融合，发展重点在进一步强化城市智能设施统筹布局和共性平台建设，打通数据孤岛，加强城乡统筹，形成智慧城市一体化运行格局。

在我国的智慧城市建设中，智慧社区建设是不可或缺的组成部分。社区是人民生存和发展的最小"基石"，是党和政府联系群众、服务群众的"神经末梢"，社区建设及服务程度直接影响人民群众的幸福感、获得感。智慧社区作为新形势下社会治理的一种新模式，主要通过利用各种智能技术和方式，整合社区各类服务资源，为社区居民提供政务、商务、娱乐、教育、医护、生活互助等多种便捷服务。智慧社区建设的出发点和落脚点都是"提升人民群众的幸福感",因此必须紧紧围绕民生进行。具体来说,智慧社区是通过综合运用现代科学技术,整合社区内的人、地、物、情、事、组织等信息,统筹公共管理、公共服务、商业服务等资源,以智慧社区综合信息服务平台为支撑,依托适度领先的基础设施,提升社区治理现代化水平,促进公共服务和便民服务智能化的一种社区管理和服务的创新模式,是实现新型城镇化发展目标和社区服务体系建设目标的重要举措之一,可以提高社区居民对智慧城市建设的感知度和认同度,为智慧城市建设的宣传和普及增光添彩。

当前,我国智慧社区建设还处于探索发展阶段,取得了一些成绩,但也存在困难和问题,尤其是在应对突发事件时,一些综合服务"短板"凸显,如缺少商业综合服务板块、存在综合信息服务平台"数据孤岛"现象等。另外,还存在社区基础设施建设水平参差不齐、物业管理服务层次较低、社区自治能力尚未充分发挥、统筹规划尚缺乏、体制机制不顺畅、专业人才队伍建设滞后、可持续的建设运营模式尚未形成等问题。

本书以智慧城市大发展作为研究背景,在前期相关项目研究的基础上,通过系统梳理智慧社区建设相关理论基础,深入解读智慧社区内涵,分析智慧城市特征及发展现状,厘清智慧社区与智慧城市建设的关系,并结合物联网技术进行智慧社区综合服务平台建设路径设计、智慧社区综合服务系统设计,最后借鉴国内外已有的智慧社区建设案例,从"打造整体社区、打造'15分钟智慧生活圈'、建设弹性社区、推动社区自治"四大建设理念出发,形成未来智慧社区建设的思路和对策。

本书的写作过程是理论与实践相结合的过程,作者多次深入社区、居民委员会、相关政府部门、人工智能企业、物联网企业、商业服务企业进行专题调研,广泛听取行业内专家、技术人员的意见和建议,在此向所有给予帮助和支持的企业、学者、专业技术人员致以衷心的感谢。同时,向在本书编写过程中提供协助的张国鹏、王威、刘新宇表示感谢。

由于时间仓促、作者水平有限,加之行业发展、技术革新快速,书中难免存在不足之处,敬请广大读者批评指正。

目 录

第1章 绪论 / 1

1.1 研究背景 / 1
1.2 研究意义 / 3
1.3 国内外研究现状 / 4
1.4 研究目标 / 6
1.5 研究内容 / 6

第2章 智慧社区建设的理论基础 / 8

2.1 治理理论 / 8
2.2 社会资本理论 / 12
2.3 公民社会理论 / 16
2.4 基层民主理论 / 19
2.5 利益相关者理论 / 22

第3章 社区治理与城镇化发展 / 26

3.1 社区的内涵 / 26
3.2 社区治理的概念及意义 / 31
3.3 中国城镇化发展过程中的社区治理 / 34

第 4 章 智慧社区与智慧城市建设的关系 / 37

4.1 智慧城市的内涵 / 37
4.2 我国智慧城市建设的现状和发展趋势 / 38
4.3 智慧社区的内涵 / 42
4.4 我国智慧社区建设的现状 / 43
4.5 智慧社区与智慧城市建设的关系 / 45

第 5 章 智慧社区建设的主要内容 / 47

5.1 智慧社区的基本功能 / 47
5.2 智慧社区建设的内容 / 53

第 6 章 智慧社区综合服务平台及其建设路径 / 63

6.1 平台功能需求调研 / 63
6.2 平台建设应用维护路径 / 70
6.3 智慧社区运营模式探讨 / 72

第 7 章 智慧社区综合服务系统设计 / 77

7.1 系统设计的主要原则 / 77
7.2 基础信息管理系统 / 78
7.3 决策支持系统 / 86
7.4 智慧商务系统 / 91
7.5 智慧物流服务系统 / 97
7.6 智慧社区政务服务系统 / 100
7.7 智慧养老服务系统 / 106
7.8 智慧家居系统 / 110
7.9 智慧物业服务系统 / 116
7.10 智慧家政服务系统 / 121

7.11　智慧医疗卫生管理信息系统 / 124

第8章　智慧社区建设案例 / 130

8.1　国外智慧社区建设案例 / 130
8.2　国内智慧社区建设案例 / 138

第9章　未来智慧社区建设发展的关键性问题 / 179

9.1　智慧社区发展存在的问题 / 179
9.2　智慧社区发展面临的新形势 / 181
9.3　未来智慧社区建设的总体规划 / 193
9.4　未来智慧社区建设的重点内容设想 / 200
9.5　未来智慧社区建设推进建议与展望 / 218

参考文献 / 222

附　录 / 225

第 1 章

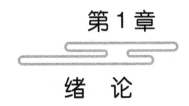

绪 论

1.1 研究背景

1.1.1 我国智慧城市建设深入推进

2012年,住建部办公厅发布《关于开展国家智慧城市试点工作的通知》,我国正式启动智慧城市建设。2020年是"十三五"规划的收官之年,也是"十四五"规划的启动之年,国家密集出台多项政策予以引导和支持,智慧城市也逐步迈向高质量建设发展阶段。

2020年3月,习近平总书记在浙江考察时指出,运用大数据、云计算、区块链、人工智能等前沿技术推动城市管理手段、管理模式、管理理念创新,从数字化到智能化再到智慧化,让城市更聪明一些、更智慧一些,是推动城市治理体系和治理能力现代化的必由之路,前景广阔。城市的智慧化水平是城市发展水平与核心竞争力的重要体现。

当前,随着我国城市化进程不断深入,城市人口数量快速增长,城市管理模式、城市结构和城市功能也逐步发生变化。以互联网、物联网、云计算、大数据和人工智能为代表的新兴技术与城市的深度融合,带动了智慧城市产业的蓬勃发展。2008年,IBM首次提出"智慧城市"概念,在国际上引起广泛关注,并持续引发了全球智慧城市的发展热潮。目前,智慧城市已经成为推进全球城镇化、提升城市治理水平、破解大城市病、提高公共服务质量、发展数字经济的战略选择。2012年,住建部办公厅出台《国家智慧城市试点暂行管理办法》,我国智慧城市发展开始走上正轨;2016年,我国智慧城市建设进入新型智慧城市发展阶段，5G、大数据、人工智能等技术的逐渐成熟推动了智慧城市向数字化、智能化等新模式发展。我国长三角、珠三角、环渤海、粤港澳大湾区等地区的智慧城市群已初具雏形。截至2020年4月初，我国智慧城市试点数量累计已达749个。

智慧城市的发展吸引了大量社会资本的进入。据统计，2018年我国智慧城市技术相关投资规模为200.53亿美元，同比增长15.91%；2019年达到228.79亿美元，较2018年增长了14.09%；2020年，我国智慧城市技术相关投资规模将达到266亿美元，成为仅次于美国的世界第二大国。① 另外，《中华人民共和国国民经济和社会发展第十四个五年规划和2035年远景目标纲要》中多处提到智慧城市建设相关内容，要求全面提升城市品质，大力推进新型城市建设，提升城市智慧化水平，推行城市楼宇、公共空间、地下管网等"一张图"数字化管理和城市运行一网统管。以住建部公布的国家智慧城市（区、县、镇）试点名单为例，智慧城市建设试点已覆盖我国31个省、自治区、直辖市，以东部沿海地区最为集中。智慧城市建设是一个长远的战略目标，在智慧城市的规划、建设和运营中，要充分利用5G、物联网、人工智能、大数据、云计算、区块链等信息技术来推进城市治理的数字化转型，实现城市的智慧运营、精准治理、高效集约和普惠性发展。城市数字化建设的举措正在逐步推进，基于数字化转型的智慧城市建设将进一步激发巨大的内需潜力和发展动能，不断推进供给侧改革和新旧动能转换的进程。随着智慧城市建设的加速，社会治理、经济发展、科技创新、环境改善等都将进入新的阶段，成为推动人类文明进步的重要驱动力。

1.1.2 我国智慧社区建设探索推进

智慧社区建设是智慧城市建设不可或缺的重要内容，是打通城市治理"最后一公里"的重要方案。智慧社区作为"互联网+"时代的一种新型社区管理理念和模式，是以信息化、智能化为特征，通过物联网、

---

① 轩智传媒. 2020年中国智慧城市发展：市场支出规模将达266亿美元[EB/OL]. (2020-05-07)[2021-03-09]. https://www.sohu.com/a/393589910_99952684.

云计算、移动互联网等新一代信息技术的集成应用，为社区居民提供安全、舒适、便利、智慧的生活环境的新社区。

2019年10月，党的十九届四中全会科学阐述了"中国之治"，深刻指出了国家治理体系和治理能力现代化发展的方向，并提出了"建设社会治理共同体"这一新目标，强调加强和创新社会治理，同时要求健全党组织领导的自治、法治、德治相结合的城乡基层治理体系，健全社区管理和服务机制，建立健全运用互联网、大数据、人工智能等技术手段进行行政管理的制度规则，推动社会治理和服务重心向基层下移，更好地提供精准化、精细化服务。社区承担了越来越多的社会管理和服务职能，社区建设的成败直接影响着新型城镇化建设的发展趋势，社区的和谐稳定关系到城市的繁荣与稳定。

我国的智慧社区建设经过十多年发展取得了长足的进步。深圳、上海、广州、北京等沿海城市、直辖市和省级中心城市智慧社区发展较快，与这些经济发达的城市相比，我国经济欠发达地区的智慧社区发展缓慢，有的地方的社区智能化刚开始不久，有的还处于萌芽阶段。由此可见，在国家治理现代化战略背景下，我国的智慧社区建设已进入更深层次的探索发展时期。政府"自上而下"的社区治理需求与公民"自下而上"的社区服务诉求之间的信息沟通"蓝图"日益清晰，由数据智能驱动的智慧社区将能够充分满足人民对美好生活的需求。

1.2 研究意义

随着科学技术的不断发展、人民生活水平的提高及国家各项改革的逐渐深入，我国的城市发展面临新的挑战。城市人口不断增加、交通日益拥堵、污染逐渐严重等问题十分严峻，作为城市人口的聚集地的社区也就成了各种社会矛盾和冲突的频发地，本就烦琐的基层社区工作越来越难以开展，这对基层社区所承担的社会职能提出了更高的要求。

积极推进智慧社区建设，有利于加快传统城市信息化建设步伐，促进传统城市的可持续发展。在当前城市人口急剧增加的背景下，城市公共资源面临极大危机，资源不足、分配不均衡、使用不合理等问题接踵而来，传统的城市发展模式已难以为继，急需改变。智慧社区作为智城市的基本构成单元，能够发挥巨大作用，以点带面，逐渐实现城市发展的智慧化，使城市管理更加精准、科学，进而促进城市的可持续发展，让城市的发展更平衡、更充分。

积极推进智慧社区建设，有利于提高政府运行效率，提升政府执政形象。智慧社区借助数字化、信息化的手段，可以将政府新政策、新思想迅速传递给社区居民，让社区居民及时了解政府工作动态，降低政府行政管理成本，进而推动基层政府向服务型政府发展。

积极推进智慧社区建设，有利于提高社区居民的生活质量。一个完整的智慧社区所包含的系统应该涵盖居民生活、工作、医疗、娱乐等各个方面，传统社区强调以技术为核心，过于追求一些新技术，智慧社区则强调以技术服务于人为核心，以人为本，通过应用先进技术，让居民生活更加便利、更加智能。

积极推进智慧社区建设，有利于传统企业实现转型升级。智慧社区的出现对于传统企业来说，既是挑战也是机遇。由于智慧社区的特点是智慧化、信息化、集成化等，传统企业若想在智慧社区的发展中有所收获，就必须转型升级，与智慧社区的发展保持同步，实现企业的智慧化发展，这不仅能提高企业竞争水平，更能推动企业走上可持续发展道路。

1.3 国内外研究现状

1.3.1 国外研究现状

"智慧社区"概念起源于西方发达国家。1992 年，国际通信中心（International Center for Communication）第一次正式提出"智慧社区"的口号。1996 年，美国圣地亚哥州立大学与加利福尼亚州政府合作推出世界首个智慧社区项目。2000 年，智慧社区论坛（Intelligent Community Forum，简称 ICF）开始举办世界范围的智慧社区评选活动。目前，国外关于智慧社区的研究主要沿两条线展开：第一条线是把智慧社区看作"智慧城市"的细胞，从智慧城市组成部分的角度来探讨智慧社区的构成要素、运行模式及其与智慧商务、智慧政务等模块的衔接交互，并最终落脚到改善社区生态和满足居民需求上。在国外学者的研究中，智慧社区与智慧城市两个概念并无明显区别，"community"既可以是乡镇、市区，也可以是城市、省或其他更大的区域。ICF指出智慧社区并不一定要是大城市或者著名的技术中心，它既可以坐落于发展中国家，也可以位于发达工业化国家；既可以在郊区，也可以在城市；既可以在内陆，也可以在沿海。第二条线是把智慧社区看作"智能建筑"或"智慧家庭"的延伸，从微观的、技术的层面向外辐射出覆盖范围更广且包含社会关系的智慧社区。20世纪80年代，美国成立了"智能化住宅技术合作联盟"，对住宅智能化技术、产品、应用系统等进行测试和规范，引导人们采用新技术进行住宅设计和建造。随后，欧洲、日本、新加坡等发达国家（地区）相继提出对住宅智能化进行研究，如英国的《规划和监管在线服务建设控制服务发布标准》、日本的超级家庭总线技术标准（HBS或S-HBS，Super-Home和Bus System）等。

在国外，智慧社区的特征主要有三点：一是信息资源共享；二是以社区居民需求为出发点；三是城市管理和社区信息化。有国外学者提出，社区工作的指导原则应当是：促进社区参与；将建设社区精神作为一个中心目标；有系统地组织跨代际的活动；实现跨组织的合作目标；将增强社区能力作为一个中心目标；注重基层居民，给予他们尽可能大的资助。还有学者提出，计算机和信息系统的运用有助于提高城市管理水平。城市居民和其他参与者有权使用数字化的数据资料，使城市事务决策具有更高的透明度和更广泛的参与性。

1.3.2 国内研究现状

与国外将智慧社区与智慧城市的界限模糊化不同，国内对智慧社区的概念有明确的界定。我国的智慧社区是指智慧化了的居民住宅区，虽然单个社区所占的土地面积有限，但是社区数量庞大、类型多样，如极具中国特色的传统单位式社区、城乡边缘过渡式社区。从研究内容上看，目前国内关于智慧社区的研究主要局限在宣传与挖掘智慧社区的先进理念和经验启示的狭窄领域。从研究方法上看，定性研究仍占多数，国内智慧社区的定量研究应用范围十分有限，实证研究尚处于萌芽阶段，较少涉及智慧社区综合服务平台的建设和应用、智慧社区的影响及效用等层面。

1.4 研究目标

虽然目前国内的智慧社区研究已经取得了比较丰硕的成果，但是构建和谐宜居的智慧社区生态系统，实现资源、环境、经济与人的全面可持续发展的美好愿景尚存在诸多挑战，需要将活跃在社会科学、计算机科学等领域的学者们凝聚在一起，对未来智慧社区领域的各项建设进行突破性研究。

本书的主要研究目标是在智慧城市深入推进发展的背景下，分析智慧社区的建设内容、应解决的问题和发展方向。围绕这个目标，本书详细梳理智慧社区建设的理论基础；深入探讨社区治理与城市化发展的关系、智慧社区与智慧城市建设的关系；明确智慧社区建设的主要内容、核心功能、服务系统，并通过需求调研设计智慧社区综合服务平台的建设路径；在对国内外典型案例进行分析的基础上，研究我国智慧社区的未来发展趋势和方向，希望为国家智慧社区的建设提供些许借鉴和参考。

1.5 研究内容

本书的主要研究内容如下：

（1）充分研究智慧社区建设相关的理论基础，包括治理理论、社会资本理论、公民社会理论、基层民主理论及利益相关者理论，从理论层面探讨智慧社区建设的价值和意义、特征和方式等。

（2）剖析社区的内涵，以及社区治理的概念、意义，分析我国城市化发展的现状及对社区治理提出的要求。

（3）分析智慧社区与智慧城市建设的关系，确定智慧社区建设的主要内容，包括智慧社区的基本功能和建设内容。

（4）设计智慧社区功能需求调研，根据调研情况设计智慧社区综合服务平台及其建设路径。

（5）设计智慧社区综合服务系统，包括基础信息管理系统、决策支持系统、智慧商务系统、智慧物流服务系统、智慧社区政务服务系统、智慧养老服务系统、智慧家居系统、智慧物业服务系统、智慧家政服务系统、智慧医疗卫生管理信息系统等。

（6）梳理和分析国内外已有智慧社区的建设案例，总结其建设过程的特征及可借鉴之处。

（7）分析未来智慧社区建设发展的关键性问题，探讨未来智慧社区建设的发展方向。

第 2 章

智慧社区建设的理论基础

2.1 治理理论

党的十八届三中全会将"治理"提升到重要位置,提出要推进国家治理体系和治理能力现代化,创新社会治理体制。社区作为基本的社会单元,成为国家治理体系和治理能力现代化建设的着力点。智慧社区是社区治理与科学技术特别是信息技术,如物联网、云计算、大数据的融合。而社区治理最直接、最主要的理论基础便是治理理论,所有的社区治理实践都是基于治理理论展开的。

2.1.1 治理理论的基本内容

"治理"一词是英文"governance"的意译,它作为日常用语在英语国家已有数百年的历史。"governance"的词源可以追溯到古典拉丁语和古希腊语中的"操纵"一词,原始含义主要是指控制、指导或操纵。长期以来,"治理"一词与"统治"一词交叉使用,主要用于与国家公务有关的宪法或法律的执行领域,或者一些特定的机构、组织、行业等的管理领域。20世纪80年代以来,随着公共事务参与者和运作方式的日益多样化,"治理"概念被赋予了更多的内涵,并逐渐成为政治学、行政管理、国际关系、经济学、企业管理、组织研究等多门学科中用来解读公共事务的高频词语。进入20世纪,西方国家积极推行的市场经济和福利国家政策先后出现"失灵"后,人们开始探索"第三条道路"的治理,更多地希望构建起民主参与的、由多个社会组织共同努力的公共事务治理体系,以形成应对经济全球化与后现代社会变革的可持续发展机制和能力。由此，西方社会开始强调政府改革、私有化、下放权力并将其授予社会等主张，同时寻求适用于多元化主体的社会管理模式。

一直以来，对于"治理"的内涵及治理理论的核心内容的界定，学术界与实践领域都从不同的视角进行了探索研究。在学术界，詹姆斯·N. 罗西瑙（James N. Rosenau）在其著作《没有政府的治理》中，将"治理"定义为一系列社会活动中的或隐性或显性的规则，它们更多地取决于主体之间的重要程度，而不仅仅是官方颁布的宪法和宪章。英国学者罗伯特·罗茨（Robert Roots）认为，治理代表政府管理内涵的改变，是一种新型管理过程。格里·斯托克（Gerry Stoker）则提出关于治理的五个论点：第一，治理是指一系列自治的社会公共机构和行为者，但不限于政府；第二，治理明确指出在寻求社会和经济问题答案的过程中存在的界限与责任方面的模糊点；第三，治理明确定义了参与集体行为的各种社会公共机构之间的权力依赖；第四，治理是指行为者网络的自治；第五，治理承认做好工作的能力并不在于政府命令或权威。政府只能使用新的工具和技术进行控制与指导。而当代治理理论的核心思想主要包括以下几个方面：

第一，当代治理运动的兴起是现代社会组织转型与发展的产物。进入现代，社会结构发生重大变化。在此过程中，传统的工业组织和公共组织呈现出一系列新特征，如从同质的科层制到异质的多元化组织结构；政府的功能变化，从控制甚至直接干预到掌舵、协调冲突和促进社会资源整合；政府逐步改变了原有的僵化组织体系，采用灵活或专门的组织结构；传统公共行政下的公与私、国家与社会的界限变得模糊，甚至相互融合。现代社会的重大变化使当代治理成为满足变化需求的组织管理形式，也使治理成为突破传统公共管理模式并满足公共管理要求的发展方向。

第二，当代治理的组织载体发生了根本变化。当代治理运动的组织载体与参与角色的多样性和多中心性，是统治概念与传统统治和行政思想区别开来的关键特征。

第三，当代治理意味着国家与全国人民之间的社会关系的调整。探索治理模式的过程实际上是寻求新型"国家—社会"关系的过程，也是重新定位政府管理与公民作用关系的过程。在实践中，政府将权力下放给社会，鼓励公民参与地方或社区公共事务的管理，提倡培养和提升公民的自主管理能力，这些都成为当代治理改革政策的重点。

第四，多中心治理模型的形成和社会网络组织体系的构建是当代治理运作的制度结构与组织基础。当代治理的成功关键在于包括政府在内的社会网络组织的构建、信任关系的形成及合作方式的建立。

第五，公民的积极参与，政府与公民之间建立的相互信任、相互依存和相互合作关系，是当代治理的社会和道德基础。治理的实现和社会网络组织体系的有效运行依靠的是公众中的社会资本力量，依赖于政府、公民、企业、社会组织之间相互信任和积极合作的态度。

第六，当代治理的基本理念和良好治理的重要评估标准是参与、公开、透明、回应、责任、合法性等原则。各种利益相关者进入并参与公共政策的制定和实施是治理发展的必然趋势，这促使政府职能及领导人的行为取向和关注重点发生重大变化。多种利益关系主体在长期的发展过程中可以形成互利共赢的合作关系。

在实践领域，对治理的概念、内涵、理论主要有以下探索：其一，世界银行将治理定义为，在国家经济和社会资源的管理中所运用的方式，这种方式有助于社会发展；其二，联合国开发计划署认为，治理是利用政治权力来管理国家公共事务的行为；其三，经济合作与发展组织下属的发展援助委员会认为，治理是利用政治权威来控制和管理社会资源，以促进社会和经济发展。目前，最具有普遍适用性的是全球治理委员会的治理概念：治理是各种公共或私人机构和个人管理其共同事务的多种方式的总和。治理是调解冲突或不同利益并采取联合行动的持续过程。治理包括正式和非正式的制度安排。

2.1.2 治理理论在社区治理中的应用

治理理论已被世界各国应用在不同的领域，逐步形成了一套完整有效的治理理论体系和实践体系。治理理论主要包括全球治理理论、民族国家治理理论和地方治理理论。目前，社区治理在整个治理体系中受到越来越多的关注。由于社区是初级群体和次级群体中间的一个组织，对于居民来说具有情感和可及性的功能意义，因此社区治理应成为整个治理体系的基础。

在我国，随着社会经济体制改革的不断深入、城市化进程的不断推进，社会结构发生了巨大变化。城市社区的治理主体呈现多元化特征。社区中的自治组织和非政府组织在社区建设中发挥着越来越重要的作用。社区成员的民主、参与意识逐渐增强。在社区成员的广泛参与下，政府正在与公众合作以促进社区的建设和发展，这完全符合治理理论的前提。社区治理是政府、社区、企业、非营利组织和居民共同选择的、共同管理社区公共事务的合作及互动过程。

我国城市社区治理需要厘清以下几点：第一，社区治理的必要性。社区治理首先源于市场失灵和政府失灵。社区可以做市场和政府不能做的事情。作为治理结构，社区具有自己独特的优势，包括：① 社区中经常互动的成员将来相互影响的可能性很大。因此，有一种激励机制可以强烈鼓励人们以有益于社会的方式行事，避免日后受到报复。实际上，这是人与人之间长期互动中的互惠机制。② 社区成员之间的互动越频繁，即社区居民参与社区活动越多，越有利于降低成本，获取更多收益。③ 社区通过惩罚成员的"反社会"行为来解决"搭便车"问题。

第二，社区治理内涵的界定。社区治理是在一个贴近居民生活的多层次复杂社区内，依靠各种网络体系（如政府部门、企业、社会组织、居民自治组织及个人）来处理社区中的公共问题，并共同完成与实现社区事务管理和公共服务的过程。

第三，社区治理的主体。社区治理的主体包括政府及其派出机构、居民自治组织、志愿者组织、私人组织、企业、个人等，是一种多元化主体。

第四，社区治理的方式。社区治理是多元主体的自治、参与、合作和共建。很多学者的研究证明，社会信任来自网络连接和公民参与的互惠规范，特别是那些由各个层次的协会组成的居民协会活动。垂直网络的组织结构体现下对上的职责和不对称信息，因此很难建立这种信任关系。从水平网络的角度来看，社区自发地建立或提供各种社团的参与渠道，不仅可以减轻政府参与公共事务的负担，而且可以培养社区的自治能力，这是社区自治的基础。我国城市社区更多的是一个垂直网络，强调"下"对"上"的职责。尽管各种组织之间平等合作、平等参与社区各项事务决策的局面已经打开，但毕竟才刚刚起步，各方面的困难还很多。例如，传统的街道办事处和居民委员会是代表政府管理社区的唯一合法行为者，管理方法是自上而下（"政府部门—街道—居民委员会"）的行政管理，居民委员会负责最后与居民进行沟通。在这一过程中，居民与其他主体信息不能够对等。社区管理模式向社区治理模式转变后，会提升各参与主体的参与度及地位，多个主体共同履行职责、分工合作，共同解决社区中的公共问题并最大限度地增进社区的公共利益。

第五，社区治理的目的。社区治理的目的是为居民提供公共产品。这些公共产品包括物质的和非物质的两种。前者指的是满足社区居民需求的基础设施；后者则更重要，主要指社会资本。在我国现阶段，社区公共产品主要包括社区就业、社区保障、社区援助、社区卫生与生育、社区文化、社区教育、社区体育、社区安全服务及为流动人口提供的管理和服务。未来，我国需要更加注重社会资本的培育和提供。

社区治理需要通过制度确立实现从行政控制到管理与服务相结合的转变。社区治理需要在"理"上下功夫，要不断探索如何提升社区治理水平、构建高效的组织体系、提升治理主体的能力和加强公益支撑，真正吸引公众积极参与。

2.2 社会资本理论

社会资本理论是社会学实证研究者常用的一种理论工具，其特征是具有较强的解释功能。在社区研究中，社会资本理论主要用来说明社会资本在解决社区公共事务和维护社区公共利益方面所起到的重要作用。

2.2.1 社会资本理论的基本内容

社会资本的英文为"social capital"。学者们从不同的角度对社会资本的概念进行了描述。社会资本的概念是从新经济社会学中演化出来的，法国学者皮埃尔·布尔迪厄（Pierre Bourdieu）是最早将"社会资本"这一概念引入社会学研究领域并加以系统分析的学者。他在1980年发表的《社会资本随笔》中将社会资本描述为实际资源或潜在资源的集合，即实际资源或潜在资源的总和，这些资源是同对某种持久性的网络的占有密不可分的，这一网络是大家共同熟悉的、得到公认的，而且是一种体制化关系的网络，社会资本从集体拥有的资本的角度为每个成员提供赢得声誉的"凭证"。布尔迪厄对社会资本的界定是建立在社会承认的基础上的，非常重视一个人在社会中的身份、地位、知名度等因素，强调社会资本是一种投资策略的成果。另一位学者罗伯特·D.普特南（Robert D. Putnam）的研究结论与布尔迪厄相似，他认为社会资本是个人和群体之间的一种社会关系，互惠和信任的价值规范是在此基础上形成的。它促进合作行为以提高社会效率。布尔迪厄和普特南的研究基于社会，更加关注群体、组织、社会和国家对社会资本的占用，强调公民参与、共享规范、社会信任等元素与制度绩效和经济社会发展的关联，强调社会资本主要服务于集团的共同利益。另外，一些学者将个人作为研究的中心，主张将研究重点放在个人如何利用社交网络中的资源获取社会资本上。他们认为，个人可以通过建立社会关系、强调个人在社会网络中的投资与回报、增强个人能力和利用社会资本提供的发展机会来获得所需资源。其中，林南是最具代表性的学者之一。他认为，利用社会资本可以获取资源，这可以使个人获得更多的利益以满足自己的发展需求，但是必须将社会资本嵌入社会网络中才能获得这些资源。还有一些学者认为可以从中观层面研究社会资本，如罗纳德·S.伯特（Ronald S. Burt）的结构洞理论认为应从个人在社会网络中的位置角度来分析社会资本。

尽管学术界对社会资本的概念没有给出明确的界定，但国内外学者一致认为社会资本的定义和内涵是确定的，即社会资本是有别于传统资本的新型资本，它是由（人际）关系网络构成的资源，能够给社会网络中的主体带来一定的资源和收益。

2.2.2 社会资本理论在社区建设中的应用

近年来,随着社会资本理论研究的不断深入及其在不同领域的实践应用,人们对社会行为、社会关系、社会结构有了更加深入的理解。当前,我国正处在一个转型的时代,运用社会资本理论分析社区建设无疑是一种新的研究视角,具有重要价值。

孙立平(2001)对社区建设和社区发育两个概念进行了区分。他认为,可以用社区建设概念来指社区中那些可以通过有意识的努力和行动在较短的时间内发展起来的内容,如社区中的设备设施、管理机构、处理社区事务的机制等;同时,可以用社区发育概念来指需要经过相当长的时间,以较为缓慢的速度,主要通过自然发育和演进的方式才能达到发展的那些因素,如社区的文化与人文环境、人际关系、志愿团体的发展等。但是,无论是社区建设还是社区发育,其基本目标都是社区发展和社会融合,而社区发展的真正内涵是创造社会资本。

王思斌(2000)提出了中国城市社区建设"社区主义的浪花"这一时空特性,以及在此基础上提出了城市社区建设的"善治"和"重建社会资本"的双重目标模型。"善治",即一个具有决策、执行、动员能力的,可以实现城市居民社会生活公共利益最大化的社会管理制度体系。"重建社会资本",就是指重新构建因各种原因而下降或丧失的社会资本,包括重建信任关系、重建社会协调的共识性规范及重建市民的社会网络三个部分,而这三个部分又相互关联。

隋广军等(2002)则认为,城市社区的社会资本是城市社区共同体内的个人和组织通过长期的内外互动形成的,在互惠规则规范下的互利关系。培育我国城市社区的社会资本,可以着眼于以下几个方面:第一,让社区个体积极参与社区建设活动;第二,让社区成员单位积极参与社区建设;第三,培育和引导各类社区非政府组织参与社区建设;第四,培育社区信任网络和体系;第五,建立和谐的家庭及邻里关系;第六,培养社区整体价值观,形成良好的社区规范。

由此可见,社会资本的积累事实上对实现社区集体行动具有重要意义。社区建设要求社区成员通过集体行动实现对社区公共事务的有效管理，以实现公共利益。为了使集体行动更具有效性，还必须建立有效的、能够规范和约束全体成员行为的激励机制。另外，就社区而言，总的社会资本数量及其分布决定着社区的活力和凝聚力，并体现社区治理的绩效和效率。当社会资本存量丰富、分布均匀时，社区居民的归属感就会比较强，社区治理效果也会比较好，可以顺利实现社区发展目标；而如果社区居民对社区事务不感兴趣，参与度不高，对社区没有归属感，那么社区的整体发展目标将很难有效全面实现。

目前，我国城市居民对社区事务的参与度在不断提高，政府的社区治理能力和水平也在不断提升，但是社区建设还停留在初级阶段，社区社会资本的培育机制尚未完全建立。因此，政府需要不断地、有意识地培养和促成社区居民与组织之间的信任，调动社区居民参与社区建设的积极性，增强社区居民的认同感和归属感，强化社区居民积累社会资本的意识，最终实现现代社区治理目的。

2.2.3 社会资本理论的局限性

所有理论都不可能是完美的，都或多或少地存在一定的局限性，社会资本理论同样如此。另外，社会资本理论是起源于西方的社会思想，进入中国社会时，必然会面临适应性的问题。

首先，社会资本概念的"出身"问题。社会资本概念源自经济学，是用经济学的概念来解释人的社会行为与社会关系。经济学主要从资本是赚钱还是增加价值的角度来谈论资本。因此，在引入社会资本概念之后，人们仍然会基于这样的考虑去使用社会资本，这种情况在微观层面表现得尤为明显。微观社会资本经常被用来指代可持续发展的、稳定的、可以为行为者带来利益的社会关系。它强调使用关系资源进行个人的有意投资。在社会资本概念扩展之后，社会资本不再仅仅指可以为行为者带来利益的可持续的、稳定的社会关系，而是已经上升到社会规范、文化、信任及社会发展的水平，其含义已经超出金钱和事物的范畴，但是大多数情况下人们仍然会将它们紧密地联系在一起。

其次，社会资本的测量问题。社会资本理论被广泛应用，其测量问题也随之而来。在社会学研究中，大多数学者是以"社会资本源于社会网络"观点为基础去衡量社会资本的。目前,常用的具体的研究方法包括提名生成法和位置生成法。提名生成法要求每个受访者提供信息,如其社交网络成员的姓名、个人特征及这些成员之间的关系等。研究人员根据网络成员的相关信息来测量和分析网络中的社会资本。提名生成法强调受访者的以个人为中心的网络,并倾向于衡量牢固关系。位置生成法使用一个或多个包含体现社会地位的若干职业类别或工作单位类型的量表,并要求受访者指出每个位置是否有同伴,并确定自己与每个位置中的同伴之间的关系,使用这些指标反映个人社会网络中嵌入的资源。位置生成法研究等级制位置,可以测量强弱关系。

最后,社会资本理论的中国适用性问题。中国自古以来就是一个"关系"大国,但是这种"关系"并非西方社会中基于普遍主义原则的关系,社会资本在中国的运用非常容易出现偏差,甚至可能会为非正式的关系网络发挥作用提供便利,而并未对社会资本所强调的信任关系、规范等的建立起到积极作用,如果不能根据中国国情对社会资本理论进行重构,那么将难以实现社会资本理论的价值。

2.3 公民社会理论

公民社会理论起源于西方,诸多学者对公民社会的概念、内容进行过探讨和界定。其中,古希腊哲学家亚里士多德是最早界定公民社会概念的人,此后,西塞罗、洛克、黑格尔、马克思、葛兰西、哈贝马斯等也都不同程度地研究了公民社会问题。20世纪80年代以来,公民社会理论研究再次流行起来,不仅成为西方学术界的热门话题,更逐渐成为全球研究热点。我国对公民社会的研究起步略晚,始于20世纪90年代初,但是经过多年的理论积累和实证探索,也已取得较为丰硕的成果。

2.3.1 公民社会的概念界定

公民社会(civil society)也称市民社会,是一个外来概念,最早被亚里士多德在《政治学》中定义为"城邦国家"或"自由和平等的公民在一个合法界定的法律体系之下结成的伦理-政治共同体"。西塞罗继承并发展了亚里士多德的思想,并认为公民社会与文明社会、政治社会和市民社会同义。近代契约理论家洛克、卢梭、潘恩等认为公民社会是与野蛮的自然状态相对应的政治社会，并且社会存在于国家之前且独立于国家，而国家是人们自愿签订合同以实现某些目标的产物。19世纪，黑格尔在其《法哲学原理》中将公民社会与国家和家庭联系起来，并认为公民社会是相对独立于国家的非政治社会自治领域，国家是超越和决定公民社会的因素，公民社会从属于国家，而国家则高于公民社会。黑格尔的公民社会理论具有超越当时历史时代的内在价值，对西方公民社会理论的发展具有深远的影响。马克思则批判地继承了黑格尔的公民社会思想，从社会经济关系层面阐述公民社会是"包括各个人在生产力发展的一定阶段上的一切物质交往"的、"直接从生产和交往中发展起来的社会组织"。另外，马克思认为国家由公民社会决定。20世纪，在西方具有影响力的德国社会学家哈贝马斯分两个阶段研究了公民社会。在第一个阶段，他认为公民社会是随着市场经济的发展而形成的、独立于国家之外的"私人自治领域"。该领域包括公共领域和私人领域。公共领域是指社会和文化生活领域，私人领域是指市场经济体系。在这个阶段，哈贝马斯的公民社会概念是建立在国家与社会分离的基础上的。在第二个阶段，他将"公共领域"的概念与"生活世界"的概念联系起来，认为公民社会不再包括马克思所描述的市场经济体系，而是围绕共同的利益、目的形成的非强制性、非政府、非利益性的社会文化体系。

我国社会学家对公民社会概念的界定主要有"社会二分法"和"社会三分法"两种视角。"社会二分法"强调公民社会是社会成员遵循契约规则、自愿并在自治的基础上进行经济和社会活动的私有领域，以契约关系为中心，以尊重和保护社会成员的基本权利为前提。"社会三分法"则认为公民社会是国家或政府领域和市场经济领域以外的所有非政府组织或非政府关系的总和，是介于政府部门（第一部分）和市场体系（第二部分）之间的"第三部分"。目前，我国主要运用基于"社会三分法"的公民社会概念，即社会分为政治社会（第一部分，也即国家系统）、经济社会（第二部分，也即市场系统）和公民社会（第三部分，也即民间组织系统）三部分。

2.3.2 我国公民社会的发展现状

我国公民社会的兴起和发展自改革开放开始。改革开放以来，计划经济的时代特征逐渐淡化，人们的心理特征及行为习惯也都发生了很大的变化，尤其是公民意识不断增强，生活需求呈现多样化、现代化特征，代表不同利益诉求的公民社会组织与社会团体必然兴起和发展。另外，随着改革开放的不断深入，社会主义市场经济得到不断发展和完善。在社会主义市场经济体制下，企业的自主权得到了极大的提高，使某些行业组织有可能成为独立于政府的社会组织。随着社会主义市场经济的发展，我国所有制结构转变为公有制为主体、多种所有制经济共同发展。那么，国有企业和民营企业就需要建立起代表各自利益的组织（如企业家俱乐部）以不断增强市场竞争力，而改革开放带来的巨大经济效益为这类组织的产生与发展提供了物质基础。因此，我国社会主义市场经济的发展为公民社会的发展提供了物质基础和社会基础。

政治体制改革是我国公民社会发展的关键环节。计划经济时代的政府是全能型政府，它通过指令性计划与行政手段进行经济管理和社会管理，在这种管理模式下，政府为社会和民众提供公共服务的职能与角色被淡化。政治体制改革要求政府转变职能，做好政府应该做的事情，而将非政府职能范围内的事情交给恰当的人、恰当的组织去做。比如，把对微观主体经济活动的调节交给市场，政府由原来对微观主体进行指令性管理转变到为市场主体服务、为企业生产经营创造自由竞争和公平交易的市场环境，让微观主体分散决策并独立承担经济后果和社会责任，同时充分发挥社会组织的作用。

不过，我国公民社会的发展目前还存在诸多问题。首先，从制度层面来看，目前我国社会组织在注册、定位、人才、资金、知识、信任、参与、监管等方面面临现实困境，这些困境不仅制约了社会组织实力的提升与规模的壮大，而且使一些社会组织因参与渠道不畅、监管体制存在缺陷而向盈利化、行政化方向发展。其次，社会组织自身存在问题。我国目前不少行业和领域对社会组织的审批与管理主要参照行政机构编制，其组织方式、人员管理与政府机构很相似，导致出现"官僚化"

倾向，也导致社会组织的目标不明确、规划不清晰、治理机制不健全、行为不规范、自律机制缺乏、专业人才缺乏等。最后，构建公民社会的思想文化基础还比较薄弱。受较长时间的自然经济与儒家文化的影响，人们对独立、平等、个性的追求还不够充分，维权意识、自主观念都亟待加强。

2.4 基层民主理论

城市社区治理的过程同时也是基层民主实践的过程，基层民主能否有效推进是社区能否有效治理的基础。因此，研究基层民主理论对城市社区治理有重要的价值。

2.4.1 基层民主理论的基本内容

民主是指人民所享有的参与国家事务和社会事务管理或对国事自由发表意见的权利，这是人类共同的追求。民主包括国家民主和社会民主，其中基层民主是社会民主的重要组成部分，是对国家民主的重要补充。

基层民主建设作为中国特色社会主义民主政治最广泛的实践，是我国政治建设和政治体制改革的重要组成部分。基层民主建设已逐渐成为我们党发展社会主义民主政治的一项基础性工作。我国的基层民主政治起源于新民主主义革命时期，是在社会主义建设时期进行探索并在改革开放新时期发展起来的。改革开放以来，随着中国特色社会主义事业的不断发展，我们党对基层民主政治建设的认识逐步形成科学体系，基层民主建设的制度化、规范化和程序化稳步推进。其主要内容包括以下三个方面：

一是继续加深对社会主义基层民主政治建设的认识。改革开放以来，党的历届重要会议全面深入地阐述了基层民主政治建设的直接性、广泛性、制度化、具体内容及实践形式。比如，党的十一届六中全会提出发展基层人民的直接民主；党的十二大强调社会主义民主广泛涉及政治生活、经济生活、文化生活和社会生活的各个方面；党的十三大提出在基层促进民主生活的制度化；党的十四大明确提出基层群众自治组织应当作为发展基层民主的载体；等等。自党的十六大以来，党中央提出了科学发展观和构建社会主义和谐社会的重要理论，并把民主和法治视为构建社会主义和谐社会的首要条件，而基层民主政治建设将发挥根本性作用。党的十七大报告明确指出，建设社会主义民主政治的重点是发展基层民主。党的十九大报告强调，提高保障和改善民生水平，加强和创新社会治理。这反映了我们党在中国特色社会主义伟大实践中逐步形成的社会建设理论和实践经验，报告对加强和创新社会治理的根本目的与意义、当前我国社会治理的重要领域和任务及如何建立共同建设、共同合作的社会治理模式进行了系统的阐述并提出了前瞻性的思想。

二是着力促进基层民主政治的制度化、规范化、程序化。首先，确立基层民主发展的法律地位。通过基本法的形式，确定城乡基层群众自治组织的地位，要求企业建立民主管理机制，为县、乡基层人民代表大会的直接选举提供条件。其次，制定发展基层民主的具体法律法规。1979年通过的《中华人民共和国全国人民代表大会和地方各级人民代表大会选举法》将代表的直接选举层级从乡镇级提高到县级，制定了具体的选举制度，并扩大了基层治理的范围。全国人民代表大会及其常务委员会先后制定了《中华人民共和国村民委员会组织法》《中华人民共和国城市居民委员会组织法》《中华人民共和国全民所有制工业企业法》等法律法规。此外，各地还制定了大量地方性法规，使基层民主政治制度建设更加完善。最后，积极完善基层民主政治建设的政策措施。

三是积极引导并支持基层民主政治实现形式的创新。首先，农村经济体制改革产生了村民自治，这是农村基层民主实践的一种形式。其次，在城市经济体制改革过程中促进社区建设和发展社区自治。再次，在政治建设中，促进县、乡人民代表大会代表直接选举。最后，在经济体制改革中不断推进企事业单位民主管理。

目前，我国的基层民主主要表现出五大特征：主体的广泛性、内容的直接性、发展的主导性、进程的渐进性和环境的适应性。第一，我国基层民主政治保障最广泛的人民群众的权利，主体是人民群众。第二，我国基层民主政治关注与人民群众切身利益相关的领域。第三，我国基层民主政治是由中国共产党领导的，在党的领导下实现人民群众当家做主，实现基层的有效治理和社会的稳定发展。第四，我国基层民主政治建设是随着国家社会经济体制转型而稳步推进的，符合建设规律，具有长期性。第五，我国基层民主政治建设是我们党团结、组织和动员一切社会力量在不同时期实现党的中心任务的重要措施，是社会发展的动力，与经济社会发展相适应。

2.4.2 我国基层民主理论的实践应用

城市社区自治是我国基层民主理论的实践应用。依据《中华人民共和国城市居民委员会组织法》及已有的实践推进情况，可以总结出我国城市社区自治的六大特征。

一是社区人事选免自治。社区成员（代表）大会依法选举产生本社区居民委员会的组成人员。对于因故出缺的社区居民委员会组成人员，社区成员（代表）大会具有依法随时补选的权力，并可以依法罢免、撤换不称职的组成人员。

二是社区财产和财务自治。国家法律保护社区居民委员会的财产，社区居民委员会有权拒绝不合理的财力和人力摊派。社区可以通过民主自愿的方式，向受益于公益事业的社区成员筹集资金。社区居民委员会有权按照规定自主定向使用政府拨付社区的办公经费。社区居民委员会的财产和财务要按照国家有关规定建账管理、公开管理，社区成员具有民主监督的权利。

三是社区教育自治。社区居民委员会以社区成员喜闻乐见的形式，对社区成员开展遵纪守法和依法履行公民义务的教育。社区居民委员会组织社区成员开展精神文明建设，倡导和弘扬邻里互助、尊老爱幼、破除迷信等文明新风，创办群众性社区文化艺术组织，开展群众自我教育活动。

四是社区服务自治。社区居民委员会可以根据社区成员的需求，通过兴办便民利民服务事业、建立志愿者协会组织、开展社区志愿者活动等形式，为社区成员提供各种生活服务。

五是社区管理自治。社区的重大问题必须经社区议事协商委员会民主协商，提交社区成员（代表）大会讨论决定，社区居民委员会对全体社区成员负责，并定期向社区成员（代表）大会报告工作，接受社区议事协商委员会的监督和指导，落实社区成员（代表）大会做出的决定和决议。社区成员（代表）大会有权依法制定各类社区自治章程和公约，实行自我管理。社区可以根据实际情况成立各种协会，开展各项服务、各种活动，丰富社区成员的生活，提升社区成员的生存质量，维护社区的和谐稳定。

六是社区居民委员会可以以自治的形式协助政府管理社会事务，如协助政府做好社区治安、优抚救济、公共卫生、人口政策落实、青少年教育等多项工作。

城市社区自治对城市基层民主建设至关重要。城市社区自治可以有效促进政府行政职能与社会功能分离，为城市基层民主建设创造社会条件；城市社区自治是扩大城市基层民主、推动城市居民参与城市管理的重要平台；城市社区自治有利于促进社区的和谐稳定，进而实现社会的和谐稳定；城市社区自治制度的实践大大提升了社区居民的民主素质和能力，有助于城市基层民主的建设。

但是，对基层民主理论在我国城市社区自治中的应用研究尚存在一定的局限性，突出表现为：缺乏对民主内涵和本质的深度挖掘，过于乐观地判断我国目前城市社区自治的成绩和基层民主建设的成果；未能拓宽民主研究视野，仅局限于对社区内部各个利益相关主体的关系及其活动内容与性质展开分析，只就社区主体与社区事务谈社区民主的发展，尤其是在分析社区民主发展的瓶颈和提出促进社区民主发展的对策建议时未能跳出社区内部，忽略了民主发生的外部空间。事实上，我们应将社区民主的发展置于宏观的社会背景之下，要充分考虑政治制度设置、基层社会变迁、市场经济发展、公民社会发展等因素，以及不同因素之间相互作用的机制。

2.5 利益相关者理论

利益相关者理论形成于 20 世纪 60 年代的西方国家，是关于企业管理、公司治理的理论，其中，"利益相关者"主要指在公司真正有某种形式的投资并且处于风险之中的人,企业利益相关者包括股东、经营者、员工、债权人、消费者、供应商、竞争者、国家。20世纪80年代以后,这一理论开始影响美英等国的公司治理模式并促进企业管理方式的转变。随着利益相关者理论的不断发展,不仅公司治理会运用到该理论,很多行业和领域也会运用到该理论。

2.5.1 利益相关者理论的基本内容

"利益相关者"一词最早出自1984年R.爱德华·弗里曼(R. Edward Freeman)的《战略管理:利益相关者方法》一书,该书明确提出了利益相关者管理理论。利益相关者管理理论是指企业的经营管理者为平衡各个利益相关者的利益要求而进行的管理活动。这一理论明确了无论什么类型的企业,其发展都与企业中各种利益主体相关,企业最终应该为利益相关者的整体利益负责,而不是仅为了个别主体如股东的利益。利益相关者不仅包括企业的股东、债权人、员工、消费者、供应商等,也包括政府部门、本地社区、本地居民、媒体等,还包括自然环境、人类后代等受到企业经营活动直接或间接影响的客体。这些利益相关者与企业的生存和发展密切相关。

国内学者结合我国国情认为,利益相关者是指那些在企业的生产活动中进行了一定的专用性投资,并承担了一定风险的个体和群体,其活动能够影响或者改变企业的目标,或者受到企业实现其目标过程的影响。这样的概念界定兼顾了投资的专用性和利益相关者对企业的影响,比较全面。

目前,利益相关者分类主要运用多锥细分法和米切尔评分法两种方法。

其一,多锥细分法。它是指企业的生存和发展离不开利益相关者的支持,但可以从多个角度对利益相关者进行细分,不同类型的利益相关者对企业管理决策的影响及受企业活动影响的程度是不一样的。这一方法在20世纪90年代中期被国内外学者运用较多。其中,弗里曼认为,利益相关者对企业的影响程度取决于其所拥有的资源,因此,他主要从三个方面对利益相关者进行细分:① 公司股票的持有者,即所有权利益相关者,如董事长、股东等;②公司"大"客户,即所有与公司有经济往来的主体——经济依赖性利益相关者,包括员工、债权人、内部服务机构、消费者、供应商、竞争者、地方社区等;③公司社会责任履行过程中的相关主体,即社会利益相关者,如政府机构、媒体等。弗雷德里克(Frederick)根据利益相关者对企业产生影响的方式将其分为直接利益相关者和间接利益相关者。直接利益相关者可以与企业发生直接的市场交易关系,如股东、员工、债权人、供应商、零售商、消费者、竞争者等;间接利益相关者不与企业发生直接的市场交易关系,如政府机构、社会团体、媒体、一般公众等。

其二,米切尔评分法。这一方法是由美国学者提出来的,建立在企业所有的利益相关者必须具备"合法性、权力性、紧迫性"这三种属性之中的任意一种的基础上。米切尔评分法首先基于这三种属性对利益相关者进行评分,然后根据分值的高低将企业的利益相关者分为三种类型:①确定型利益相关者,同时拥有合法性、权力性和紧迫性,如股东、普通员工、顾客。②预期型利益相关者,包括同时拥有合法性和权力性的相关者,如投资者、员工、政府部门等;同时拥有合法性和紧迫性的相关者,如媒体、社会组织等;同时拥有紧迫性和权力性的相关者,如某些政治和宗教的极端主义者、激进的社会分子等。③潜在型利益相关者,仅具备三种属性中的一种。米切尔评分法的主要特点在于操作起来比较简单,是利益相关者理论的进步。

另外,我国学者也通过对利益相关者属性的研究,从其他角度对利益相关者进行了划分。比如,万建华等(1998)、李心合(2001)关注到利益相关者的合作性和威胁性属性,将其分为支持型利益相关者、混合型利益相关者、不支持型利益相关者和边缘型利益相关者四种类型;陈宏辉等(2004)关注到利益相关者具有主动性、重要性和紧急性属性,将其分为核心利益相关者、蛰伏利益相关者和边缘利益相关者三种类型。

不过,利益相关者理论还存在一定的缺陷和不足。其一,利益相关者理论不仅强调与企业有经济往来的主体,同时也强调没有经济交易行为的主体,这也就是强调企业不能仅仅以传统的获取利润最大化为目标，同时也要承担相应的社会责任。这就有可能会出现企业无法兼顾社会责任与经济利益的情况。其二，利益相关者的界定虽然有较为成熟的方法，但是依然略显宽泛，且多停留在理论探讨层面，尚缺乏可充分定量衡量多个利益相关者的权重的实践方法。另外，如何将利益相关者理论进行恰当有效的运用，也是目前急需进行探索的方面。

2.5.2 利益相关者理论在社区治理中的应用

就本质而言，社区生活中的各种关系恰好是众多社区利益相关者的合作伙伴关系，社区治理的过程便是众多社区利益相关者合作处理公共事务的过程。在社区治理中，处于核心的利益相关者是社区居民、街道办事处、居民委员会、业主委员会、物业公司等。基层社区治理是各个利益相关者以维护自身利益为行动逻辑，依据自身掌握的各种资源，通过正式或非正式的规则进行交换与合作的过程。从价值理念来看，社区治理主体存在多元性（包含各种利益相关者）和平等性（各利益相关者是平等主体关系）。当然，运用利益相关者理论进行社区治理同样存在上述缺陷和不足，尤其是在实践方面，需要进行充分探索。但这一理论对社区建设和治理有一定的价值。

第 3 章

社区治理与城镇化发展

3.1 社区的内涵

3.1.1 社区的概念

"社区"一词源于拉丁语,"社"指相互联系、有某些共同特征的人群,"区"指一定的地域范围。由此,"社区"可以解释为相互联系、有某些共同特征的人群共同居住的一定的区域。

"社区"是社会学领域的重要概念。德国社会学家斐迪南·滕尼斯(Ferdinand Tönnies)1881年首先使用"社区"一词,当时主要是指由具有共同的习俗和价值观念的同质人口组成的、关系密切的社会团体或共同体。第一次给"社区"下定义的是美国社会学家罗伯特·E. 帕克(Robert E. Park),他认为社区是占据了一块被或多或少明确限定了的地域的人群的汇集,一个社区不仅仅是人的汇集,也是组织制度的汇集。从滕尼斯开始,人们对社区的概念进行了持续探索,由此产生了诸多不同的定义,主要分为两大类:一类强调精神层面,一类强调地域的共同体。1955年,美国学者小乔治·A. 希勒里(George A. Hillery Jr.)对已有的近百个"社区"定义的表述做了比较研究,发现这些定义都包含地域、共同的纽带及社会交往三方面的内容,这些是构成社区必不可少的共同要素。因此,可以从地理区域要素、经济要素、社会要素、社会心理要素的结合上来把握社区这一概念,即把社区视为生活在同一地理区域内、具有共同意识和共同利益的社会群体。

在我国,"社区"是20世纪30年代费孝通先生在翻译德国社会学家滕尼斯的著作 Community and Society 时，从英文单词"community"意译而来的，被界定为：若干社会群体或社会组织聚集在某一个领域里所形成的、生活上相互关联的大集体，是社会有机体最基本的内容，是宏观社会的缩影。从这一概念可以总结出社区的核心特征，即有一定的地理区域，有一定数量的人口，居民之间有共同的意识和利益、有较密切的社会交往。世界卫生组织于1974年集合社区卫生护理界的专家，共同界定适用于社区卫生作用的"社区"：社区是指一固定的地理区域范围内的社会团体，其成员有着共同的兴趣，彼此认识且互相来往，发挥社会功能，创造社会规范，建立特有的价值体系和社会福利事业。每个成员均经由家庭、近邻、社区而融入更大的社区。

近年来，我国很多社会学学者对"社区"进行了更加深入细致的研究，并从不同的角度重新界定了"社区"的概念。例如，刘视湘（2013）认为，社区是生活在一定地域内的个人或家庭，出于政治、社会、文化、教育等目的而形成的特定范围，不同社区之间的文化、生活方式也因此区别开来。他从社区心理学的角度给出了社区的定义：社区是某一地域内个体和群体的集合，其成员在生活上、心理上、文化上有一定的关联和共同认识，强调有共同文化，而在具体指称某一人群的时候，有时会侧重于其"共同文化"和"共同地域"两个基本属性中的一个。20世纪后期，社会学学者又将"社区建设"或"社区营造"提升到国家政策层面。在地方组织方面，小型地缘组织引入"社区"两字，如中国台湾的"社区理事会"。中国大陆则有意将原来的"居民委员会"改称为"社区居民委员会"。现今中国大陆的社区，绝大部分由城镇的居民委员会改名而来，少部分由并入城镇的村民委员会改名而来。社区是党和政府传递、落实政策及了解民情的最基层组织。社区在行政上接受街道办事处领导，街道办事处接受并传达县级政府及各科局的任务和指示。社区没有行政级别，社区工作人员既不是行政编制也不是事业编制，社区工作人员的主体是社区干部。

随着社会的发展，社区的内涵不断扩展、吸纳的元素更加多元，社区的概念也更加具体，即指一定区域内能有序进行人流、物流、信息流、能量流、资本流等的优化配置，提升居民生活质量的时空平台，是由若干个个体、群体、组织、资源等构成的生产和生活生态体系。这一概念强调了以下四个方面：

第一，每个人都生活在一个相对固定的区域，区域内有一定数量的人口，居住在其中的人具有共同的身份、某些共同的看法和利益及较为密切的社会交往。

第二，社区是一个特定地区内的人口集团。

第三，社区成员之间的联系纽带是共同的语言、风俗和文化，并由此产生的结合感和归属感。

第四，每一社区都有共同的活动场所和活动中心、组织和制度、特有的自然条件或生态环境。

"社区"概念体现了以下四个要素：

一是人：社区由人组成。不论何种类型的社区，都需要人的聚集与互动，才能够满足人自身的需求。

二是地域：社区强调一定的地域界限，需要有明确的界限划分。

三是人际互动：社区居民由于生活所需彼此互动，产生依赖与竞争关系，如社区居民的衣、食、住、行、育、乐都需要与他人共同完成。相关的经济、交通、娱乐等系统即因此而形成。社区经由不同的社会系统发挥功能，满足居民生活所需，建立社区规范。

四是社区认同：居民以社区的名义进行沟通，并在自己的社区内互动。同时，社区居民形成一种社区防卫系统，产生清晰的"归属感"。

社区通常从纵向角度和横向角度进行类型划分，具体如表3-1所示。

表3-1 社区类型

角度	名称	备注
纵向	传统社区	城市老居民区，设施设备陈旧
	发展中社区	由传统社区向现代社区过渡的一种社区形式，既保留了传统社区的一些特点，同时又吸收了发达社区的许多内容，如中国目前的乡镇
	现代社区/发达社区	基于互联网、物联网等现代信息技术的社区，如智慧社区

续表

角度	名称	备注
横向	法定社区	地方行政区，如城市社区、农村社区、小城镇社区、城乡联合体
	自然社区	人们在生产和生活中自然形成的聚集区
	功能社区	如学校、部队营区等

3.1.2 社区的发展历史

早在社会学学者明确提出"社区"的概念之前，"社区"事实上就已经存在了。人是一种社会动物，体现在居住方面就是：人类总是选择群居。人类社会群体的活动离不开一定的地理区域，占据一定地域的社会群体聚居、活动的场所就是社区最初的状态。在远古游牧社会中，牧民逐水草而居，并无固定的住地。严格来说，那时的游牧氏族部落只是一种具有生活共同体性质的社会群体，不是今天所说的社区。随着农业的兴起，从事农业生产的人需要定居在某个地区，于是出现了村庄这样一种社区。随着社会经济、政治、文化的发展，在广大乡村社区之间又出现了城镇社区。自工业革命以来，人类社区进入都市化进程，不但城市社区的数量日益增多，而且城市社区的经济基础与结构功能都不同于以往的社区，其规模日益扩大，出现了许多大城市、大都会社区。

社区类型的增多与规模的扩大引起了社区结构和功能的各种变化。过去，无论是村庄、小城镇还是城市，其地理范围都有相对明确的界限。例如，一个完整的农村社区，通常以其村民的居住区为中心，将从该中心辐射的各种服务功能的射线极限点连接起来，就形成了该农村社区的地理区域；一个完整的城市社区的地理范围通常由其市区和包括几个小城镇和村庄的郊区组成。每个社区都有一定的系统、机构和设施，可以为整个社区提供服务，以满足社区成员的各种需求。每个社区的社区中心都有商店、学校、工厂、政府机构、医疗单位、群众组织等，而整个社区是它的有效"服务区"。社区作为一个社会统一体，通过各种机构和设施的服务活动来促进各种系统的运行，从而使社区成员可以在社区范围内维持其所有的日常生活。同时，社区设施的有效"服务区"

是形成和维持社区边界的决定性因素。

随着社会的不断发展,作为地方社会的社区,其地方差异逐渐缩小。大众社会传播,如广播电视的普及、义务教育的实行及不同地区居民人口的增加,使不同社区的准则、价值观和行为方式的差异程度大大降低。社区的许多地方职能已被"大社会"的普遍统一职能取代。在同一个大社会中,一处的居民与另一处的居民之间的相似之处远多于差异之处。随着大城市和大都市的发展,社区的界限不再像以前那样清晰。满足成员的日常需求一直是社区的基本职能之一。社区居民通常在本社区中谋生。但是,现代社区的许多居民每天都在自己的社区之外的地方工作。因此,除居民的共同利益外,社区成员对在社区以外寻找生计方面也有不同的兴趣。这种情况削弱了社区在社会纽带和互动方面的地理边界的确定性。随着国家商业组织及政治和文化组织的出现,当地社区中的工厂、商店、社会组织等成为这些国家组织系统的子单位或分支机构,其决策主要基于本系统的上级组织而不是当地社区,因此,作为一个地方社区,其自主性也就被削弱了。

3.1.3 社区研究的意义

社区研究在美国早期社会学领域占有非常重要的位置。20世纪20年代到30年代,美国芝加哥学派研究了芝加哥的城市化进程,从而说明了美国城市的结构和动态。

不论是对于社区本身还是对于整个社会,社区研究都具有重要意义。整个社会由大小社区组成。任何社区都是大小不同的特定小社会,这是整个大社会在不同程度上的缩影。从某种意义上说,社区研究是研究整个社会的起点。与整个社会相比,社区更加容易理解和把握。一般而言,所有社交活动都是在特定社区中进行的。在整个社会中普遍存在的某些现象不可避免地会出现在各个社区中。人们通过社区研究进行典型的社会调查,并基于微观知识研究和探索社会发展的一般规律及类似社区的共同特征。通过社区研究,人们还可以了解社区的地方特色,并根据当地情况进行社区建设和改革。

作为大社会的"单元",社区不可避免地会遇到这样或那样的社会问题，如住房短缺、家庭贫困、教育资源缺乏、犯罪率高、交通拥堵和老龄化问题。社区研究应揭示这些问题与社区生活中其他方面之间的联系，并提出解决方案以帮助社区尽可能有效地解决问题。一个社区面临的许多问题通常不会只存在于这一个社区，它们是社会问题的具体体现。因此，对社区问题的研究可以帮助发现和解决更广泛的社会问题。

3.2 社区治理的概念及意义

3.2.1 社区治理的概念

社区治理是指政府行政部门、社区党组织、社区自治组织、社区非营利组织、社区单位及社区居民在合法化和标准化的前提下对社区公共事务进行共同管理。社区治理不同于社区管理。传统的社区管理突出社区的行政色彩，强调政府在社区中的领导作用，主要通过行政手段管理社区事务。社区治理则从治理理论出发，强调在社区治理中政府应该是权力主体之一，而不是唯一权威，并且政府应该更好地发挥指导和服务作用，而不是成为强制性的行政主体。在此基础上，社区逐渐过渡到"自我教育、自我管理、自我服务和自我约束"的状态。社区治理的目标是通过多种权力主体参与社区治理，在清晰且相互依存的多种权力模式的基础上促进社区的良性治理，并最终促进民主、整合资源和推动社区建设。这既是政治体制改革的过程，也是促进民主、推动社区建设和改善居民生活的过程。

3.2.2 社区治理的基本原则

社区居民利益的主体性和本位性是社区治理包含的最基本的价值观念，也就是说，社区公共决策及其执行必须要符合社区的整体利益和最大化利益。

英国公共政策与行政学领域的专家迈克尔·克拉克（Michael Clarke）和约翰·斯图尔特（John Stewart）总结了社区治理的六项原则：第一，地方政府应更加关注社区的整体福利；第二，地方政府在社区治理中的作用只能由它是否贴近社区和社区居民来决定，并赋予他们决策的权力；第三，地方政府必须承认其他公共、私人和志愿组织的贡献，其责任是促进而不是控制；第四，地方政府应确保将社区资源充分用于该地区的发展；第五，为了充分利用这些资源，地方政府需要仔细研究如何最有效地满足居民的需求，并根据当地情况采取实施方法；第六，地方政府必须相互理解，形成协调、充分平衡的关系。

此外，社区治理与社区自治和公民参与密切相关。社区治理既包括社区自治主题，也包括公民参与主题。基于民主和自治的社区治理遵循四个原则：一是参与原则。社区组织和居民必须直接或间接有效地参与社区事务。政府还应该致力于建立各种渠道来鼓励居民参与。二是法治原则。社区治理应建立在公平公正的法律基础上，依赖具有高度执法能力的组织或机构。三是透明度原则。这一原则强调治理过程中信息和决策的透明，让居民阐明自己的利益和权利，并利用相关信息做出独立的决定。基层政府必须以简洁明了的方式告知居民有关信息。四是反馈原则。各种组织或机构必须在特定时限内响应居民的要求和问责。

3.2.3 社区治理的主体

从社区治理的内涵可以看出，社区治理的主体是多元的。社区治理的主体是社区利益相关者，即同社区需求与满意度直接或间接相关的个人和组织的总称，包括党和政府组织、社区自治组织、社会中介组织、社区单位、居民。社区利益相关者的多样性和复杂性取决于社区公共事务的性质。社区公共事务是公共产品的组合，而不是某些公共产品。这不仅是某个家庭或某个组织的需求，更是多个家庭和多个组织的共同需求、个人需求的集合。它涉及多个参与者之间复杂的权力关系，有必要建立一个集体选择机制来解决个人需求表达和整合的问题。在社区公共事务治理过程中，社区利益相关者既要贡献资源、分担成本，也要分享利益。这就需要建立平等的协商机制，以达到资源倍增的效果。

另外，社区治理的主体不仅包括居民，还包括各种组织。从组织的性质来看，参与社区治理的组织可以分为三类：第一类是党政组织，包括各级党组织和行政组织；第二类是社会组织，包括社区自治组织

（如居民委员会、业主委员会等）和社区非营利组织（如社区居民的文体团队、社区志愿组织等）；第三类是营利组织，包括社区中的营利组织及其他参与社区治理的经济组织（如房地产公司、物业公司等）。

由于每个参与主体拥有的资源不同，不同参与主体之间形成了相互依赖的关系。比如，政府部门为了简化行政办公繁复的程序，减少对社会事务的参与，将部分权力下放给社会组织，由社区居民主动寻求解决方案，这便形成了社会组织与社区居民之间的合作。再如，社会组织要获得合法性，必须接受政府的领导和管理，根据《社会团体登记管理条例》在民政部门登记。民办非企业单位为了进入社区开展工作，特别是与邻里和居民委员会的合作，也必须获得政府的授权。当然，政府也需要依靠社区中的经济组织发展社区经济，为社区居民创造就业机会，充分实现社区的稳定与发展。

3.2.4 社区治理的主要内容

社区治理的主体是社区利益相关者，因此社区治理的主要内容就是社区公共事务。公共事务主要指涉及公众生活质量和共同利益的一系列活动及其实际效果。从宏观角度来看，社区公共事务就是按照地域性原则分给社区、由社区作为一个整体组织协调与运作的所有事务。从微观角度来看，社区公共事务就是指社区经济、社区教育、社区健康、社区体育、社区文化、社区福利、社区救济、社区养老、社区安全、社区服务等。社区公共事务复杂，社区治理需要通过合作关系团结政府、社区自治组织、非营利组织和营利组织，整合各方资源，在社区内部形成合力，更有效地解决社区公共事务问题。

社区公共事务实质上是一种公共产品，具有非竞争性、非排他性、外部性、多样化等特征，这就意味着要实现社区公共产品的有效供给，需要建立以党组织、自治组织、经济组织和社会组织为核心的"四位一体"管理体制，各组织分工合作，实现党组织领导和协调、经济组织支持和参与、自治组织和社会组织贯彻执行的格局，以实现"良性共治"目标。

3.3 中国城镇化发展过程中的社区治理

3.3.1 中国城镇化发展的历程

城镇化是指人口和产业活动在空间上集聚、乡村地区转变为城镇地区的过程。城镇化是社会生产力发展到一定阶段，农村人口转变为非农村人口，人口向城镇集聚，农村地区转变为城镇地区，城镇数量增加的过程。

从1949年中华人民共和国成立到1978年党的十一届三中全会召开，中国的城镇化进程相当缓慢，城镇化率始终在10%～20%之间波动，并呈现出五个特点：第一，政府是城镇化动力机制的主体；第二，城镇化吸收非农业劳动力的能力很低；第三，高度集中的规划体系限制了城镇化的区域发展；第四，劳动力的职业转换优先于地区转换；第五，城镇运行机制具有非商品经济的特征。这种城镇化的结果是形成了一个二元社会，在这个社会中，城乡分离、相对封闭。

1978年改革开放以后，在国民经济快速增长的条件下，中国的城镇化进程加速。城乡之间的壁垒逐渐被打破，尤其是乡镇企业的发展，使中国的城镇化呈现出以小城镇迅速扩张、人口就地城镇化为主的特点。改革开放以后，我国的城镇化进程大致经历了三个阶段：

第一阶段，缓慢恢复期（1978—1984年）。这一时期城镇化的主要动力是农村经济体制改革，"先进城后建城"的特点更加明显。首先，约有2 000万名知青和下放的干部返回到城市工作。高考的全面恢复和快速发展也使一批农村学生进入城市。其次，城乡市场贸易的开放和快速发展，使大量农民进入城市和小城镇，城镇中有大量的临时居民。再次，乡镇企业开始兴起，促进了小城镇的发展。最后，对城市建设的投资增加，改善了城市的面貌。

第二阶段，稳步增长期（1985—1999年）。这一时期城镇化的主要动力是乡镇企业发展和城市改革。东南沿海地区出现了许多新的小城镇和经济开发区。1999年，中国的城镇化率达到34.78%，比1978年增长了约17个百分点。

第三阶段，快速增长期（2000年至今）。据国家统计局的数据显示，从2000年到2016年，中国的城镇化率从36.22%提高到57.35%，提高了21.13个百分点。2011年，中国的城镇人口首次超过农村人口。2019年，全国城镇常住人口约8.48亿人，占总人口的60.60%（常住人口城镇化率），城镇化率首次超过60%，比2018年提高了1.02个百分点。13个省（自治区、直辖市）的常住人口城镇化率超过全国平均水平。其中，上海市、北京市、天津市、广东省、江苏省和浙江省的常住人口城镇化率超过70%。上海市的常住人口城镇化率达到88.30%，排名第一；北京市排名第二，常住人口城镇化率为86.60%；天津市排名第三，常住人口城镇化率为83.48%。不过，截至2019年仍有18个省（自治区）的常住人口城镇化率低于全国平均水平。

3.3.2 中国城镇化发展的现状和趋势

据国家统计局的数据显示，中国城镇人口总数从2014年的7.49亿人增长至2018年的8.31亿人，年复合增长率达2.63%；2018年，中国城镇化率为59.58%，较2014年提高了4.81个百分点。2014年8月，中共中央、国务院发布的《国家新型城镇化规划（2014—2020年）》提出中国将大力推动城镇化水平和质量的稳步提升，力争到2020年常住人口城镇化率达到60%左右。随着国家战略的实施，大量农民进城务工就业，城镇化不断加速，该趋势在中国三、四线城市尤为明显。

截至2019年年底，我国常住人口城镇化率达到60.60%，比2018年提高了1.02个百分点；城镇常住人口为84843万人，比2018年增加了1706万人，农村常住人口为55162万人，比2018年减少了1239万人。分地区看，2019年年底，东部、中部、西部和东北地区常住人口城镇化率分别比2018年提高0.72、1.20、1.16和0.47个百分点。中西部地区城镇化发展比东部和东北地区更快，而且地区之间的城镇化水平差异进一步缩小。

随着农业转移人口市民化工作的持续推进，以及推动1亿非户籍人口在城市落户、中小城市和小城镇取消落户限制等一系列政策的实施，2019年人户分离人口和流动人口比2018年分别减少了613万人和515

万人。随着城镇户籍登记制度的不断完善,以及常住人口享受与户籍人口相同的城市基本公共服务和社会保障的积极促进,人们的幸福感、认同感和获得感将不断增强。

随着中国城镇化进程(图3-1)的不断推进,未来中国将会出现世界级城市和全球最大规模的城市带。另外,中心城市会不断提炼主导产业,优化功能,积极参与全球城市分工,向国际化、专业化与专门化方向发展。随着城市消费功能的不断升级,各类服务业在城市中将占据主导地位,并成为经济发展的支柱。

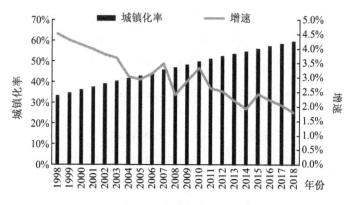

图3-1 中国城镇化率及增速

3.3.3 中国城镇化发展过程中的社区治理

根据赵晓红(2020)的研究,在我国城镇化从起步到蓬勃发展的进程推进中,社区的发展经历了从"街居社区""行政化社区""单位-街区社区""行政-自治社区"到"自治社区"的嬗变过程,这种嬗变也是我国治理体系和治理结构建构的历史缩影。当前,社区治理要跟进城市化进程的步伐,要从物理空间、社会关系和体验感受全方位转变,正视城市化带来的社区格局多元并存问题,进一步在政府职能转变中明晰社区功能定位,并强化社区的心理归属功能,真正激活社区治理积极因素。

第 4 章

智慧社区与智慧城市建设的关系

4.1 智慧城市的内涵

随着物联网、云计算等新一代信息技术的快速发展，2009 年 1 月 IBM 公司首席执行官彭明盛在一次美国工商业领袖圆桌会议上提出了"智慧地球"概念，很快这一概念传入中国，并衍生出"智慧城市"概念。

智慧城市是指在城市发展过程中，在城市基础设施、资源环境、社会民生、经济产业、市政治理领域中，充分利用物联网、互联网、云计算、人工智能等技术手段，对城市居民生活和工作、企业经营发展及政府行政管理过程中的相关活动，进行智慧地感知、分析、集成和应对，为城市居民提供一个更美好的生活和工作环境，为企业创造一个更有利的商业发展环境，为政府构建一个更高效的城市运营管理环境。智慧城市是继数字城市、信息城市之后城市信息化的高级阶段，是中国城市转型发展的重要方向。智慧城市的核心是构建智慧城市运行生态系统和产业生态系统。

城镇化和信息化是当前与未来中国经济社会发展的重要内容，智慧城市的建设已成为新时期中国城市发展的重要主题。当前，我国许多城市的发展都面临着诸多困难。建设智慧城市是解决或缓解各种"城市疾病"，促进城市经济发展和社会进步，确保城市可持续发展的重要途径。为此，应加强对智慧城市的理论和方法的研究，并促进智慧城市建设所需的相关产品的本地化。

2012 年开始，在住建部、科技部、工信部、发改委等国家部委智慧城市试点工作的推动下，我国有超过 300 个城市进行了智慧城市的规划和建设。目前，这些城市的智慧基础设施建设已基本完成，各种数据和信息已初步整合与开发，并催生了巨大的产业市场。

4.2 我国智慧城市建设的现状和发展趋势

4.2.1 我国智慧城市建设的现状

智慧城市的建设是一个循序渐进的过程，一些城市只需要两三年的时间，而另一些城市则可能需要十年甚至更长的时间。智慧城市建设既可以取得全面进步，也可以取得关键突破。

目前，一些城市正在创新地推动智慧城市建设，如"智慧深圳""智慧南京""智慧佛山"等，这类城市将建设智慧城市作为提升城市创新能力和综合竞争力的重要途径。一些城市专注于智能产业的发展，这些城市将智能产业发展作为智慧城市建设的核心。例如，昆山市大力发展物联网、电子信息、智能设备等智能产业以支持智慧城市建设；宁波市推进六大智能产业基地建设，加快智能产业发展。一些城市重点发展智能管理和智能服务，并提出了"智能交通""智能医疗""服务型电子政务"等以提升城市运营、指导、控制和管理能力。一些城市则将智能技术和智能基础设施的发展作为推动智慧城市建设的方式。例如，南昌市将建设"数字南昌"作为智慧城市建设的突破口，以数字南昌综合指挥调度平台、智能交通系统、市政府应急系统和"数字城市"重大项目（如"智慧交通""数字城市管理"等）为抓手，提高城市运行监控和城市公共信息服务水平。另外，还有一些城市将建设中部地区具有竞争力的"数字城市"作为战略目标。例如，成都市提出要提高城市居民的素质，加强创新型人才的培养、引进和利用，利用智慧人文为智慧城市建设提供扎实的智慧来源；重庆市以生态环境、卫生服务、医疗、社会保障等领域为重点，建设智慧城市，改善市民的健康和生活，打造"健康重庆"。从以上分析可以看出，越来越多的城市将重点放在城市发展的战略需求上，并选择相应的突破口，以实现智慧城市建设和城市既定发展战略目标的有机统一。

自 2009 年 IBM 提出"智慧地球"概念以后，我国智慧城市发展迎来概念导入期，在这一时期国内本土企业开始摸索，国外软件系统集成商如 IBM、Oracle 等成为该领域主流的数字化解决方案技术供应商；2012 年，我国城镇化建设加速，住建部出台《国家智慧城市试点暂行管理办法》，行业进入探索期，在信息技术的驱动及国家智慧城市试点工作的推动下，我国智慧城市发展逐步走上正轨；2016 年，我国智慧城市建设进入新型智慧城市发展阶段，5G、大数据、人工智能等技术的逐渐成熟推动智慧城市向数字化、智能化方向发展。截至 2020 年 4 月初，住建部公布的智慧城市试点数量已达 290 个。如果计算科技部、工信部、国家测绘地理信息局（现为自然资源部）、发改委所确定的智慧城市相关试点数量，目前我国智慧城市试点数量累计已达 749 个，如表 4-1 和图 4-1 所示。

表 4-1　2012—2019 年中国智慧城市试点名称及数量　　　单位：个

部门名称	年份	试点名称	数量	备注
住建部	2012	国家智慧城市试点（第一批）	90	
	2013	国家智慧城市试点（第二批）	103	
	2015	国家智慧城市试点（第三批）	97	不包含 41 个专项试点
科技部	2013	智慧城市技术与标准试点	20	
工信部	2013	国家信息消费试点示范城市（第一批）	68	
	2013	基于云计算的电子政务公共平台建设和应用试点示范地区	77	
	2015	国家信息消费试点示范城市（第二批）	36	
	2015	国家信息消费试点示范城市（第三批）	25	
	2019	国家信息消费试点示范城市	15	对 2015 年示范城市的动态调整

续表

部门名称	年份	试点名称	数量	备注
国家测绘地理信息局（现为自然资源部）	2013	智慧城市时空信息云平台建设试点（第一批）	10	
	2015	智慧城市时空信息云平台建设试点（第二批）	10	
	2017	新一轮智慧城市建设试点	46	截至2017年已公布试点城市46个
发改委	2014	信息惠民国家试点城市	80	
工信部、发改委	2014	2014年度"宽带中国"示范城市（城市群）	39	
	2015	2015年度"宽带中国"示范城市（城市群）	39	
	2016	2016年度"宽带中国"示范城市（城市群）	39	

注：（1）不同机构公布的试点城市有重叠部分；（2）工信部"国家信息消费示范城市"是对试点城市的遴选结果，不重复计入试点数量；（3）2017年国家测绘地理信息局公布的新一轮智慧城市建设试点的46个城市，包含前两轮，不重复计数。

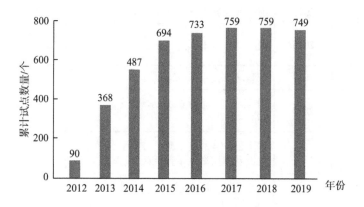

图4-1 2012—2019年中国智慧城市累计试点数量

4.2.2 我国智慧城市建设的发展趋势

可持续发展是城市发展的最佳选择。它不仅是城市发展的道路，也是城市发展的最终目标。如果说可持续发展理论是未来城市发展的理论基础，那么具有相同内涵的"智慧城市"就可以作为可持续发展理论的一个应用实例。根据国内社会的特定需求，我国未来的智慧城市建设呈现出以下发展趋势。

一是"以人为本"的民生服务。"以人为本"是智慧城市建设的核心理念，其内涵是关注城市生态系统中的"人"，为"人"提供医疗、交通、旅游、餐饮、养老、教育等方面的全面细致的服务，最终为城市居民打造安全、高效、便捷、绿色的城市生活，提升城市居民的幸福感。具体来说，包括构建智慧医疗、智慧餐饮、智慧养老、智慧教育、智慧交通、智慧旅游等应用系统，以最终实现全面的"智慧民生服务"。

二是集约高效的产业体系。在过去的几十年中，我国城市经济一直走"高投入、高消耗、高污染、低效率"的发展道路。面对日益严峻的国际挑战和资源环境的限制，未来的城市产业应充分利用现代信息技术并实现"三产融合"发展，以加快提升经济发展的智能化水平。从国外现有经验来看，智慧城市建设与发展将催生一批新兴产业，同时也将促进现有产业的快速发展。智慧城市产业将成为促进整个城市发展的纽带。对于我国而言，智慧城市建设将直接带动新一代信息技术产业（如云计算、物联网等产业）的飞速发展，是推动我国产业转型升级的重要契机。

三是科学合理的规划管理。城市至少包含市民、工商组织、政府部门、公共设施（如交通、通信等设施）、环境资源（如水、土地等资源）等核心系统，这些核心系统相互联系。在城市化进程快速推进的今天，以上系统不仅受到来自系统内部的挑战，还面临着各系统相互作用和影响的挑战。例如，频繁的商务活动将加重公共设施系统的负担，公共设施系统的运行将占用大量的环境资源，市民的素质会影响公共设施的利用效率，等等。因此，城市建设中的规划和决策问题与生俱来就有着非同一般的复杂性。应用信息技术手段构建一个综合的行政决策辅助系统，是提升政府部门规划和决策水平的有效方法。行政决策辅助系统能够使决策者在广泛了解决策所需信息的前提下进行决策，不但能提高决策的效率，还能保障决策结果的合理性、时效性和适应性，从而有效避免以往靠主观经验决策而导致的失误。例如，在新城的规划方面，通过对地理、人口等信息数据的分析，可以清晰地认知城市未来的人口数量及其增长趋势。根据城市的发展策略和经济特点，市政部门可以在不同的地理位置设定功能区域规划，包括工业园区、物流园区、中央商务区、居住卫星城、医院、大学城、文化场所、运动设施、图书馆等城市配套服务设施。在老城区的规划方面，通过分析经济发展和功能定位的差异、人口数量和结构的变化，市政部门同样可以制订城市调整和优化的解决方案，如老工业区的拆移、外迁和升级改造，老的商业区、居住区、城中村的改造和功能再定位，等等。

4.3 智慧社区的内涵

智慧社区是新形势下社区治理的一种新模式，是智慧城市的重要组成部分，主要通过利用各种智能技术和方式，整合社区各类服务资源，为社区居民提供政务、商务、娱乐、教育、医护、生活互助等多种便捷服务。智慧社区建设的出发点和立足点都是"提升社区人民群众的幸福感"，因此智慧社区建设必须紧紧围绕民生进行。党的十九届四中全会指出，社会治理创新需要适应社会的不断发展和变化，依托数字化转型助推社会治理现代化，通过数字化转型逐步构建覆盖全国的基层治理平台"一张网"。智慧社区便是一种新兴的社区治理模式，可以很好地促进社区治理向数字化、网络化和智能化方向转型升级，实现社区治理现代化，最终以智慧社区为社会治理"神经元"，实现人的自由全面的发展，增强人们对所生活区域的归属感。

智慧社区建设充分利用互联网和物联网技术，涉及智能建筑、智能家居、道路网络监控、智能医院、城市生命线管理、食品和药品管理、票务管理、家庭护理、个人健康、数字生活等领域，牢牢把握新一轮科技创新革命和信息产业浪潮的重大机遇，充分发挥发达的信息通信技术（ICT）、领先的射频识别技术（RFID）、卓越的电信业务和信息基础设施的优势等，通过 ICT 基础设施、认证、安全等平台和示范项目的建设，加快对关键技术的研究，为社区发展构建智能环境，形成基于信息和智能过滤的社会管理模式，并为未来构建新的社区形式。

智慧社区的主要内容包括智慧物业管理、电子商务服务、智慧养老服务、智慧家居等。其中，智慧物业管理针对智慧社区的特点，集成物业管理的相关系统，如停车场管理、闭路监控管理、门禁管理、智能消费、电梯管理、保安巡逻、远程抄表、自动喷淋等相关社区物业智能化管理系统，实现社区各独立应用子系统的融合，进行集中运营管理。电子商务服务是指在社区内的商业贸易活动中，实现消费者的网上购物、商户之间的网上交易和在线电子支付，各种商务活动、交易活动、金融活动和相关的综合服务活动均可在网上完成，社区居民无须出门即可无阻碍地完成绝大部分生活必需品的采购。智慧养老服务是利用物联网技术，通过各类传感器，使老人的日常生活处于被监控的状态，为老人提供安全保障。智慧家居是以住宅为平台，兼备建筑、通信网络、信息家电、自动化设备，集系统、结构、服务、管理为一体的高效、舒适、安全、便利、环保的居住环境。

智慧社区是建筑艺术、生活理念、信息技术、电子技术和其他现代技术的完美结合，为城市居民提供了安全、舒适、便捷、开放的智能化、信息化生活空间。智慧社区依靠高科技实现对自然环境的回归，促进良好的人文环境的发展，并依靠先进的技术实现高效、节能和环保的社区运营管理。

4.4 我国智慧社区建设的现状

随着国家大力推动智慧城市建设，我国的智慧社区建设工作也不断推进，从 2012 年作为智慧城市的典型应用逐步发展到 2014 年作为智慧城市的必选项进行专项建设。2013 年 10 月，民政部、发改委、工信部、公安部和财政部联合发布《关于推进社区公共服务综合信息平台建设的指导意见》，强调各地要加强社区信息化建设，积极推进社区公共服务综合信息平台建设；2014 年 5 月，住建部办公厅印发《智慧社区建设指南（试行）》，提出争取到 2020 年使 50%以上的社区实现智慧社区的标准化建设，同时建立可持续发展的社区治理体系和智能化社会服务模式，建立完善的社区服务体系。目前，全国诸多城市的智慧社区试点工作快速推进。图 4-2 所展示的是我国智慧社区的主要发展阶段。

图 4-2　我国智慧社区的主要发展阶段

智慧社区应用主要集中在大城市的社区治理中。智慧城市建设正在如火如荼地进行，智慧社区成为智慧城市建设的重要内容，但由于智慧社区本身代表了一种较现代的生活方式，受建设成本和消费水平影响较大，因此，智慧社区的发展还很不平衡。深圳、上海、广州、北京等直辖市、省级中心城市和沿海城市发展较快，其他城市发展则相对滞后。

另外，智慧社区建设的标准与规范缺乏。早在 1999 年 12 月，建设部住宅产业化促进中心就出台了《全国住宅小区智能化系统示范工程建设要点与技术导则（试行稿）》，但该导则和 2000 年出台的 GB/T 50314—2000《智能建筑设计标准》中都没有详细规定每个系统的设计及施工规范，特别是在多系统集成方面，实施过程中往往只能参照各相关系统的有关标准执行。再者，系统建成后缺乏相应的验收、测试标准，许多项目也没有相关部门组织验收。因此，目前急需出台针对智慧社区建设的此类技术规范，以便有利于系统的实施。与此同时，各厂家的相同产品的兼容性、互换性、开放性差，造成住户家中设备种类很多，管理和维护也非常困难，给未来系统的集成与数据的共享带来很大困难。

目前，各地的智慧社区建设都是根据当地的实际情况，采用各具特色的方案。比如，广州市番禺区南景园智慧社区是全国智能建筑及居住区数字化标准化技术委员会（以下简称"全国智标委"）建立的第一个智慧社区试点项目。该社区采用网络化综合信息服务平台、先进的智能物业管理系统、集中的数字社区多防线安全防范系统、自动化的机电设备监视管理、社区"一卡通"管理，以及提供全方位的社区信息交互和服务的社区门户网站等。江苏省连云港市东海县颐湖园智慧社区采用专用智能化门禁系统电梯、宽带接入导流等多种智能化系统，可使居民远程遥控家里的家电设备，以实现温度调节、窗帘闭合、照明亮度调节、安全警报等功能。吉林省公主岭市维多利亚智慧社区重视新技术和住宅智能化技术的应用，采用国密算法的门禁"一卡通"产品、标准的智慧社区综合信息服务平台和三网融合系统，可以满足现代人的信息需求，适应信息产业技术革命的发展趋势。陕西省西安市临潼区骊山新家园智慧社区是目前西安市规模最大、配套设施最齐全的新型城镇化社区。该社区建立了公共综合服务体系，实现了以居民为中心的"智慧临潼民生空间服务应用"，提高了智慧临潼服务之窗、政务服务中心、政府服务热线等多渠道联动的综合服务能力，还可以推动电子公共服务向基层延伸，使居民可以在社区和街道服务站点享受各种便利服务，如劳动就业、社会保险、社会救助和社会福利。浙江省嘉兴市南湖区罗马都市智慧社区通过协调和整合社区现有的各种信息化应用资源，以满足社区居民、加盟商和社会组织的需求为切入点，建立社区管理、家庭护理、医疗保健、电子商务、文化娱乐、社区生活和便民服务一体化的智慧综合信息服务平台，为居民、加盟商、社会组织等提供多元化、社会化的公共服务。

4.5 智慧社区与智慧城市建设的关系

智慧社区是点，智慧城市是面，以点带面，通过推进智慧社区的建设来实现打造智慧城市的目标。早在 2012 年，我国便掀起了建设智慧城市的热潮，当前全国各地的智慧城市建设正在如火如荼地进行。作为打造智慧城市的基础，智慧社区的建设至关重要。智慧社区实际上满足的是社区居民的需求，充分借助互联网、物联网，通过智能楼宇、智能家居、监控系统等，创新管理模式，为居民提供更为现代化、智能化的生活环境。智慧社区是智慧城市的重要组成部分，大大小小的智慧社区"点"组成了智慧城市"面"，可以说，智慧城市的发展是从智慧社区开始的，而智慧社区也是对智慧城市概念的继承、发展和应用。具体表

现如下:

第一,通过以社区为单位进行数字化、智能化建设,以点带面地逐步实现整个城市的智能化。这是对城市基础设施前瞻性的布局,对先进技术和人才的战略投资,也是对更多服务岗位和有竞争力的现代信息服务业的创造,终将成为城市发展核心竞争力的根本所在,从而推进城市转型升级,促进城市可持续发展。

第二,通过打造智慧社区推动和谐社会建设,同时提升政府执政形象和效率。将社区作为政府政务信息及政策传递的新型单位,借助互联网等发布和传递信息,可进一步加快电子政务向社区推进,提高政府办事效率和服务能力,充分体现以人为本、服务民生。因此,智慧社区建设对政府打造信息畅通、管理有序、服务完善、民生与人际关系和谐的现代化社区具有重要意义。

第三,通过智慧社区的建设和智慧社区大数据的应用,将大数据与政务系统对接,可全面提升社区服务水平,更好地保障民生安全和提高便捷程度,从而提升居民生活质量,减轻政府施政负担。智慧社区是从强调以技术为核心到强调以技术为人服务为核心的一种转变,通过技术使人们的生活更便捷、更人性化、更智慧化。居民的生活舒适度、归属感和幸福感增强了,居民生活水平提高了,社会和谐了,民生问题少了,政府职能也就发挥到位了,政务工作就轻松了。例如,将智慧社区系统中的电梯控制系统与政府安检部门的系统对接,将一个个社区的电梯运行数据对接到安检部门,把先进的电梯控制系统定为一种可行的运行标准在城市各社区推行,这将更好地避免电梯老化带来的安全事故,做到最有效的安全防范和事后追责监督。再如,将社区的对讲和门禁系统及社区"一卡通"技术中集成的人脸识别技术、身份证识别技术所采集的数据与公安系统对接,包括社区的监控系统、周界防盗和报警系统进行智能化分析并将相关信息分级上报、对接到公安系统,这对社区安全将是一次彻底升级。将智慧社区的居民健康大数据通过智能家居系统(可穿戴智能环境监测设备等)、社区养老系统与城市医疗系统、政府医保系统对接,使咨询、保健、就诊、康复、检查等医疗保健资源真正与社区对接,并让这些资源落地社区,将是居民生活水平提高的一个重要指标。

第 5 章

智慧社区建设的主要内容

5.1 智慧社区的基本功能

改革开放以来，我国经济快速发展，国家住房制度改革不断深化，人们的生活水平和素质有了很大提高，并且随着信息化社会日益逼近，人们的家庭住房需求的内涵也在发生重大变化，从以往追求大的物理空间和豪华的装修向着追求精神文化品位与浪漫生活情趣的方向发展。智慧家庭提供的是人们足不出户就可以进行电子购物、视频点播（VOD）、网上医疗诊断、网上教育等功能。将智慧家庭连接到智慧社区之中，可以实现社区的数字化、人性化管理，然后以门户网站为入口，使用户能够通过终端与社区智能管理系统和智慧家居系统进行交互。智慧家居系统包括安防、远程监控、智慧家电、可视对讲、情景模式、智慧影音等子系统，用户使用远程终端通过社区智能管理系统就可以方便地进行管理。

智慧社区系统是利用现代化的网络技术和信息集成技术建立的一个住户与住户、住户与社区综合服务中心、住户与外部社会相互联通的多媒体综合信息交互系统。该系统以社区中心机房为枢纽，将智慧家居住户、社区数字化服务、物业数字化管理、社区智能化管理有机结合起来，使住户之间真正实现信息联通，住户享受到社区电子购物、家政服务、自动缴费等快捷服务，社区管理实现自动化，等等。

5.1.1 社区智能服务系统

社区智能服务系统主要包括智能卡系统、"一卡通"消费管理系统、智慧社区信息网站，每个子系统的功能如表 5-1 所示。

表 5-1 社区智能服务子系统及其功能

序号	子系统名称	主要功能
1	智能卡系统	智能卡系统指通过一张非接触式身份识别卡来实现门禁、停车场出入、低值消费等多种不同功能的智慧管理。非接触式 MIFARE 卡具有传输速度快、加解密速度快、安全可靠、防冲撞等特点。门禁系统主要安装在各公寓单元门、重要设备机房、电梯轿厢、地下停车场出入口、人流出入口等处，单元门采用单向读卡验证方式，主要机房和主要出入口采用双向读卡验证方式。管理方式采用集中管理方式，区域内控制器通过 RS485 总线将数据汇总到二级机房内，再通过 TCP/IP 协议传输到监控中心机房内
2	"一卡通"消费管理系统	以社区现有连通所有家庭的宽带网络为基础，以社区停车场/门禁系统 IC 卡（或者中国电信发行的卡）为载体，设立统一的运营服务中心，结合数字化社区、呼叫中心，协调后台运营支持部门、前台服务部门和各协作商家，向社区居民提供综合的、一揽子的服务，包括社区物业服务、自营的增值服务、外协的代办服务、社区内及周边加盟商业提供的会员制商业服务。卡主可以使用互联网、电话、呼叫中心等多种途径，通过社区"一卡通"运营中心对各内部、外部商业机构的调度，获取各种类型的增值服务和外延服务，如医疗保健、美容美发、餐饮、费用代缴、机票预订、酒店预订、汽车租赁、干洗、汽车代维、场馆预订等服务，社区居民用一张卡就可以享受社区内的全部服务，物业管理企业可以利用该系统实现对住户的全面运营服务，同时获取增值业务利润
3	智慧社区信息网站	在社区内搭建网络服务平台，将社区服务信息如物业信息、周边商铺信息、餐饮信息、医疗信息等发布到社区网站并推送到每个住户的智慧终端，住户通过智能终端就可以方便地查找自己所需要的服务，并且能够得到及时的上门服务

5.1.2 社区智能管理系统

社区智能管理系统主要包括智能网络监控系统、电子巡更系统、停车场管理系统、紧急求救和家居安防系统、防盗报警系统、远程抄表计量系统、建筑设备管理系统、数字社区电子服务系统，每个子系统的功能如表 5-2 所示。

表 5-2 社区智能管理子系统及其功能

序号	子系统名称	主要功能
1	智能网络监控系统	智能网络监控系统被分别布置在各公寓单元出入口、社区内主要道路、地下停车场、重要设备机房、公建办公服务区及部分需要重点设防的区域
2	电子巡更系统	离线式电子巡更系统具有工程周期短、无须专门布线、扩容方便等优点，满足现代保安工作"方便、安全、高效"管理的需求。目前，越来越多的现代建筑采用该系统
3	停车场管理系统	停车场管理系统包括车辆管理、停车场交通规划、人行诱导等。所有出入口均采用联网式管理，收费分固定、临时等计费方式
4	紧急求救和家居安防系统	紧急求救和家居安防系统可以将煤气、门磁、红外、紧急按钮等多种传感器报警信号通过室内主机经专用数据总线传送到管理中心的报警接收主机上，管理电脑安装管理软件对访客对讲系统进行设置，在报警时能以电子地图形式调出报警住户的具体单元楼与单元号，使值班人员更直观、更方便地进行管理
5	防盗报警系统	防盗报警系统用于对重点区域和出入口的防范，完成对防区的自动或人工设防、撤防，并实现对布防点的成组管理，各区报警信号接入本区安保设备之间的报警主机，通过分区报警主机上传至综合管理监控指挥中心。同时，设置在各处的探测器具有与闭路电视监控、门禁等系统联动的功能
6	远程抄表计量系统	远程抄表计量系统是智慧社区的重要组成部分，它将取代传统的上门收费及 IC 卡计量收费方式，使住户的水、电、气、暖、热表的计量更准确、更方便、更快捷，便于集中管理
7	建筑设备管理系统	建筑设备管理系统包括给排水系统、变配电系统、公共区域照明系统、电梯系统等，监控中心通过控制网络与分布在被控设备附近的现场控制器进行通信，现场工作人员可以通过显示面板和操作面板就近操作或监测被控设备，实现集中管理、分散控制
8	数字社区电子服务系统	数字社区电子服务系统的收费模式为免费，主要内容包括天气预报、社区通知、周边信息、新闻简报、催缴催领、电子账单、便民信息

5.1.3 社区综合布线系统

随着人们的生活和工作日益呈现出现代化与智能化的特征，社区需要越来越多的系统与设备。最基本的系统是通信系统（包括计算机、电话机、传真机等）、闭路电视系统（包括有线电视、卫星电视、自运行电视等）、公共设备监控系统（包括路灯、走廊灯等）、社区发电机组系统（包括配电设备、自备水箱等）、警报系统（包括烟感报警器、温感报警器、红外报警器、自动防火卷帘门等）、自动化管理系统（包括抄表系统、对讲机、门禁系统等）、计算机网络系统（包括交换设备、路由器、ATM 网络等）。如果不统一综合考虑这些系统，而是分开规划建设，不仅会造成管理上的混乱，还会给以后的维护带来很大的困难。智慧社区综合布线系统可以很好地解决这个问题。

智慧社区综合布线系统是社区管理、生活、交流的智能神经系统，以控制、通信、计算机管理为内容，以综合布线为基础，实现社区的整体的智能化控制和管理。系统功能的实现可以使系统的集中管理水平达到最合理的利用和实施状态，从而最大限度地降低成本，性价比非常高。智慧社区综合布线系统充分考虑了社区各种控制和管理系统的应用，不仅标准化，而且灵活实用。综合布线系统的所有电缆都埋设在暗处。综合布线系统的管理信息网点采用标准模块化管理，与设备实现最理想的插接。所有线缆集中管理，便于维护和功能扩展。综合布线系统采用总线式或星形，以及一级或二级管理模式，这是目前国际上应用最为灵活的布线方式。综合布线系统设备包括光纤、屏蔽和非屏蔽电缆、电力电缆、连接器、信息模块、配线架、配电箱等。

5.1.4 社区通信系统

社区通信系统主要包括扩展系统、无线通信系统和卫星通信系统三部分。其中，无线通信系统可以在小范围内（半径 100~500 m）建立收发基站，实现与社区手机、寻呼机的无线通信。卫星通信系统作为有线网络的补充，为社区用户与国内外用户之间的语音、数据、图像通信建立了传输路径。

5.1.5 社区广电有线电视网络（CATV）系统

看电视是居民必不可少的娱乐活动。电视的种类很多，如卫星电视、有线电视、共享天线电视、社区自办电视等。通过智能集成布线实现的电视系统使居民能够面对一个"电视台"，即社区广电有线电视网络系统。CATV系统布线简单，节目多，转换方便。通过增加用户终端设备，可实现可寻址自动播放（VOD）。电视信号主要有共享天线电视信号、卫星电视信号、社区自办电视信号、共享天线系统FM广播信号、当地有线电视光纤网络信号等。

5.1.6 社区设备自控（BA）系统

现代智慧社区不可避免地会有很多公共设备（设施），如水泵、发电机组、制冷设备、供暖设备、照明设备、通风设备、电梯等。这些设备不仅是管理和监控的难点，而且往往是"耗能大户"。因此，通过科学手段便利生活，加强社区各类公共设备（设施）的管理，降低管理成本，提高管理效率，营造舒适的居住环境，是社区物业管理的重要内容之一。传统管理缺乏科学性，物业管理人员劳动强度大，管理水平低。社区设备自控系统的建立既是社区公共设备（设施）智能化管理水平的体现，也是高档社区物业硬件条件的表现。居民、物业管理人员无须亲临现场，一切由系统自动完成。如果水压下降，自控系统会自动通知水泵开启；当停电时，发电机组将自动开始工作；当住宅楼集中供暖或制冷时，室内外温差会发生变化，中央空调会相应地自动变化；社区内的路灯和楼道灯管理系统控制中心的控制器确定路灯的开关时间，楼道灯是否开启由声控开关控制，可保证白天不亮灯，当晚上有人在走廊走动时，灯会自动打开。

社区设备自控系统的基本功能包括：中央控制系统提供的与社区网络系统连接的接口；供配电监控；给排水监控；公共照明控制，包括社区公共场所照明、泛光照明和楼道照明（声控/红外感应/时间表/照度）的控制；背景音乐及紧急广播（与安保、消防联动）；电梯运行监测；喷泉设施控制。

5.1.7 社区安全防范及报警系统

社区安全防范及报警系统简称社区安防报警系统,是智慧社区实现安全管理的重要系统,主要包括电视监控、防盗报警、求助、煤气泄漏报警、火灾报警等功能。社区管理最重要的内容是保障住户的安全。城市化进程使邻里之间的关系变得疏远,人们的家庭生活更加封闭。因此,社区安防报警系统是一种设计先进、设备先进、为社区居民安全提供保障的必备系统。社区安防报警系统的特点主要体现在以下七个方面,如表5-3所示。

表5-3 社区安防报警系统的特点

序号	系统名称	特点
1	中央控制系统	该系统必须提供与社区网络系统连接的接口;必须与市110、社区音响系统联动;系统误报率应小于0.1%
2	电视监视点	在社区的出入口、周界、车库及其他重要场所设置电视监视点。所有电视监视点的设置,要求做到可对社区实施全方位的监视布控并有助于社区的物业管理
3	防盗报警装置	在社区每一住户家中安装防盗报警装置。当住户家中无人时,可把家庭内的防盗报警系统设置为布防状态,当窃贼闯入时,防盗报警系统自动发出警报并向社区安保中心报警
4	巡更、周界报警系统	在社区的围墙上设置主动红外对射探测器,防止他人由围墙翻入社区作案,保证社区内居民的安全;在社区内设置电子巡更系统,让安保人员定时定路线对社区进行巡视,以弥补其他技防手段的不足,及时发现可疑情况,防患于未然
5	出入口控制系统	对社区的车辆出入口、楼宇出入口进行监控,给社区住户与物业管理人员及安保人员配备不同级别的IC智能卡,对社区住户出入社区进行身份鉴别、确认及信息登记,提供住户出入社区信息的查询功能
6	消防紧急报警	在社区的各楼栋内安装消防栓启动按钮,当有火灾发生时,住户可按下此按钮,通知物业管理中心,同时系统自动启动背景音响系统中的紧急程序,停止播放背景音乐,插播警告信息
7	煤气泄漏报警	当室内煤气浓度超过正常值时,煤气泄漏报警启动,通知管理中心,并可关闭煤气阀门,启动排气装置

5.2 智慧社区建设的内容

5.2.1 基础环境建设

智慧社区基于强大的网络基础设施（光纤、ADSL、移动通信系统等），利用现代信息技术提供各种安防、管理、服务、交流等应用系统，并通过电脑、手机、IPTV 等实现消费电子产品、计算机、管理、通信一体化，最终为业主提供高质量的住宅和服务。因此，网络建设是其基础建设。

基础网络的建设情况是衡量一个社区甚至一个城市信息化程度的一个重要尺度。高带宽、高速率的智慧社区基础网络，是满足物业管理及商业信息化需求的综合解决方案的必要基础。优质高速的基础网络为智慧社区的发展提供必要的条件。基于此，任何参与智慧社区服务的设备都必须接入互联网。网络运营商将高速宽带引入家庭或企业用户，智慧社区在计算机硬件、服务软件和客户端软件的支持下运行。例如，生活广场智能家居系统的控制主机是智能家居系统的核心设备。24 小时联网、率先完成对房屋的智能化管控，是智慧社区系统的保障。

在智慧社区信息系统中，基础环境层是智慧社区信息采集、处理和交互传输中心，是最核心的组成部分，包括支撑环境层和网络层。第一，支撑环境层。基于物联网的技术架构的支撑环境层包括系统运营环境、操作系统环境、数据库及数据仓库环境。它们为物流系统运行、开发工具使用、Web Service 服务、大规模数据采集与存储等提供了环境支撑，保障了整个平台架构的运营环境的完整性。第二，网络层。它主要提供平台运行的网络设施，包括物联网的承载网、广域网、局域网、移动通信网、网络设备及接入隔离设备。网络层与相关系统接口可为 Web Service 信息服务、资源寻址服务等提供服务基础，用于支持社区外相关业务的信息传输。

此外，基础设施建设也是智慧社区建设的核心内容，主要包括支持电子政务功能的政府机构、能够体验和支持智慧社区运作的智慧人群、具备自动化功能的楼宇建筑、家庭中能够与系统对接的智慧家居，以及包括智慧社区系统在内的基础应用条件。

以苏州市为例，苏州市正在建设"智慧苏州"，打造智慧社区。在基础环境建设方面，推进新一代智慧型基础设施建设，着力构建普遍覆盖、便捷高效的信息通信网络体系，信息基础设施建设达到国内领先、国际一流水平。实施"宽带苏州"升级计划，建设骨干智能光网、基于IPv6的城域网和无线城市，城域网出口带宽达到TB级、无线宽带网络实现全覆盖。实施"泛在苏州"项目，建设接入高速、安全可靠、无处不在的泛在网络，大力发展物联网基础设施，并取得阶段性成果。实施"高清互动化升级改造"项目，发展高清电视、互动电视，实现苏州市数字电视网络双向化、节目高清化、内容多元化、应用互动化和运营市场化。实施"三网融合"项目，推进电信网、广电网、互联网、物联网和无线网的"多网融合"，促成智能手机、电脑和电视"三种屏幕"的融合。

再如杭州。近年来，杭州市信息基础设施建设取得了跨越式发展，并被列为全国首批"三网融合"试点城市。现代化的广播电视、综合信息覆盖网络体系已经建成，发展水平居全国前列；第三代通信网络建设加快推进，国产自主创新技术TD-SCDMA得到广泛使用，3G网络基本实现全市覆盖；传输网"光（纤）进铜（缆）退"工程逐步实施，提升了宽带传输与接入的速率和容量，满足了新业务发展需求；广电网络的数字化改造工程快速推进，"整体转换"率和"双向改造"率均超过90%。以无线传感网、射频识别、信息技术应用等为基础的物联网技术应用快速推进，建成了一批智能电网、综合交通、安防监控、智能楼宇、工业控制等方面的智慧基础设施。在电子商务、物流、安防监控等领域，云计算中心的"运营"和"运维"两大核心管理系统开发取得重大进展。杭州市还拥有集大容量程控交换、光纤通信、卫星通信、无线通信等多种技术手段的立体化现代通信网络。快速推进中的3G通信网络又为物联网信息传输增添新平台。另外，杭州市数字电视网络建设领先全国。华数数字电视传媒集团有限公司在国内率先构建融宽带互联网、无线宽带城域网、数字电视网、视频监控网为一体的基础网络平台，并已成功推出"全媒体华数眼""华数家庭智能终端""全媒体智能检索"等基于物联网技术的信息服务产品，已具备大规模商业运营能力。

5.2.2 基础数据库群建设

智慧社区的基础数据库群包括基础数据库、业务专题数据库和管理数据库。基础数据库由业务数据库、传感信息数据库、日志数据库、交换数据库四大数据库组成。智慧社区综合数据平台对社区各类数据进行有效整合，支持社区的普查及信息数据采集，整合社区各项便民服务信息，最终通过统一规划逐步建成社区综合数据库。

社区综合数据库的内容几乎涵盖社区管理和社区服务的所有方面，可以满足社区居民的多种需求。社区综合数据库建设通常需要符合以下总体要求：

第一，按照项目具体的数据结构需求和数据组成要求，进行社区综合数据库的构建及符合数据标准要求的全要素普查。

第二，社区综合数据库中的地理、图层等信息数据，最终数据成果以 shapefile 格式提交，并符合各项数据标准要求。

第三，对于相关的地图信息数据，以数据接口加密、私密的访问机制等方式进行处理，确保相关地图信息数据的安全。

第四，确保相关数据坐标体系统一，确保政务外网端与综合服务平台相同、互联网端与主流商业地图相同。

5.2.2.1 基础数据库

基础数据库包含社区房屋地址、人口数据等详细信息，主要来自政府相关部门，按照系统要求进行采集和整合，符合各项基础数据标准规范。

基础数据库具体包括社区、小区、房屋、人口等数据库。其中，社区数据库主要存储固定的行政地理区域内建设的社区的基础信息，包括社区名称、社区编码、社区边界、社区地图、社区所属行政区/街道及社区其他相关信息。小区数据库主要存储城市一定区域内具有相对独立居住环境的大片居民住宅区的基础信息，包括小区名称、小区编码、小区边界、小区地图、小区所属街道/社区及小区其他相关信息。房屋数据库包括建筑物地址、建筑物编码、建筑物名称、楼层数、房号、关联房屋产权所有者、房屋居住人数、居住人信息、所属物业管理公司或管理部门、所属行政区/街道/社区等数据项。人口数据库主要存储社区人口的相关基础信息，包括社区居民服务管理及人员管理的基础数据。

5.2.2.2 业务专题数据库

业务专题数据库存储社区综合服务的相关信息，包括社区便民服务设施、社区综合服务机构、社区便民服务机构等数据，主要由系统建设人员通过社区数据普查采集获取，并符合各项业务需求。

社区便民设施是指社区内的便民服务设施。这部分数据由操作人员定期收集和更新。对社区便民设施数据库的数据进行采集、录入和及时更新，有利于提高社区功能设施资源的数字化管理水平，提升应用数据分析能力。社区综合服务机构是服务于整个社区居民的永久性社区服务机构。社区综合服务机构数据库包括所属区域/社区、机构成立时间、坐标位置、机构地址等数据项。社区便民服务机构数据库中存储的数据主要包括两类，即政府提供的权威便民服务和运营机构收集的便民服务。政府提供的权威便民服务的主要数据项包括机构名称、机构代码、所属区域/社区、联系人、联系电话、服务类型、坐标位置、服务地址、服务时间、服务内容等。运营机构收集的便利服务项目包括家政服务、家电维修、商品采购、生活服务、餐饮服务等，其数据库的主要数据项包括机构名称、机构代码、所属区域/社区、联系人、联系电话、服务地址、服务时间、服务内容等。

另外，管理数据库存储数据库的管理、描述信息，包括数据目录、源数据、标准代码数据、运维数据，还规划空间放置备份数据、版本数据、临时数据。社区基础数据库群的数据需要及时更新，并与智慧城市其他板块进行数据共享、融合。

5.2.3 云交换平台建设

云交换平台采用云计算、云存储、物联网技术，通过云内容分发网络实现包括流媒体内容在内的云内容的分发和投送；采用标准协议支撑智慧云视频全业务，通过统一的门户系统实现对多屏、多系统、多视频编码格式、多视频封装格式的流媒体支持；采用自适应码率技术实现用户在跨网络、跨区域情况下视频的流畅播放，并在智慧云分发系统的基础上实现智慧社区、智能家庭、智能家居、智能生活、视频通信等创新业务。

云交换平台的业务主要包括云分发支持视频类业务、云运营支撑类业务、物联网类业务和构建于云分发上的创新业务。云分发支持视频类业务众多，包括直播、点播、时移、回看、多屏互动、在线音乐、标清/高清/3D视频等。云运营支撑类业务包括NGBOSS（新一代运营支撑系统）、电视营业厅、BISS商务智能系统、IPCC多媒体呼叫中心、实时支付等。物联网类业务包括智能家居、家电控制、四表集抄及管理等。构建于云分发上的创新业务包括视频电话、视频监控、智能生活、在线游戏、电视商城、在线教育、宽带接入、云存储等。

云交换平台具有鲜明的特点。第一，云交换平台是采用流媒体技术、云计算技术、互联网技术、物联网技术等现代前沿技术搭建的支持多业务、多屏幕、多系统的先进的平台；第二，云交换平台以云分发系统为核心，实现包括视频在内的云内容的分级、高效、自适应分发；第三，云交换平台支持多屏互动，实现跨屏、跨网络、跨区域、跨系统的多业务支撑；第四，云交换平台提供的自适应码流技术，可以确保用户视频业务的流畅，自适应码流技术能够感应终端网络接入的状态，云交换平台前端自动调整码流的码率来使用终端的接入带宽；第五，云交换平台采用智能家庭组网方案，提供基于物联网技术的智能家居、家电控制、四表集抄及管理、视频监控业务；第六，云交换平台支持多屏、多渠道的实时、便捷支付，提供针对广电运营商小额支付的有效手段，为广电用户提供支付便利的同时，有效降低广电运营商的支付成本；第七，云交换中心平台可以为各级云交换分平台有效整合全国的媒体资源、广告资源等。

5.2.4 应用及服务体系建设

智慧社区的核心是在优质的网络基础上，利用视频、定位、PTT、无线等技术打造出针对社区应用及服务的平台。

5.2.4.1 安全防范体系

智慧社区中使用的数字安防系统,可以随时随地通过电脑终端、手机等各类手持移动终端远程监控防区情况,通过短信、本地声光、电话、实时视频等方式本地或远程报警,从而最大限度地满足人们的安防监控需求。

(1) 物业管理指挥调度系统

该系统采用"一卡通"技术。保安所配备的手机既是一个对讲机,也是一个定位设备,保安到达巡逻地点后可在巡逻刷卡点刷卡。对巡更点的信息读写及存储可以实现对巡更员的工作管理,从而最好地发挥社区安全管理中的人防作用。

(2) 视频监控子系统

通过在社区主要出入口、主干道及围墙死角区安装红外高清摄像机,对社区实行无缝式监控,确保全天24小时实时记录社区内人员和车辆的活动情况,并可通过手机等进行远程调看。

(3) 周界防范子系统

该系统主要是在社区周界围墙上安装主动红外对射探测器,类似于在围墙上方布置了一道看不见的电子墙。当有人非法攀爬围墙进入社区时,主动红外对射探测器探测到信号,将信号传送到报警主机,报警主机发出声光报警信号提醒保安人员,并通过报警联动的继电器输出模块,将每一路报警信号传送给视频监控系统的硬盘录像机进行报警联动,尽量将犯罪行为消灭在萌芽状态。

5.2.4.2 物业管理服务体系

(1) 物业管理系统

物业管理系统是现代社区不可缺少的一部分。一个好的物业管理系统可以提升社区的管理水平,使社区的日常管理更加方便。将计算机的强大功能与现代管理理念相结合,建设现代化的智慧社区是物业管理发展的方向。进行现代化管理,提供细致周到的服务是社区工作的宗旨。这可以提高物业管理水平,确保取得最大的经济效益。

物业管理系统的主要功能包括人事管理、房产信息管理、客户信息管理、租赁及租赁合同管理、收费管理、工程设备管理、客户服务管理、保安消防管理、保洁环卫管理、采购库存管理、能耗管理、资产管理、集团办公管理、合同管理等。

物业管理行业是房地产行业的一个重要组成部分，随着房地产行业的快速发展，人们逐渐接受了物业管理这一管理模式。物业管理的好坏已经成为影响楼盘销售的重要因素，也成为业主或租户选择物业管理公司的重要考虑因素。

（2）停车场管理系统

该系统可以采用"一卡通"技术，通过远距离感应方式对进出社区大门、地下停车场的车辆实施科学管理，住户可与社区出入口、单元门等管理系统共用一张卡，或者通过一个手机就可实现。来访车辆可使用临时卡出入。该系统具有车辆的图像对比功能，一是保证了业主车辆的安全，二是杜绝了闲杂车辆的驶入，并且能扩展至社区消费领域。

（3）背景音乐广播系统

智慧社区居民伴随着背景音乐，悠然漫步于社区，在突发事件发生时，也可发布紧急通知。

（4）路灯、景观灯管理系统

通过宽带网络对路灯、景观灯等进行开关操作，并通过中心监控平台对灯的状态进行监控，极大地节约人工成本、电力等，提高管理效率。

可在监控中心使用工控电脑随时监测各路段照明系统的工作状况，以随时掌握各路段是否已正常亮灯，并随时观察亮灯率、开关灯状态等数据，大幅度提高照明管理水平；可根据天文时钟通过监控电脑设定各路段照明系统每天的定时开关灯时刻，从而使每天的开关灯时间与晨昏时刻完全吻合；可随时根据需要对照明开关柜发出临时开关灯（包括喷泉系统）的指令。

5.2.4.3 社区业主交流服务体系

目前，社区公告广告信息发布系统是一套基于 CDMA 网络的广域信息发布系统，无须布线，无须网络建设，就可实现不限区域、不限时间、多点集中统一管理、自动的远程信息发布，将传统的信息显示平台与先进的无线分组网络 CDMA 技术相结合，提供实时、无线、远程、多屏幕的信息发布。该系统可以应用于所有需要信息发布的场合，如户外广告、高速公路信息指示、社区信息发布、车站码头信息发布等。该系统突出的特点是布设方便，无须任何连接线，可以实时更新信息，可以在中心办公室对设置在各个场所的显示平台进行远程管理，无须到现场单独更新，提高更新的速度，降低更新的成本，增加信息发布的距离。远程信息的显示有闪烁、滚动、静止、循环、交叉等多种方式，通过中心计算机对所有显示屏进行自动信息发布，信息可以是文字，也可以是图片。发布的信息可以记录、查询、打印和统计。

自助缴费系统，可以让用户自助刷卡，享受银行卡余额查询、转账、支付等金融服务，可以向家庭、小商户、行业客户开放，做到用户足不出户即可进行水费、电费、燃气费、电话费等的缴纳。物业管理公司可以向业主提供自助缴费服务，同时可进行刷卡手续费的分成。

5.2.5 保障体系建设

5.2.5.1 人才保障

智慧社区建设需要技术型和管理型相结合的复合型人才。一方面，应该完善优秀人才的引进制度；另一方面，要加强对已有社区工作人员的技术素养和管理能力的培训。

围绕智慧社区建设的人才需求，国家推出了一系列的保障性政策，如 2014 年 3 月，中共中央、国务院印发《国家新型城镇化规划（2014—2020 年）》，提出加快培养一批专家型城市管理干部，提高城镇化管理水平；2016 年 6 月，民政部、国家发展和改革委员会印发《民政事业发展第十三个五年规划》，提出把社会组织人才纳入国家人才工作体系和国家专业技术人才知识更新工程。

智慧社区建设的人才保障与上述政策是密切联系的，如推进社区工作人员队伍专业化，鼓励高校毕业生、退役军人等优秀人才到城乡社区工作，培养造就政治坚定、业务精通、作风优良、公正廉洁的民政行政管理人才队伍；加快志愿服务立法步伐，建立健全招募注册、教育培训、记录管理、评价激励专项制度，健全面向全社会的志愿服务动员系统，弘扬志愿精神，培育一支参与广、功能强、作用好的志愿者队伍，大力支持发展志愿服务组织，广泛建立志愿服务站点，推动志愿服务信息化建设，为志愿者参与志愿服务提供线上线下的广阔平台。

5.2.5.2 技术保障

智慧社区建设需要整合多种居民数据资源，确保居民信息登记的真实性、准确性，构建高效、便捷的社区公共服务综合信息平台，充分实现信息共享，深入挖掘居民数据资源的价值，使社区居民享受优质的社区生活。同时，加强智慧社区的硬件建设，即政府部门采取切实措施，协调企业、社区组织等多方资源，优化社区工作的电子信息设备，及时更新计算机硬件设施及软件系统，提高社区服务手段的智能化程度。

智慧社区建设的关键技术保障包括加快高速宽带网络建设，加快光纤到户网络改造和骨干网优化升级，扩大4G网络覆盖范围，开展5G网络的技术研发试验并稳步推进5G网络的商用部署；推进下一代互联网演进升级，加快实施下一代互联网商用部署；消除宽带网络接入"最后一公里"瓶颈；提升云计算自主创新能力，积极推进物联网发展，提升云计算设备和网络设备的核心竞争力，推动宽带网络、移动互联网、物联网、云计算、大数据等新一代信息技术的融合发展，促进信息消费；完善相关标准体系，制定国家或行业大数据平台技术标准，构建物联网、云计算、大数据等技术标准体系。

5.2.5.3 资金保障

提供智慧社区建设的资金保障，一方面需要政府部门加强财政投入；另一方面需要通过招商引资加强企业和社会力量的资金支持力度。政府部门作为智慧社区建设的主体，应该不断加大投入，切实保障智慧社区建设所涉及的软硬件支出，确保基础设施的建设。政府提供优惠政策，鼓励资金雄厚的大企业参与到智慧社区的建设中，改变单一的投资方式，这不仅可以减轻政府的资金压力，而且可以为智慧社区的建设提供更好的管理模式与内生动力。

政府和企业合作的模式可以极大地促进各种智慧社区建设资源的优势互补与有机结合，保障智慧社区健康、可持续运营。首先，加大政府投入力度，优化政府投资结构，安排专项资金用于智慧社区相关配套设施建设；其次，允许有条件的地区通过发行地方政府债券等方式拓宽城市建设融资渠道；再次，扩大政府购买服务规模，加大财税支持力度，优化资源配置；最后，鼓励社会力量参与，健全政府监管机制，发挥通信运营商、信息服务商和软硬件供应商在技术、人才、资金、信息基础设施等方面的优势，降低智慧社区建设和维护成本。此外，还可以创新融资模式，在完善相关法律法规和健全地方政府债务管理制度的基础上，允许发行债券，设立专项基金、保险资金。

5.2.5.4 创新体制保障

智慧社区的发展离不开创新，由于体制具有根本性和长远性，创新体制可以保障创新持续不断地产生。建立以市场为导向的技术创新项目立项和经费分配机制；建立创新成果转化机制；建立创新激励机制；建立创新评价机制；建立多单位联合的协同创新机制；建立公共技术支持机制，开展基础性、战略性、前沿性和公益性技术的研究。

目前，智慧社区在国家治理现代化、"互联网+"的视野下，重新寻找正确定位并接受技术赋能，利用互联网技术加快转型升级，积极推动行业发展，发挥平台作用。智慧社区建设要与社会治理深度融合，更多地发挥人的积极性，围绕社区居民需求，提高居民参与度，以居民满意度为重要参数，达到整合社会治理资源、协调多元化的利益和社会矛盾的目的，最终形成高效的社会治理格局。

未来社区经济的主题是"服务+体验+共享"。社区共享经济酝酿着社区新业态、经济新模式及社区经济发展的无限潜能，推动城市社区的社会融合。

新时代，站在新的历史起点上，人民对美好生活的向往更加深刻。顺应新时代人民过上美好生活的新期待，综合运用经济、行政、法律、科技、文化等手段，构建权责明确、服务为先、管理优化、执法规范、安全有序的社区治理体制，打造共建共治共享的社区治理格局，从而解决人民日益增长的美好生活需要和不平衡不充分的发展之间的矛盾。

第 6 章

智慧社区综合服务平台及其建设路径

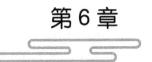

6.1 平台功能需求调研

社区是人生存和发展的最小"基石",是党和政府联系群众、服务群众的"神经末梢",社区建设直接影响人民群众的幸福感和获得感。随着社会的进步、信息化水平的提升及互联网的广泛应用,智慧城市从概念探索走向实质建设,而社区作为城市的最小组成单元,必然要充分利用信息化手段提升服务水平,即打造智慧社区。

智慧社区建设需求分为基础设施建设需求和服务系统建设需求。基础设施建设需求主要是对智慧交通、智慧电网、智慧能源、智慧办公楼等基础设施的需求,服务系统建设需求主要包括智慧社区服务系统的用户需求、功能需求、技术需求和非功能性需求四个方面。

智慧社区服务系统的用户涉及居民委员会、物业管理公司、居民、商贸企业及政府相关部门,其规划建设需要借助于物联网相关技术及服务系统构建的其他信息技术,充分考虑智慧社区内的信息传递与共享,为智慧社区的各组成单位提供便捷的生活和工作条件,通过智慧社区服务系统的各种功能,实现智慧社区的全面化、可视化管理。此外,智慧社区服务系统的规划建设还涉及一些非功能性需求。因此,智慧社区服务系统建设需求分析可分为用户需求分析、功能需求分析、技术需求分析和非功能性需求分析四个方面。

6.1.1 系统用户需求分析

用户包括居民委员会、物业管理公司、居民、商贸企业及政府相关部门。其中,居民委员会作为政府为社区居民服务的主要机构,是智慧社区的直接管理者。为了给社区居民提供更好的服务,居民委员会工作人员希望智慧社区服务系统除提供社区基础信息管理、居民日常沟通交流、安防与综合监管、电子政务等基本服务外,还能提供家政、物业管理、农产品订购、娱乐、物流、电子商务等多种服务,为居民委员会的日常管理工作带来便利的同时方便社区居民的生活。

物业管理公司主要为社区居民提供各种物业管理服务,是智慧社区中不可或缺的一部分。物业管理公司希望智慧社区服务系统可以提供诸多服务,首先需求程度较高的服务是社区基础信息管理服务和物业管理服务,这也是物业管理公司最基本的职能。其次是对社区安防与监管服务、居民日常沟通交流服务和家政服务的需求,物业管理公司希望可以通过服务系统掌握更多居民的物业需求情况,从而为居民提供更好、更全面的物业管理服务。最后是对物流服务、电子商务服务、农产品订购服务和电子政务服务的需求。

居民是智慧社区服务系统的主要使用者和参与者。城市居民希望智慧社区服务系统能够满足他们多样化、个性化及便捷化的社区生活需求。城市居民对服务系统的需求涉及居民及房产信息服务、电子商务服务、物流服务、安防与综合监管服务、物业管理信息服务、社区论坛服务、农产品订购服务、家政服务、政府服务等多个方面。其中,老年人更希望服务系统能够提供健康监控服务,青少年和儿童则更希望服务系统能够提供与学业辅导、日间托管、兴趣班及各种文娱活动有关的服务。

商贸业用户包括电子商务服务商、物流配送服务商等商业企业和制造业企业。商贸业用户通过智慧社区服务系统可以了解客户的需求,从而根据客户需求制订或调整相应的计划,同时通过服务系统与客户进行实时沟通,提高企业的工作效率及服务质量。

政府相关部门用户主要包括社区所属的街道办事处、商务部及智慧城市相关管理部门。这些政府部门可利用智慧社区服务系统,借助数字化、信息化的手段迅速传递相关政策法规,协调和领导居民委员会、物业管理公司及其他社区服务的提供机构,提高政府的办事效率和服务水平。

6.1.2 系统功能需求分析

基于对智慧社区服务系统的需求分析，根据一般服务系统的功能特性，在物联网应用环境下，可将智慧社区服务系统的功能需求划分为基础层、管理层和业务应用层三个层次。

(1) 基础层功能

智慧社区服务系统的基本功能满足系统各类用户对信息化的基本需求，主要包括以下几个方面：

第一，信息发布与查询功能。智慧社区服务系统为用户提供社区服务的相关信息，用户既可以通过系统发布职责范围内的相关信息，也可以通过系统查询自己所需的服务信息。这些信息主要包括智慧社区可提供的物业管理、物流、商业、家政、医疗等各种服务的信息。

第二，数据交换功能。居民委员会、物业管理公司、居民均可通过智慧社区服务系统交换社区服务需求和社区服务能力信息。为了实现系统内各子系统之间、系统与外界系统之间的信息共享，系统必须具备数据交换功能。数据交换功能是系统必备的基本功能之一，它支持各种格式的文件传输，并能够保证所传输信息的完整性与一致性。

第三，交易服务功能。智慧社区服务系统可为社区居民与加盟的商家提供一个虚拟交易市场，根据居民的需求，为电子商务服务的供应方和需求方提供在线商品交易服务，同时还能为居民提供物流服务。

(2) 管理层功能

智慧社区服务系统的管理层功能主要指对智慧人群的管理功能。智慧人群是智慧社区建设的主要参与者，是智慧社区建设的核心，是确保智慧社区具有生命力的必要前提。为确保智慧社区建设的参与者都能够掌握必备的信息技术和信息设备的使用技能，能够通过智慧应用获取相应服务，有必要对智慧人群进行管理。对智慧人群的管理功能分为智慧人群的日常办公管理功能和系统用户管理功能。

日常办公管理功能主要体现在智慧社区服务系统为相关用户提供信息化支持，可实现相关用户的办公自动化与智能化，从而提高办公效率，提升服务水平。

系统用户管理功能体现在由于智慧社区服务系统用户种类和数量较多，用户对服务系统的需求复杂多样，服务系统有必要对系统用户进行统一管理。服务系统对用户的主要管理功能包括用户基本信息管理、用户审核管理、用户基本服务管理、用户关系管理等，以达到保证系统用户信息安全、满足系统用户需求、协调系统用户之间的关系等目的。

（3）业务应用层功能

业务应用层功能包括社区基础信息管理功能、社区交流服务功能、社区电子商务服务功能、社区物流服务功能、社区物业与综合监管服务功能、社区电子政务服务功能、社区智慧家居服务功能、社区医疗卫生服务功能、社区家政服务功能和社区智能决策支持功能。

第一，社区基础信息管理功能。智慧社区服务系统可对社区概况、社区居民信息、社区组织情况、社区物业情况、社区周边商家情况等基础信息进行统一管理。系统管理员可对这些基础信息进行修改和添加，系统用户可以通过登录系统对社区基础信息进行查询。

第二，社区交流服务功能。智慧社区服务系统可为系统用户提供一个交流平台，系统用户可利用手机、计算机等通过系统内的各种交流论坛沟通交流，根据各方需求进行协调合作。社区管理者及居民也可利用该系统组织各种文娱活动，丰富社区居民的日常生活。

第三，社区电子商务服务功能。智慧社区服务系统可将社区周边的商业店铺信息进行整合，提供详尽的商品信息，同时也可提供农产品订购及社区周边餐厅订餐、电子支付、汽车票和飞机票代售等服务。居民可以通过智慧社区服务系统进行网上购物，系统通过科学合理地设置配送中心，并采用统一的配送中心送货，使居民足不出户就可以在最短时间内拿到所买的商品。

第四，社区物流服务功能。社区物流服务系统可提供快递查询接口，为社区居民提供快递收投服务。同时，社区居民可以与物流公司及时进行信息交流，随时了解每一单货物的位置、数量等的变化。

第五，社区物业与综合监管服务功能。物业管理公司可通过智慧社区服务系统提供社区公共设施管理、维修与保养服务，以及社区综合监管、停车场管理及保洁服务的信息，也可发布水、电、燃气、电话等的账单查询和代缴费服务的信息。社区居民可登录服务系统查询所需服务的信息，并对所需服务提前进行预约。

第六，社区电子政务服务功能。社区居民可以通过智慧社区服务系统办理日常行政事务，了解政府部门职能、政府公告、最新动态、事件焦点等，同时该服务系统可以提供居民咨询服务、政府在线服务、常见问题解答、站点搜索、用户反馈等方面的内容。

第七，社区智慧家居服务功能。智慧社区服务系统可通过物联网技术将住户家中的各种设备连接到一起，提供家用电器的远程操控、家庭安防监控、家居环境监测、个人健康情况检测、家庭绿色节能等服务功能，为居民提供兼备建筑、通信网络、信息家电、自动化设备，集系统、结构、服务、管理为一体的高效、舒适、安全、便利、环保的居住环境，提供全方位的信息交互功能。

第八，社区医疗卫生服务功能。智慧社区服务系统可通过多种形式，结合各种实现手段，帮助医疗健康需求者了解必要的健康常识，其中包括提供网上预约、网上医疗专家咨询、网上健康档案建立等多种服务。社区居民可以在线查询病历、各项检查报告等。

第九，社区家政服务功能。智慧社区服务系统发布育婴服务、儿童托管服务、老人看护服务、宠物看管服务、家教及家庭保洁服务的信息，社区居民可以根据自己的需求，通过高清 IPTV 终端、PC 终端、手机终端、平板终端等获取所需的家政服务信息，预订所需服务。

第十，社区智能决策支持功能。基于对相关人员提供决策支持的需求，智慧社区服务系统应对各业务系统的数据进行提取、汇集、处理，并结合相关数学模型，实现统计分析、预测分析、运营分析、智慧服务等功能，提高业务数据的集成化管理程度，辅助相关人员进行科学决策。

6.1.3 系统技术需求分析

围绕智慧社区网络化、信息化、自动化、智慧化的特点，面向满足智慧社区各参与者信息共享和交换需求的基本目标，同时借助于信息技术及物联网的关键技术，智慧社区服务系统技术需求可划分为系统综合集成技术、SOA 技术、物联网技术、RFID 技术、云计算技术、数据仓库技术、数据集中存储备份技术和系统安全技术。

（1）系统综合集成技术

系统综合集成技术能够把分离的子系统有机地组合成一个一体化的、功能更加强大的新型系统，并使各子系统能够彼此协调工作，发挥整体效益，达到整体性能最优。该技术是综合集成过程顺利进行的重要支撑，主要包括系统开发与实施技术、标准化技术、经营管理及决策技术、环境支撑技术和系统数据集成技术。

（2）SOA 技术

面向服务的架构（Service-Oriented Architecture，简称 SOA）是一个组件模型，它可将应用程序的不同功能单元通过服务之间定义良好的接口和协议联系起来，使构建在智慧社区服务系统中的服务可以用一种统一和通用的方式进行交互。

（3）物联网技术

智慧社区是集城市管理、公共服务、社会服务、居民自治和互助服务于一体的新技术应用，可以根据其对信息感知、传输、处理的过程划分为三层结构，即感知层、网络层和应用层。物联网技术能将家庭中的智能家居系统、社区的物联系统和服务整合在一起，使社区管理者、用户和各种智能系统形成各种形式的信息交互，从而使社区管理更加方便、快捷，给用户带来更加舒适的"数字化"生活体验。

（4）RFID 技术

作为一种无线射频识别通信技术，RFID 技术可在智慧社区统一感知识别方面进行应用，主要可用于社区门禁、社区医疗、社区服务支付、社区就餐购物、社区活动等社区服务中，从而确保智慧社区的服务智能、便捷。

（5）云计算技术

云计算技术可通过海量的存储能力和可弹性变化的计算能力对海量的数据进行管理及应用，能极大地发挥网络资源的价值和优势，通过广泛布置的传感设备、射频设备及相关网络终端设备对社区的资源信息进行广泛采集，通过云计算平台的集中智能化处理，提供各种信息和应用服务，从而实现社区管理的高效运行，为居民提供安全、舒适、方便、快捷和开放的信息化生活空间。

(6) 数据仓库技术

数据仓库是一个面向主题的、集成的、相对稳定的、随时间不断变化的数据集合，可用于支持管理决策。通过建立数据仓库，可对智慧社区服务系统内的众多数据进行最直接的共享检索与查询，也可为决策者提供决策支持。

(7) 数据集中存储备份技术

数据集中存储备份技术通过将数据存储于备份系统并按照一定的方式接入服务器或者计算机网络，可提供数据读写和存储服务功能，实现了资源共享、集中管理、存储设备资源整合等高级功能，缓解了因存储容量不断增大、服务器越来越多所带来的数据安全性、管理复杂等问题。数据的集中管理提高了系统的利用率，降低了管理成本。

(8) 系统安全技术

智慧社区服务系统的用户种类多、数量大，为了保证系统的安全，有必要采用系统安全技术来防止网络信息数据交互和传递过程中受到不安全攻击。

6.1.4 系统非功能性需求分析

围绕智慧社区服务系统的用户需求、功能需求和技术需求分析，在系统规划设计过程中辅以非功能性需求分析，具体包括以下几个方面。

(1) 用户界面需求

用户界面需求要求根据居民委员会、物业管理公司、居民、商贸企业、政府相关部门等不同用户的特点设计不同的系统界面，实现用户操作的人性化及界面的美观大方，在保证系统安全的前提下实现所要求的全部功能。

(2) 完整性需求

系统的完整性指为满足业务需求和系统正常运行要求而必须具有的功能，这些功能往往是用户不能提出的，典型的功能包括联机帮助、数据管理、用户管理、在线升级等。

(3) 可扩充性与可维护性需求

系统的可扩充性与可维护性指系统对业务和技术变化的支持能力。技术变化或业务变化不可避免地带来系统的变化。不仅要进行设计的修改，甚至要进行产品定义的修改，好的系统设计应在系统架构上考虑以尽量小的代价适应这种变化。

(4) 技术适用性与应用适用性需求

系统的适用性同系统的可扩充性与可维护性相似，也表现为系统的一种应变能力。但适用性强调的是在不进行设计修改的前提下对技术与应用需求的适应能力。好的系统设计应该考虑到运行环境的变化，包括技术条件的变化和应用方式的变化。

(5) 质量需求

质量需求要求系统录入及计算的数据没有偏差，故障处理可靠，在删除、添加、更新某条记录时，系统的反应时间满足要求，并可被方便地部署在 Windows、Linux、UNIX 等操作系统上。

6.2 平台建设应用维护路径

根据智慧社区综合服务平台建设的目的，在充分的社区居民需求调研的基础上，构建由政府统筹主导、大数据团队、物业服务企业、社区居民、房地产开发企业、智能化设施设备类企业、各类商业主体等涉及社区服务的多方主体共同参与建设及维护，各专业化功能平台互通共享，即"多主体共建、互通共享"的智慧社区综合服务平台建设应用维护路径，实现大平台提供基础公共服务、小平台提供特色服务的一体化城市级综合服务型智慧社区平台建设。

6.2.1 平台建设应用维护路径设计思路

首先，平台建设必须立足改善民生目标，基于充分的社区居民需求调研展开，同时兼顾政府的智慧城市建设大规划、平台建设企业的技术现状及发展规划、参与平台各功能建设应用维护的企业的发展需求；其次，平台建设必须切实形成政府"主导、监控、反馈、协调"、各职能部门充分参与、街道社区落实推进、参与平台各功能建设应用维护的企业完整执行的智慧社区综合服务平台建设维护"大团队",并制定配套政策;最后,平台建设必须重视社区居民的应用反馈,持续跟踪并及时解决居民反馈的问题,形成"应用—反馈—改进—完善"的"活的平台"。

6.2.2 平台建设应用维护路径设计方案

根据智慧社区综合服务平台建设目标,基于"多主体共建、互通共享"路径的设计思路,构建如图 6-1 所示的智慧社区综合服务平台建设应用维护路径。

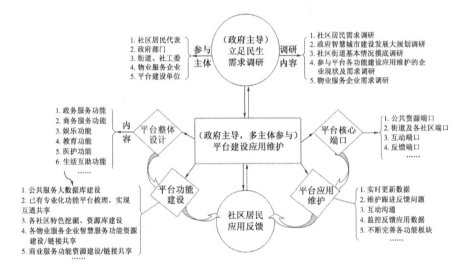

图 6-1 "多主体共建、互通共享"的智慧社区综合服务平台建设应用维护路径示意图

首先,"路径"设计从需求调研开始,尤其是社区居民的实际需求调研。根据需求进行后续各项建设是智慧社区综合服务平台立足改善民生目标、实现平台建设目标的最核心环节。其次,"路径"设计强调政府及相关职能部门的核心主导作用,"主导"贯穿全过程。再次,"路径"设计要求"多主体"充分参与各环节(需求调研、平台设计、功能建设、应用维护等);设置互动反馈环节,以便通过畅通的反馈渠道让平台不断实现改善民生目标下的动态完善。最后,"路径"设计全过程都融入"互通共享"思想,打破原有"壁垒",实现各功能板块与专业平台、各核心端口与特色平台的互通共享。总之,"多主体共建、互

通共享"路径充分考虑到现有智慧社区综合服务平台建设存在的问题，将平台建设应用维护置于充分的需求调研基础上，强调需求性、互动性、时效性、共享性、长效性、智慧性等重要特性，以真正实现"改善民生、提升居民幸福感"的平台建设核心目标。

6.3 智慧社区运营模式探讨

6.3.1 物业服务企业主导模式

物业服务企业是智慧社区建设中不可或缺的主体，专业化的物业服务能够推动智慧社区发展和运营管理的专业化。物业管理起源于19世纪60年代的英国。当时英国工业正处于一个发展的高涨阶段，对劳动力的需求很大，城市住房的空前紧张成为一大社会问题。一些开发商相继修建了一批简易住宅以低廉的价格租给贫民和工人家庭居住。由于住宅设施极为简陋，环境又脏又差，承租人拖欠租金严重，而且人为破坏房屋设施的情况时有发生，严重影响了业主的经济收益。于是，在英国的第二大城市伯明翰，一位名叫奥克维娅·希尔（Octvia Hill）的女业主迫不得已为其出租的物业制定了一套规范——约束租户行为管理办法，要求承租人严格遵守。同时，业主本人也及时对损坏的设备、设施进行修理。此举获得了意想不到的良好效果，当地人纷纷效仿，政府有关部门也逐渐重视起来，并将其推广到其他西方国家，它被视为最早的物业管理。

物业管理虽然起源于英国，但真正意义上的现代物业管理是20世纪初期在美国形成并发展起来的。公寓大厦、摩天办公大楼是现代物业管理的催生剂。19世纪末到20世纪初，美国进入垄断资本主义经济阶段，垄断资本在积累巨额财富的同时，也带来了大规模的国内民工潮、国际移民潮和求学潮，这加速了美国的城市化进程。美国政府出于环境保护和长远发展的考虑，对城市土地的使用面积进行了严格控制，加上建筑新材料、新结构、新技术的出现和不断进步，一幢幢高楼大厦迅速拔地而起。而这些大厦的日常管理、维修、养护的专业技术要求大大超出传统的物业管理要求，并且大厦的业主常常是数十个或数百个，产生了不知由谁来管理的难题，最后一种满足这种客观需求的专业性物业管理机构应运而生。该机构应业主的要求，对楼宇提供统一的管理和一系列的服务，拉开了现代物业管理的序幕。

现代物业管理产生的另一个标志是物业管理行业组织的诞生。1908年，芝加哥建筑管理人员组织（Chicago Building Managers Organization，简称CBMO）举行了第一次全国性会议，来自美国各地的75名代表参加了此次会议，宣告了世界上第一个专门的物业管理行业组织的诞生。CBMO的诞生和运作，又推动了另外两个重要的全国性物业管理组织的诞生。在其后的3年中，CBMO先后在底特律、华盛顿、克利夫兰等美国大城市举行了年会，世界上第一个全国性的业主组织——建筑物业主组织（Building Owners Organization，简称BOO）问世。CBMO和BOO的成立，对美国物业管理的发展起到积极的作用。而后，在这两个组织的基础上，美国又成立了建筑物业主与管理人协会（Building Owners and Managers Association，简称BOMA）。这是一个地方性和区域性组织的全国联盟，代表物业管理过程中业主和房东的利益。在美国物业管理模式的影响下，欧洲很多国家在第二次世界大战前后都实现了这种管理行为与组织体制的有机结合，并且涌现了一大批高素质的物业管理人才。政府一般不直接干预物业管理行为，而是通过法律和制度进行规范与引导，促使物业管理行业健康发展。

我国对物业管理的探索和尝试始于20世纪80年代初期。当时，被列为沿海开放城市和经济特区的广州市、深圳经济特区，为克服旧的住宅管理体制的弊端，在借鉴国外先进经验的基础上，结合中国的实际，大胆探索，在一些涉外商品房管理中，首先推行了专业化的物业管理方式。

智慧社区综合服务平台的规划建设、运营维护及依托平台开展的相关服务均由物业服务企业主导和负责。在该模式下，物业服务企业负责平台的投资建设，单独运营，与物流、商贸、家政、IT技术、医疗卫生、金融等领域的单位进行沟通合作，并将其引入平台。物业服务企业利用自身的技术和资金，提供平台或技术支撑服务。

在这一模式下，物业服务企业对社区主体需求的把握比较准确和及时，与社区相关企业的沟通协调比较顺畅和有效。但是，平台规划、建设对技术和资金要求较高，而且物业服务企业的运营和维护经验也相对不足。

6.3.2 企业主导模式

智慧社区各服务企业既是平台规划建设的参与者，也是平台运营维护的参与者。企业可以作为主体角色进行运营管理。

在企业主导模式下，平台的规划建设、运营维护及依托平台开展的相关服务均由企业完全负责。企业基于政府、物业服务企业的支持，负责与物流、商贸、家政、IT技术、医疗卫生、金融等领域的单位进行沟通合作，并将其引入平台，利用自身的技术和资金，开展平台日常运营、维护及提供相关服务。

该模式有利于企业自主运营，可实现市场化运作，运营管理比较灵活，可依据应用需求及时调整，以提高平台的服务水平。但是，企业行为具有一定的局限性，运营初期企业压力较大，对企业的融资能力要求比较高。

6.3.3 政府主导模式

智慧社区是在中国城市化背景下，随着智慧城市概念的提出而产生的，智慧城市要成功运行必然要依托智慧社区的建设。而智慧社区想要真正发展起来，既离不开政府制定智慧社区产业纲领，又需要政府为智慧社区产业发展保驾护航，扶植企业发展并制定政企协同发展战略、产业链及服务一体化战略。智慧社区建设的推进也必将是一个持续的摸索过程，政府需要连同企业制定渐进式发展战略。

在政府主导模式下，平台的规划建设、运营维护及依托平台开展的相关服务都由政府负责。政府负责规划及出资建设，吸引物流、商贸、家政、IT技术、医疗卫生、金融等领域的单位进入平台；同时，开展平台日常运营、维护及提供相关服务，使平台具有权威性、高协调性等特点。

政府可从三个方面推进智慧社区建设。第一，关注并宣传智慧社区产业。智慧城市建设关乎国计民生，符合国际化和未来化发展趋势。智慧城市建设要从智慧社区建设做起，地方政府可把智慧社区建设列为一项专项政务工作给予产业支持，多组织政府性质的产业交流和对话，多召开智慧社区建设的主题论坛，多聚集和对接一些智慧社区建设的产业力量，推进智慧社区形成产业链及促进产业链升级。第二，扶植智慧社区从业企业，尤其是掌握核心技术的平台型科技企业。鼓励和支持智慧社区从业企业进行技术创新，辅导和支持企业的科研转化，如成立分管部门关注、挑选及评估一些具有较强研发能力的优秀智慧社区科技企业，让企业开发的科研产品如电梯管理系统能成为行业标准，促进产品的市场推广，帮助这类企业对接政府资源，给予其银行融资、税收等多方面的优惠政策。第三，公共资源向社区倾斜。公共资源包括政务资源应多向社区开放，如支持设立社区公立学校，放宽社区就读学生户籍与生源审批条件；支持公立医院或优质医院开设在大型社区附近，开设社区医疗平台和窗口与社区医疗数据对接；支持政府医保系统、银行系统在社区形成数据对接和交互；支持公共交通资源与社区对接，从而真正做到便民和利民。

在政府主导模式下，由于政府主导力量强大，所以在推进智慧社区建设中其优势较为明显，如沟通协调比较便利，易于获取政府资源及其他合作资源，易于同政府部门实现顺畅的协作。但是，在政府主导模式下，平台的建设成本高、运营费用高，并且需要政府长期投入，服务效率也有待进一步提高。

6.3.4 联合运营模式

(1) 企业与物业服务企业联合运营模式

智慧社区各参与企业与物业服务企业联合进行运营管理，平台的规划建设、运营维护及依托平台开展的相关服务由企业主导，并与物业服务企业合作运营。这种模式综合了物业服务企业主导模式和企业主导模式的特点，由企业与物业服务企业进行战略合作。物业服务企业主要负责与居民委员会、企业进行沟通协调；企业负责提供技术、资金及其他支持。双方共同规划和建设，由企业负责后期运营和维护。

物业服务企业负责沟通协调和吸引其他企业进入平台，监督平台的日常运营和维护；企业作为投资、运营和维护的主体，具有丰富的运营和维护经验，利用自身的技术和服务优势，与物业服务企业和其他相关企业合作，以实现合作共赢。

（2）企业与政府联合运营模式

这种模式的特点是平台的规划建设、运营维护及依托平台开展的相关服务由企业主导，并与政府合作运营。企业与政府联合运营模式综合了政府主导模式和企业主导模式的特点，由政府和企业进行战略合作。政府提供政策支持、技术引导并进行沟通协调；企业负责提供技术、资金及其他支持。双方共同规划、投资和建设，由企业负责后期运营和维护。

政府制定相关政策和标准，提供软环境，协调和吸引其他企业进入平台，监督平台的日常运营和维护，起到保驾护航的积极作用；企业作为运营主体，具有丰富的运营和维护经验，与其他相关企业合作，以实现合作共赢。

6.3.5 委托第三方运营模式

目前，专业建设、运营数字化平台的企业较多，智慧社区综合服务平台的建设、运营、维护及依托平台开展的相关服务同样可以全部或部分外包给第三方企业。在这种模式下，平台的日常运营、维护及与物流、商贸、家政、IT技术、医疗卫生、金融等领域的单位的沟通合作并将其引入平台均由企业负责，这与企业主导模式相似。

第三方运营的好处在于：一方面可减少运营初期的投资，资金压力相对较小；另一方面可弥补投资方在平台运营和维护方面经验的不足，提高专业化能力和水平。但是，平台创造的收入将与第三方共享，降低了投资方的利润；内部数据信息也会对第三方有条件地开放。

第 7 章

智慧社区综合服务系统设计

7.1 系统设计的主要原则

智慧社区综合服务系统的设计应遵循一定的原则,具体如表 7-1 所示。

表 7-1 智慧社区综合服务系统设计的主要原则

序号	原则	主要内容
1	可行性和适应性	系统设计必须保证技术可行性和经济可能性
2	实用性和经济性	系统设计要始终坚持面向应用,注重实际效果,坚持实用、经济的原则
3	先进性和成熟性	系统设计既要采用先进的概念、技术和方法,还要使用相对成熟的结构、设备和工具;系统设计不仅要体现当今的先进水平,而且还要具有发展潜力,可以保证在未来几年内占主导地位
4	开放性和标准性	为了满足选择的技术和设备的协同运行能力,系统设计必须追求系统投资的长期效果,以及坚持对系统功能不断进行扩展的开放性和标准性的要求
5	可靠性和稳定性	考虑到先进和开放的技术,我们还应该从系统结构、技术措施、设备性能、系统管理、制造商的技术支持和维护能力入手,确保系统运行的可靠性和稳定性,以取得最大的收益
6	安全性和保密性	在系统设计中,不仅要考虑信息资源的充分共享,而且要注意信息的保护和隔离,因此应分别针对应用和网络通信环境,采取不同的措施,包括构建系统的安全机制、设置数据访问权限等

续表

序号	原则	主要内容
7	可扩展性和易维护性	为了适应系统变更的需求，系统设计要充分考虑用最简单的方法和最少的投资来实现系统的扩展与维护

7.2 基础信息管理系统

7.2.1 系统概况

智慧社区基础信息管理系统是一种集成了各种社区信息的管理系统，该系统是用于收集、维护、查询、分析和显示整个智慧社区信息的综合工具。通过智慧社区基础信息管理系统，业主能够及时了解社区的基本信息，包括人口信息、安全信息、消费信息、环境信息、医疗信息、物业信息、社区服务信息等。同时，社区公告在智慧社区基础信息管理系统中，业主通过社区公告能够及时获取社区的最新动态和与社区有关的新闻。

7.2.2 系统总体结构

基于智慧社区基础信息管理系统是一个集成的智能信息管理系统，该系统主要包括社区基本信息管理、社区人口信息管理、社区档案管理、社区安全信息管理、社区消费信息管理、社区环境信息管理、社区医疗信息管理、社区物业信息管理、社区服务信息管理等功能模块，该系统的功能架构如图7-1所示。

（1）系统管理

系统管理模块包括四个功能：用户信息管理、权限管理、系统代码设置及数据备份与恢复。

（2）社区基本情况

设置社区基本情况模块主要是为了维护社区的基本信息，主要包括社区简介、社区楼院、可支配房屋、商业网点等功能。

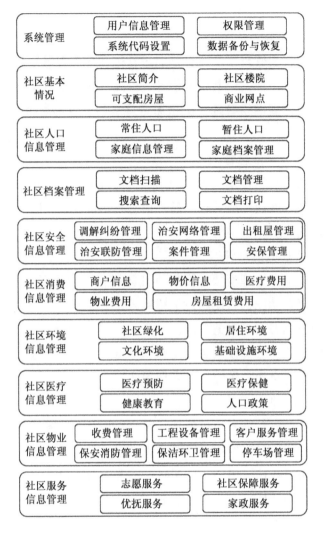

图 7-1　智慧社区基础信息管理系统功能架构图

（3）社区人口信息管理

社区人口信息管理模块主要是对家庭信息、人口信息数据进行编辑和维护，主要包括常住人口、暂住人口、家庭信息管理、家庭档案管理等功能。

（4）社区档案管理

社区档案管理模块主要实现与文件、实物、基础建设、设备、合同、数据编制等有关的文档扫描、文档管理、搜索查询、文档打印等功能。

(5) 社区安全信息管理

社区安全信息管理模块主要是通过管理和规范智慧社区内出现的纠纷、房屋租赁等方面的公共安全信息，提高社区的稳定度，主要包括调解纠纷管理、治安网络管理、出租屋管理、治安联防管理、案件管理、安保管理等功能。

(6) 社区消费信息管理

社区消费信息管理模块主要为用户提供各种消费信息和实时物价信息，主要包括社区内部或周边的商户信息、物价信息、医疗费用、物业费用、房屋租赁费用等功能。

(7) 社区环境信息管理

社区环境信息管理模块主要提供社区绿化、居住环境、文化环境、基础设施环境等功能，以便用户了解社区生活环境。

(8) 社区医疗信息管理

社区医疗信息管理模块主要提供医疗预防、医疗保健、健康教育、人口政策等较为全面的医疗信息管理功能。

(9) 社区物业信息管理

社区物业信息管理模块是智慧社区的一个重要组成部分。随着智慧社区的迅速发展，良好的物业管理逐渐成为构建社区文化的重要因素，也是业主或租户在选择房地产公司时首要考虑的因素。它主要包括收费管理、工程设备管理、客户服务管理、保安消防管理、保洁环卫管理、停车场管理等功能。

(10) 社区服务信息管理

在政府的倡导下，社区服务信息管理模块以互联网为基础，为了满足社区成员的各种需求，发布政府、企业、协会、个体工商户、志愿者及其他具有社会福利性质或低利润的组织提供的居民服务信息。它主要包括志愿服务、社区保障服务、优抚服务、家政服务等功能。

7.2.3 系统功能描述

(1) 系统管理

系统管理模块主要包括四个功能模块：用户信息管理、权限管理、系统代码设置及数据备份与恢复。具体功能描述如表 7-2 所示。

表 7-2 系统管理模块功能描述

序号	功能模块	功能描述
1	用户信息管理	用户信息管理包括添加、修改和删除用户信息的操作。在这一模块中，可以将用户划分为不同级别，并为他们提供相应的权限
2	权限管理	通过为不同的用户设置不同的权限，设置管理级别用户、操作级别用户和普通级别用户，方便管理和使用
3	系统代码设置	根据需要，将不同功能模块所涉及的代码输入系统中，并生成数据库，以确保系统的正常运行并提供服务
4	数据备份与恢复	为了避免因意外事故导致数据丢失，系统提供数据备份与恢复功能，以确保系统数据安全

(2) 社区基本情况

社区基本情况模块主要包括四个功能模块：社区简介、社区楼院、可支配房屋和商业网点。具体功能描述如表 7-3 所示。

表 7-3 社区基本情况模块功能描述

序号	功能模块	功能描述
1	社区简介	系统提供一个社区简介页面，主要包括社区的基本信息、建筑物数量、永久居民数量和社区电子地图
2	社区楼院	该模块主要显示社区内部各楼院的状况，如"××号楼××单元"等信息，方便用户查询社区楼院的位置并快速定位
3	可支配房屋	该模块的设置主要是为了方便用户查询可支配房屋情况，为社区居民提供房屋出租、销售信息
4	商业网点	该模块显示社区内部或社区周围的商业网点布局。用户通过点击"咨询"按钮，可以快速查看社区周围的业务网点分布情况，方便出行

(3) 社区人口信息管理

社区人口信息管理模块主要包括四个功能模块：常住人口、暂住人口、家庭信息管理和家庭档案管理。具体功能描述如表7-4所示。

表7-4　社区人口信息管理模块功能描述

序号	功能模块	功能描述
1	常住人口	该模块主要包括常住人口登记，常住人口信息添加、删除和修改，并且可以显示常住人口数量，以供新入住用户查询
2	暂住人口	该模块主要包括暂住人口注册，暂住人口信息添加、删除和修改，并且可以显示临时居民数量，以供新入住用户查询
3	家庭信息管理	该模块主要显示社区家庭的基本信息，需要一定的系统权限才能进行查阅和修改操作
4	家庭档案管理	社区内每个家庭的信息都被编辑成文件形式并存储起来，并且可以进行编辑和维护。该模块需要一定的系统权限才能进行查阅和修改操作

(4) 社区档案管理

社区档案管理模块主要包括四个功能模块：文档扫描、文档管理、搜索查询和文档打印。具体功能描述如表7-5所示。

表7-5　社区档案管理模块功能描述

序号	功能模块	功能描述
1	文档扫描	该模块可以实现社区文档的扫描，方便信息录入
2	文档管理	文档管理涉及社区文档、电子表格、图形和图像扫描文档的存储、分类和检索。文档管理的关键是解决文档存储、文档安全管理、文档搜索、文档在线查看、文档协作编写和发布控制等问题
3	搜索查询	该模块提供了一个搜索框，并且添加了常见的搜索信息，以便用户查询
4	文档打印	该模块将系统直接连接到打印机，用户可以打印所需的文档，将电子文档转换成纸质文档，方便查阅和使用

(5) 社区安全信息管理

社区安全信息管理模块主要包括六个功能模块：调解纠纷管理、治安网络管理、出租屋管理、治安联防管理、案件管理和安保管理。具体功能描述如表7-6所示。

表7-6 社区安全信息管理模块功能描述

序号	功能模块	功能描述
1	调解纠纷管理	依托该模块，可通过网络平台处理纠纷，并对有关各方进行一定的说服和安抚
2	治安网络管理	建立社区安全管理网络，在社区的相应位置增加消防设施或安保人员，通过网络管理提高处理突发事件的能力
3	出租屋管理	提供租借信息的录入、修改和删除功能，以供住户随时了解出租屋的相关信息。该模块需要一定的系统权限
4	治安联防管理	社区治安联防管理是对整个社区进行统一管理，同时与当地或周边派出所共同采取保护措施，对突发事件做出应急反应
5	案件管理	该模块统一编辑社区中的所有案件，并将其分类，以便查询和管理
6	安保管理	该模块主要针对社区安全服务，根据情况可以选择社区安保人员的数量，实现对社区内部的全方位监控，同时提供安保信息的录入、修改和删除功能。该模块需要一定的系统权限

(6) 社区消费信息管理

社区消费信息管理模块主要为用户提供社区内部或周边商户的信息、物价信息、医疗费用、物业费用、房屋租赁费用等信息的查询服务，让用户更加了解社区整体的消费水平。该模块主要提供消费信息查询服务，并以表格形式给出所查询的内容，以便阅览。

(7) 社区环境信息管理

社区环境信息管理模块主要包括四个功能模块：社区绿化、居住环境、文化环境和基础设施环境。具体功能描述如表7-7所示。

表 7-7　社区环境信息管理模块功能描述

序号	功能模块	功能描述
1	社区绿化	该模块主要为社区居民提供绿化效果图，或者对社区绿化方案进行不定期投票，并根据社区居民需求优化社区绿化
2	居住环境	该模块可以方便用户查询社区居住环境的各种信息，主要包括日照方向、社区商户、广场设施和娱乐设施。该模块也提供查询服务，使用户可以了解社区的生活环境
3	文化环境	该模块可以定期或不定期地向社区居民推送文娱活动通知，以促进社区居民之间的文化交流
4	基础设施环境	该模块可以为社区居民提供社区基础设施信息，以便社区居民使用并对其进行维护与检修

（8）社区医疗信息管理

社区医疗信息管理模块主要包括四个功能模块：医疗预防、医疗保健、健康教育和人口政策。具体功能描述如表 7-8 所示。

表 7-8　社区医疗信息管理模块功能描述

序号	功能模块	功能描述
1	医疗预防	该模块主要采用各种可行的方式和方法来预防医疗事故的发生，并为社区居民提供各种预防知识和急救方法
2	医疗保健	该模块主要包括儿童、妇女和老人的保健，目的是通过药剂师直接和负责任地提供与药物有关的服务来改善社区患者的生活
3	健康教育	该模块通过有计划、有组织、系统性的社区教育活动，使居民有意识地采取健康的行为方式和生活方式，消除或减少影响健康的危险因素，达到预防疾病、促进健康的目的，并评估教育效果
4	人口政策	该模块宣传我国的人口政策、指导方针、法律法规，建立和完善生育工作网络，掌握居民信息，建立生育相关信息档案。同时，可以深入开展人口政策宣传教育活动，引导群众自觉参与生育工作

（9）社区物业信息管理

社区物业信息管理模块主要包括六个功能模块：收费管理、工程设备管理、客户服务管理、保安消防管理、保洁环卫管理和停车场管理。具体功能描述如表7-9所示。

表7-9 社区物业信息管理模块功能描述

序号	功能模块	功能描述
1	收费管理	收费管理是整个财产管理的日常业务管理模块，在物业管理公司的运营和管理中起着至关重要的作用。该模块分为社区、建筑物、楼层、房间等多个级别，主要功能包括收费项目定义、合同管理、应收账款管理、实际收款管理和收费统计查询
2	工程设备管理	建立设备基本信息库，定义设备维护周期及其他属性信息；监控设备的运行状态，生成运行记录、故障记录等信息，并根据生成的维护计划自动提示需要维护的设备；对于有故障的设备，进行从申请维护到分发、维护、完工验收、回访等的全过程管理
3	客户服务管理	为客户发送和接收邮件，订阅书籍、报刊，预订机票等都是一些物业管理公司的服务业务。该模块具有日常服务管理、客户投诉管理、维修管理、社区活动管理等功能
4	保安消防管理	保安消防管理是社区工作正常运行的重要保证。该模块主要包括保安人员档案管理、保安人员固定岗或班次管理、保安巡逻检查记录、治安情况记录、来访者和货物出入管理等功能
5	保洁环卫管理	保洁环卫管理主要包括三个方面：绿化管理、清洁管理和联系单位管理。绿化管理是指绿化安排和维护记录，清洁管理包括清洁用具管理、清洁安排和检查记录，联系单位管理包括联系单位信息管理和联系记录
6	停车场管理	停车场管理主要包括车牌识别、车位引导、计时收费、语音提示、免费停车位数量显示等功能

（10）社区服务信息管理

社区服务信息管理模块主要包括四个功能模块：志愿服务、社区保障服务、优抚服务和家政服务。具体功能描述如表7-10所示。

表 7-10 社区服务信息管理模块功能描述

序号	功能模块	功能描述
1	志愿服务	该模块提供志愿者申请选项，用户可以根据自己的情况选择相应的志愿服务，包括针对老年人、残疾人、青年提供服务等功能
2	社区保障服务	该模块主要包括为社区居民提供社会保险、社会救济、社会福利、社区服务等功能
3	优抚服务	该模块主要用于国家和社会依法向军人及其家属提供物质照顾和精神安慰，这是我国社会保障体系的重要组成部分
4	家政服务	该模块提供家政服务的选择和预订功能，包括高级客房服务、重点服务、家教和外教、水电维修、清洁清洗、搬家服务等内容

7.3 决策支持系统

7.3.1 需求分析

针对智慧社区综合服务系统的运营过程，通过集成的应用系统对地理信息系统、商务智能系统等挖掘的数据的应用，对社区的核心业务、辅助业务及增值业务的数据进行统计和分析，从而对业务现状进行可视化分析，包括对社区居民信息、社区产品信息等的分析，并预测社区业务未来的发展趋势。因此，设计和构建决策支持系统是十分必要的，可以帮助相关人员尽快做出决策。

决策支持系统应包括统计分析子系统、预测分析子系统、运营分析子系统和商务智能子系统，可以实现业务的数字和图形分析，为管理人员提供报表展示、业务评估、决策服务等支持，确保各项业务顺利进行。

7.3.2 业务流程与数据流程分析

决策支持系统从数据库中提取相关业务数据进行转换，并结合现代管理理论与优化技术，通过对数据的统计和分析，实现对业务报表的展示、业务现状的分析、业务运营质量的评估及业务发展趋势的预测，从而为管理人员提供决策支持。决策支持系统的业务流程和数据流程分别如图 7-2 和图 7-3 所示。

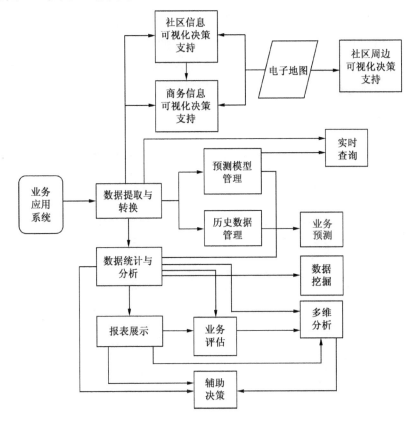

图 7-2　决策支持系统的业务流程图

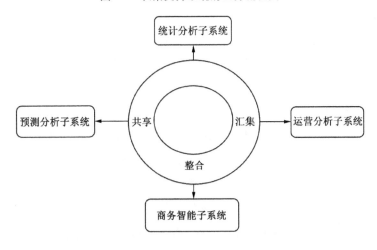

图 7-3　决策支持系统的数据流程图

7.3.3 系统总体结构

根据对相关业务的需求，结合数据挖掘与 GIS 技术，提取、汇集、整合和共享各业务系统的数据，设计出决策支持系统，包括统计分析子系统、预测分析子系统、运营分析子系统和商务智能子系统。决策支持系统的总体结构如图 7-4 所示。

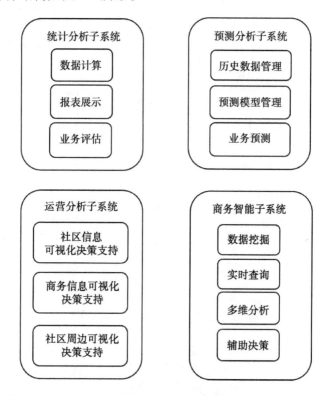

图 7-4　决策支持系统的总体结构图

（1）统计分析子系统

统计分析子系统从各业务系统中提取相关数据，进行汇集、过滤和整理，通过数据计算、报表展示、业务评估等来实现对业务的数字化和图形化分析，并为其他相关业务提供数据基础。

根据对智慧社区各项业务需求的分析，整合相关业务信息资源，结合数据挖掘等技术，构建数据统计分析子系统，其具体功能包括三个方面：数据计算、报表展示和业务评估。具体功能描述如表 7-11 所示。

表 7-11 统计分析子系统功能描述

序号	功能模块	功能描述
1	数据计算	提取、整理、统计和分析智慧社区的各种业务数据，为后续业务提供数据基础
2	报表展示	以数字和图形形式自动生成各种日常统计分析报表与主题统计分析报表，并将它们以多维视图的形式呈现给管理人员
3	业务评估	建立基于关键绩效指标（KPI）的业务评估模型，并在业务调整时及时优化模型。结合数据计算结果和相关报表，对相关业务的运营质量进行智能评估

（2）预测分析子系统

预测分析子系统包括历史数据管理、预测模型管理和业务预测三个功能模块。根据相关业务数据并结合现代预测方法和技术，以提供较为可靠的预测分析结果为目的，设计并构建预测分析子系统，实现对核心业务、辅助业务及增值业务发展趋势的预测。具体功能描述如表 7-12 所示。

表 7-12 预测分析子系统功能描述

序号	功能模块	功能描述
1	历史数据管理	结合数据统计和分析结果，管理业务历史数据，以提供准确、足够的数据用于业务预测
2	预测模型管理	建立预测模型，管理和维护模型及其相关参数，包括查询、添加、修改和删除预测模型等功能
3	业务预测	根据业务的历史数据，调用相关的预测模型对业务进行预测分析（包括定性分析和定量分析），以预测和判断业务的发展趋势，并管理预测结果

（3）运营分析子系统

结合 GIS 等技术，通过电子地图来实现社区信息可视化决策支持、商务信息可视化决策支持和运输路线可视化决策支持，最终为运营分析提供技术支持。

通过社区基本信息和销售信息与 GIS 等技术相结合，设计并构建运营分析子系统,其特定功能包括社区信息可视化决策支持、商务信息可视化决策支持和运输路线可视化决策支持。具体功能描述如表 7-13 所示。

表 7-13 运营分析子系统功能描述

序号	功能模块	功能描述
1	社区信息可视化决策支持	电子地图显示社区街道办事处和居民委员会的基本信息,包括名称、地址、联系人和联系方式
2	商务信息可视化决策支持	通过电子地图,可以显示和管理社区商业的供应商信息、客户信息及相关的订购和销售信息
3	运输路线可视化决策支持	根据运输和配送业务的基本需求,结合电子地图,计算并显示运输方式、运输工具及运输时间和距离,为相关人员提供决策支持

(4) 商务智能子系统

结合现代数据分析方法与技术,通过数据挖掘、实时查询、多维分析、辅助决策等将业务数据转化为具有商业价值的信息,从而提高对智慧社区核心业务、辅助业务和增值业务分析的智能化程度。

商务智能子系统的特定功能包括数据挖掘、实时查询、多维分析和辅助决策。具体功能描述如表 7-14 所示。

表 7-14 商务智能子系统功能描述

序号	功能模块	功能描述
1	数据挖掘	通过相关的算法和工具,可以从数据库中提取隐性、未知和潜在的信息或数据,并将业务数据转换为具有参考价值和应用价值的业务信息,从而为相关业务提供智能决策支持
2	实时查询	根据用户指令,实时查询 KPI 管理等业务信息、参数信息、指标信息、评估结果信息,为相关人员提供快速准确的决策支持
3	多维分析	以三维或多维的形式收集、分析和显示商业智能视图、感知信息视图、智能决策结果和用户查询模型,以增强业务数据的可读性并提供全面且准确的信息支持

续表

序号	功能模块	功能描述
4	辅助决策	结合相关统计、分析和查询结果，通过自动索引和报表信息管理，提供全方位、多层次的决策支持和知识服务，协助相关人员对业务运营质量、业务风险及管理水平进行全面且详细的分析

7.4 智慧商务系统

7.4.1 需求分析

智慧商务是指以信息技术代替传统交易过程中纸介质信息载体的存储、传输、统计、分布等环节，实现社区居民与供应商、销售商的商业互动，使社区内部和外部资源得到更有效的配置，促进社区内外部的共同发展。

智慧商务系统主要服务于社区中的商户和居民。对于商户而言，智慧商务系统可以让商品的宣传推广更加全面，从而吸引更多的消费群体，提高服务质量，降低经营成本并扩大利润空间。对于居民来说，忙碌的工作使其疲于出门去实体店购物，并且线上商品的价格通常较低，因此越来越多的居民选择线上购物。与此同时O2O迅速发展，智慧商务系统可以促进社区服务水平的提高，在保证居民生活质量的同时，也能满足智慧社区的需求。

7.4.2 系统总体结构

智慧商务系统向社区周边一定范围内的商户开放，根据社区居民的日常消费需求，为他们提供更便捷的购物方式和更愉悦的消费体验。根据社区的实际情况及商家和顾客的需求，设计了较为合适的智慧商务系统，其总体结构如图7-5所示。

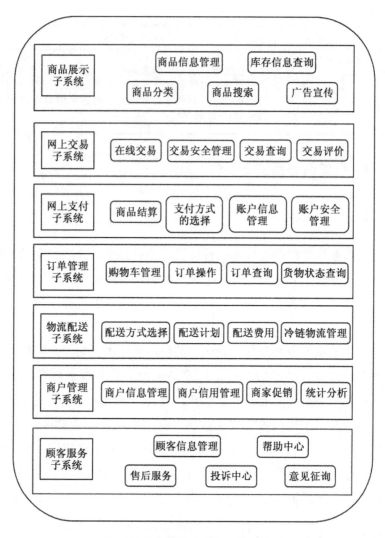

图 7-5 智慧商务系统的总体结构图

智慧商务系统主要由七个子系统组成：商品展示子系统、网上交易子系统、网上支付子系统、订单管理子系统、物流配送子系统、商户管理子系统和顾客服务子系统。

（1）商品展示子系统

商品展示子系统主要展示商家的各类商品信息，方便顾客查找所需商品并了解商品的性能和特点，为商家提供良好的广告宣传平台。商品展示子系统主要包括五个功能模块：商品信息管理、商品分类、商品搜索、库存信息查询和广告宣传。具体功能描述如表7-15所示。

表7-15 商品展示子系统功能描述

序号	功能模块	功能描述
1	商品信息管理	建立商品信息数据库，包括商品的名称、型号、数量、价格、供应商、制造商、存储条件、功能、售后服务和其他详细信息
2	商品分类	根据商品的特性和功能，将其分为日用品、常温食品、冷链生鲜食品、服饰、家用电器、充值缴费、餐饮等
3	商品搜索	根据商品的不同分类，为顾客提供商品搜索功能，方便顾客选择和购买商品
4	库存信息查询	根据商户仓储管理系统提供的信息，可以实时获取商品库存情况，并查询当前商品剩余数量，所在仓库、货架等信息
5	广告宣传	在智慧商务系统中，信息发布的及时性和便利性是传统媒体无法比拟的。商家可以通过服务器在互联网上发布商品信息供顾客浏览，以便顾客能够快速了解商品信息。广告可以在限时促销、网络动画、网络实时互动、新产品发布等多种场景中使用，以吸引顾客，达到更好的广告宣传效果

（2）网上交易子系统

网上交易涉及人、财、物等多个方面，交易中涉及银行、金融机构、信用卡公司、海关、商检、税务和其他有关部门，买卖双方都需要通过智慧商务系统与有关方交换电子票据和电子单证，因此确保交易的安全性非常重要。网上交易子系统主要包括四个功能模块：在线交易、交易安全管理、交易查询和交易评价。具体功能描述如表7-16所示。

表7-16 网上交易子系统功能描述

序号	功能模块	功能描述
1	在线交易	顾客确定需要购买的商品后，通过网络进行下单并完成在线交易
2	交易安全管理	通过建立防火墙、入侵检测、漏洞检测等措施，确保整个交易过程的安全，确保所有用户信息不被泄露

续表

序号	功能模块	功能描述
3	交易查询	通过交易查询功能，买方可以查询所购商品的基本信息和卖方的基本信息，卖方可以查询所售商品的状态和买方的基本信息，方便进行统计分析
4	交易评价	顾客可以对其购买的商品和其他相关服务进行评论，也可以张贴图片供其他顾客参考，还可以在社区论坛中进行讨论，分享他们的购物经验和使用心得

（3）网上支付子系统

下单后，买方可以选择付款方式，其中网上支付是非常重要的手段。网上支付子系统旨在确保交易的安全及买卖双方的利益。网上支付子系统主要包括四个功能模块：商品结算、支付方式的选择、账户信息管理和账户安全管理。具体功能描述如表7-17所示。

表7-17 网上支付子系统功能描述

序号	功能模块	功能描述
1	商品结算	订单确定后，银行和金融机构按照合同处理买卖双方的付款和收款，并为商户结算
2	支付方式的选择	支付方式多种多样，包括会员制电子支付、储值卡支付、信用卡支付、电子现金支付等，买方可以根据自己的需要选择合适的支付方式
3	账户信息管理	系统对账户信息进行管理，以方便将来查询并确保账户安全
4	账户安全管理	通过建立防火墙、入侵检测等措施确保交易的安全

（4）订单管理子系统

为了便利顾客购物，使顾客更清楚地了解所购商品的信息，设计了订单管理子系统。订单管理子系统主要包括四个功能模块：购物车管理、订单操作、订单查询和货物状态查询。具体功能描述如表7-18所示。

表 7-18 订单管理子系统功能描述

序号	功能模块	功能描述
1	购物车管理	买方可以通过购物车查看拟购买的商品,并对商品进行添加、删除、修改等操作
2	订单操作	确认订单后,在某些条件下,可以对订单进行修改、拆分、合并、删除等操作,包括修改订单状态、修改订单中的商品数量等操作,也可以批量修改订单状态
3	订单查询	买卖双方均可查询订单,可以根据送货方式、支付方式等检索条件查看订单,可以查看所有订单,并且同时显示订单的相关统计结果,也可以通过直接输入订单号查询订单信息
4	货物状态查询	买方可以通过交易查询查询所购商品的当前状态、所处的位置、送达时间等信息,卖方可以查询物流信息、商品位置、买家是否签收等信息

（5）物流配送子系统

对于实体商品,应在线上交易完成后及时进行物流配送,以便将完好无损的商品快速送至顾客手中。社区中的物流配送不仅保留了传统物流配送的特点,而且还有距离短、速度快等新的特点,特别是在生鲜食品、送餐服务等方面的配送具有明显的优势。物流配送子系统主要包括四个功能模块：配送方式选择、配送计划、配送费用和冷链物流管理。具体功能描述如表 7-19 所示。

表 7-19 物流配送子系统功能描述

序号	功能模块	功能描述
1	配送方式选择	商家应全面考虑顾客下单商品的属性、数量、送货地址、所需的送货时间及为顾客提供物流服务的能力,从而选择合适的配送方式,也可以委托第三方物流企业完成配送
2	配送计划	根据社区中不同顾客的住址和配送要求,确定合理的配送路线、配送顺序和配送时间,在确保满足顾客需求的前提下,实现行程最短、成本最低、耗时最少的目标
3	配送费用	商家可以根据客户的消费金额、送货地址、商品质量等设置具体的配送费用
4	冷链物流管理	提供生鲜食品的特殊物流服务,通过冷链仓储、缩短配送时间等方式来确保商品质量

(6) 商户管理子系统

社区商户不仅包括实体超市、便利店、提供餐饮配送等服务的门店,还包括提供充值缴费和支付服务的虚拟商店。商户管理子系统用于管理商户,并为商户提供商品促销、统计分析等功能。商户管理子系统主要包括四个功能模块:商户信息管理、商户信用管理、商家促销和统计分析。具体功能描述如表 7-20 所示。

表 7-20 商户管理子系统功能描述

序号	功能模块	功能描述
1	商户信息管理	所有使用该系统的商户都必须提供营业执照,销售食品的商户还必须提供卫生执照和食品安全证书,以确保所售商品的质量和安全性。系统对商户的负责人、地址、电话号码、主要供应商、经营情况等信息进行管理
2	商户信用管理	根据商户的经营状况及顾客对商户提供的商品或服务的评价和满意度,综合评价商户的信用等级,为顾客消费提供参考的同时也能促进商户提供更优质的服务
3	商家促销	根据顾客信息及其购物经验,通过短信通知、网页广告推送、发送邮件等多种形式,选择给予折扣、赠送优惠券和礼品等,有针对性地开展节日促销、新产品上架等活动
4	统计分析	根据不同时期不同商品的销售量,为顾客购买提供依据。同时,通过大量的购买数据来分析顾客的购买行为和消费心理,为商户的经营管理提供参考

(7) 顾客服务子系统

为了给顾客提供更贴心的服务,帮助顾客更顺利地完成整个购物过程,积极听取顾客意见,重视用户体验,体现"顾客至上"的服务理念,设计了顾客服务子系统。顾客服务子系统主要包括五个功能模块:顾客信息管理、帮助中心、售后服务、投诉中心和意见征询。具体功能描述如表 7-21 所示。

表 7-21 顾客服务子系统功能描述

序号	功能模块	功能描述
1	顾客信息管理	管理顾客的姓名、电话、电子邮箱、地址、支付账户、消费记录和其他信息，并确保信息的安全
2	帮助中心	顾客在使用智慧商务系统过程中遇到问题可向帮助中心寻求帮助，在线客服可以帮助顾客解决其所遇到的问题
3	售后服务	根据买卖双方的合同约定，卖方负责为买方提供相应的售后服务，买方可以通过系统与卖方联系并说明情况
4	投诉中心	如果顾客对商家提供的服务不满意，或者商家违反了交易合同中的相关条款，顾客可以向商家投诉，商家必须在指定时间内做出回应并进行处理
5	意见征询	系统通过网页上"选择""填空"等格式文件来收集用户对商品及销售服务的反馈意见，并借助电子邮件、论坛等提供更完善的售后服务。系统将顾客的意见及时反馈给商家，这不仅可以提高商家的售后服务水平，还可以为商家改进产品和扩大市场提供更多的机会

7.5 智慧物流服务系统

7.5.1 需求分析

智慧物流服务系统集成了智慧社区的物流服务，并在公共平台上展示各种业务，使用户或业主可以随时查询和使用社区物流服务。智慧物流服务系统主要为商家的商品配送和仓储管理服务，同时还提供快递查询界面，为社区业主提供快递服务。

7.5.2 系统总体结构

智慧物流服务系统是将整个社区快递业务整合在一起的服务系统，该系统主要包括六个功能模块：系统管理、商品配送、仓储管理、快递查询、快递收投和快递跟踪。智慧物流服务系统的总体结构和具体功能描述分别如图 7-6 和表 7-22 所示。

图 7-6　智慧物流服务系统的总体结构图

表 7-22　智慧物流服务系统功能描述

序号	系统结构	功能模块	功能描述
1	系统管理	用户信息管理	用户信息管理包括添加、修改和删除用户信息等操作。在该模块中，管理员可以将用户划分为不同的级别，并为他们提供相应的权限
		权限设置	为不同的用户设置不同的权限，设置管理级别用户、操作级别用户和普通级别用户，方便管理和使用
		系统代码设置	根据需要，将不同功能模块所涉及的代码输入系统中并生成数据库，以确保系统的正常运行并提供服务

续表

序号	系统结构	功能模块	功能描述
1	系统管理	数据备份与恢复	为了避免因事故导致数据丢失，系统提供了数据备份与恢复功能，以确保系统数据安全
2	商品配送	用户信息	该模块可以编辑用户信息，并将使用该系统的所有用户信息输入数据库中，包括账户注册、账户登录和密码修改三个选项
		时间选择	用户可以自主选择配送时间，分为上午时段、中午时段和晚上时段
		配送模式	配送模式主要有送货上门、暂存仓库和自行提取三种，用户可以根据需要自行选择
		商品类型	商家可以为不同类型的商品选择不同的包装方式，这些方式可以自行定义，包括农产品、半成品、家用电器、服装、书籍等
3	仓储管理	临时存放	买家如果不在家，可以选择将商品临时存放在仓库中，并选择在合适的时间自行取货。该模块有自行提取和临时存放两个选项
		位置管理	买家可以通过此模块快速查询所购商品的存储位置，输入订单号或快递单号后，直接获取商品的位置信息，以便提取
		商品信息	通过输入商品的订单号，可以快速查询商品信息并方便进行信息检查
4	快递查询	电话查询	该模块分为电话查询、网页查询和智能终端查询三个选项，用户可以通过录入运单号、选择相应快递公司后，查询快递运送情况
		网页查询	
		智能终端查询	
5	快递收投	快递收寄	该模块分为快递收寄和快递投递两个选项，用户可以根据自己的需要选择相应的模式
		快递投递	
6	快递跟踪	网点查询	该模块可以跟踪商品的物流信息，使用户知道自己所购商品的物流动态，主要包括网点查询、价格查询、快递咨询、历史快递等功能，用户可通过电子地图实时查看快递情况
		价格查询	
		快递咨询	
		历史快递	

7.6 智慧社区政务服务系统

7.6.1 需求分析

在社会生活中,公众与政府紧密相连,随着社会的进步和经济的迅速发展,公众期待着政府能够提供更高效、更高质的服务,从而推动了电子政务的出现和快速发展。电子政务是指借助信息技术来完成政务活动,随着电子政务的不断推广和相关科学研究的不断深入,人们对电子政务的概念形成了多元化的认识。电子政务是基于现代管理理论,以IT技术为基础,以政府管理为对象,以政府善政为目标,为各级政府决策者提供决策依据的系统。

智慧社区政务服务系统是一个基于社区政务工作的办公自动化系统,包括系统管理子系统、个人办公子系统、文件管理子系统、行政管理子系统、信息发布管理子系统、协同办公子系统、决策支持子系统七个子系统。从社区居民委员会演化而来的电子政务服务系统在业务人员、设备、管理等方面,通过将信息技术与行政办公相结合,建立了一套适应智慧社区政务服务工作要求,集数据信息采集、传输、办公、决策支持为一体的安全信息平台。智慧社区政务服务系统让社区政务活动更加贴近社区居民的生活,保证了全面、真实、便捷的服务,同时加强了政府与居民之间的有效沟通,使社区工作可以更迅速、更高效地开展。

7.6.2 系统总体结构

智慧社区政务服务系统是基于互联网技术,面向社区居民委员会、政府机构、企业及居民的信息服务和信息处理系统,通过整合政府职能,优化业务流程,构建跨部门、一体化、支持门户网站和后台办公无缝集成的智能化综合系统,实现网上审批、公共管理、政府信息服务等功能。智慧社区政务服务系统的总体结构如图 7-7 所示。

图 7-7 智慧社区政务服务系统的总体结构图

智慧社区政务服务系统运用现代信息技术，通过网络集成，在互联网上优化组织结构和工作流程，超越时间、空间和部门分隔的限制，为社区居民提供优质、全面、规范、透明的管理和服务。依托七个子系统，社区居民委员会的日常工作实现了电子化、无纸化，行政工作流程得到了优化，公共服务水平大幅提升，办公效率得到了有效提高。

7.6.3 系统功能描述

（1）系统管理子系统

系统管理子系统负责整个系统的正确配置和正常运行，主要包括三个功能模块：用户管理、系统日志管理及数据备份与恢复管理。具体功能描述如表 7-23 所示。

表 7-23 系统管理子系统功能描述

序号	功能模块	功能描述
1	用户管理	用户管理包括用户信息的添加、修改和删除操作。在这一模块中，管理员可以将用户分为不同等级，并赋予其相应的权限，设置管理级用户、操作级用户和普通级用户
2	系统日志管理	在系统日志中记录各种系统操作，可以让管理员知道系统的状态，当出现问题时为系统维护提供数据支持
3	数据备份与恢复管理	为了避免因意外事故导致数据丢失，系统提供了数据备份与恢复功能，以确保系统数据安全

（2）个人办公子系统

作为员工日常工作的辅助应用，个人办公子系统主要包括六个功能模块：待办事宜、通告管理、信息通信、个人日程安排、规章制度管理和人事管理。具体功能描述如表 7-24 所示。

表 7-24 个人办公子系统功能描述

序号	功能模块	功能描述
1	待办事宜	待办事宜是居民委员会内部工作安排的重心，主要包括任务安排、任务接收、待处理任务、任务提交、任务修改等功能。通过集中的信息处理，居民委员会琐碎的工作被集中安排，完成工作的分配、处理和批准
2	通告管理	该模块主要负责居民委员会内部公告信息的管理，包括信息输入、修改和删除功能。该模块中的人员可以参考上级部门最近发布的工作安排及社区居民的网络应用。居民委员会主任将根据公告内容安排和协调工作
3	信息通信	该模块提供社区行政人员之间的信息交流功能，打破了用户在网络上时空互通的局限性，包括电子邮件、手机短信和即时通信功能，实现了即时、快速的信息交流和信息整合，同时实现了信息的离线传输，解决了系统必须开机值守的问题
4	个人日程安排	该模块用于计划、安排、查询和维护个人日程表事务。活动计划将自动提醒用户，提高员工的工作效率，使员工的工作和生活更加有序与协调。该模块可以为行政人员提供每日模式、每周模式和每月模式三种模式的日程安排

续表

序号	功能模块	功能描述
5	规章制度管理	该模块主要具有输入、修改和删除系统信息的功能。该信息包含与居民委员会工作有关的规章制度、法律法规及各项事务的工作流程和工作要求，是工作人员的参考指南
6	人事管理	该模块主要用于居民委员会行政人员、志愿者、临时工等内部人员的信息管理，具有添加、修改、删除、查询和统计人员信息的功能，实现出勤管理和工资管理

（3）文件管理子系统

文件管理子系统主要管理居民委员会日常工作中涉及的正式公文、档案、行政办公资料等，根据内部流程，进行文件无纸化、电子化、网络化流转，并进行跟踪和监控，以实现文件从草稿到存档的一体化。具体功能描述如表 7-25 所示。

表 7-25　文件管理子系统功能描述

序号	功能模块	功能描述
1	收文管理	收文管理是对外来公文和稿件的管理，主要包括文件的登记、审批、归档、删除等功能。根据接收到的文件内容，居民委员会主任对文件进行分级管理，对不同层级的人员设置不同的查看权限，限制文件消息的随意传播，同时严格控制文件下载和文件打印
2	文件管理	文件管理是对居民委员会内部文件的管理，主要包括文件的上传、修改、删除、查询、备份等功能。文件管理的管理机制与收据管理的管理机制相同。文件管理和收据管理共同构成了居民委员会的所有文件管理工作
3	档案管理	档案管理是对社区居民档案的管理，主要包括档案的上传、更新、删除、查询、统计、输出、备份等功能。电子化文件实现了各政府机构之间居民档案信息的快速传递，缩短了业务办理时间，提高了工作效率。实现档案管理的电子化是智慧社区政务服务系统进行无纸化办公的关键条件

（4）行政管理子系统

行政管理子系统主要处理居民委员会日常行政事务，规范事务管理，完善管理流程。具体功能描述如表 7-26 所示。

表 7-26　行政管理子系统功能描述

序号	功能模块	功能描述
1	信访管理	对已完成的行政审批行为进行监察，重点对行政投诉、行政复议、行政诉讼、行政补偿和行政赔偿五个方面的信息进行监察，并通过预设的绩效考核标准，对办事效率、成效、投诉等相关指标进行考核。对于综合办事中途的绩效评分成绩，系统自动统计总分，并进行排列，给出成绩统计和数据分析，最后将部门的考核结果上报各级领导，并予以公布
2	会议安排	会议安排主要负责居民委员会内部和社区居民之间的会议组织、安排和记录工作，包括安排会议室、发送会议通知、签发和接收会议通知及整理会议纪要。该模块提供会议室安排时间表、会议通知、会议记录和根据会议信息输入自动生成的其他信息
3	日常工作管理	居民委员会的日常工作主要包括社区党建、人口政策落实、社会保障和退休人员管理、生活津贴检查和分配、社区卫生、社区安全等方面。在此模块中，工作人员可以输入、修改、删除、查询工作内容、时间安排、负责人等信息
4	财务管理	财务管理是对财务信息的处理、传输、存储、应用等，主要是财务预算管理、财务申请管理、财务支出管理，由特定的财务人员进行财务信息的创建、修改、统计、查询等操作，并由居民委员会主任监督

（5）信息发布管理子系统

信息发布管理子系统主要是提供统一的信息发布窗口，方便居民委员会向员工或公众及时发布相关信息，增加各项工作的透明度，实现内外部信息的有机统一。信息发布管理子系统是用于信息发布的统一管理系统。具体功能描述如表 7-27 所示。

表 7-27　信息发布管理子系统功能描述

序号	功能模块	功能描述
1	公共信息管理	公共信息主要包括社区介绍、社区新闻、社区活动安排、天气预报、生活指南等。行政人员可以通过该模块录入、更新、修改、删除和查询这些信息

续表

序号	功能模块	功能描述
2	政务公开管理	政务公开是为居民委员会的日常工作内容建立统一的信息发布模式，及时发布各种通知、公告等，让社区居民能够了解并监督工作。行政人员可以通过该模块录入、更新、修改、删除和查询这些信息
3	政策法规信息管理	政策法规信息主要指与居民生活相关的政策法规，包括国家发布的主要法律法规、近期发布的有关政策全文和近期国家领导人的讲话。行政人员可以通过该模块录入、更新、修改、删除和查询这些信息

（6）协同办公子系统

协同办公子系统通过网络信息技术，实现社区居民委员会与上级街道办事处或与其他居民委员会、本社区与邻近社区之间的信息共享和实时通信，实现社区居民委员会与上级街道办事处或与其他居民委员会的协同办公。具体功能描述如表 7-28 所示。

表 7-28 协同办公子系统功能描述

序号	功能模块	功能描述
1	街道办事处协同办公管理	该模块主要包括收文管理、发文管理、机要文件管理等功能，接收文件的街道办事处可由此给下辖的居民委员会下发文件、安排工作，同时居民委员会也可以向上级提交文件。该模块可以实现电子文档的远程传输、确认、接收和回复
2	相邻社区协同办公管理	社区之间尤其是相邻社区之间将进行大量的行政工作交流和信息交流，通过相邻社区协同办公管理可以及时、快速地传输与交换文档和信息。该模块的主要功能包括即时消息通信、传入管理、后期管理和社区介绍

（7）决策支持子系统

基于智慧社区政务服务工作中产生的数据，决策支持子系统提供不同形式的统计信息，分块记录政务服务过程中的内容，并自动生成各种统计报表和图表，为社区提供决策依据，帮助居民委员会主任制订下一阶段的工作计划并评估绩效。具体功能描述如表 7-29 所示。

表 7-29　决策支持子系统功能描述

序号	功能模块	功能描述
1	行政工作统计分析	行政工作统计分析主要包括对一段时间内社区接受和处理的行政工作的内容、完成进度和存在的问题进行分析，分析社区资源的分布情况，为调整工作重点、优化工作提供依据
2	财务统计分析	财务统计分析是通过收集社区居民委员会的财务数据，分析社区的财务状况，以图形报表或者数据报表形式显示分析结果，作为社区行政工作绩效考核的依据并作为政务公开的重要内容

7.7　智慧养老服务系统

智慧养老服务系统是指结合先进的 IT 技术手段，面向居家老人、社区和养老机构的物联网系统与信息平台，并以此为基础提供实时、快捷、高效、低成本的物联化、互联化、智能化的养老服务。

通过"养老"和"健康"两条信息化高速公路综合服务平台的建设，将政府、医疗机构、服务提供商、家庭和个人联系起来，从而带动整个养老和健康产业的快速发展。

7.7.1　智慧养老解决方案的核心要点

智慧养老服务系统以社区居家养老群体为服务对象，收集各种智能健康监测终端的数据，整合老年人安全卫生相关信息，连接专业的医疗卫生服务机构和康复中心，做到随时随地为个人、家庭提供家政服务和紧急服务，使居家老人能够随时随地享受到专业的养老和保健服务，并将医护治疗与健康管理扩展到户外和偏远地区，从而使更多的老人能够享受到专业、便捷、物美价廉的养老和保健等综合服务。

在以互联网技术为基础的物联网发展的最前沿，有效地整合通信、生命体征监测等相关技术，根据不同家庭居家养老的个性化和通用化的需求，利用遥感设备来采集人体重要的生理数据，同时使用射频技术将数据传输到远程医疗服务中心，然后由专业的医疗团队对数据进行远程实时监测，形成个人健康数据档案和分析报告，提供专业的医疗保健和治疗建议,以达到维持健康的目的。同时,协调各部门,整合社会服务资源,调动各方面的积极性,共同营造老人居家养老的良好社会环境,促进专业化的老人生活护理、医疗保健、康复护理、文体娱乐、信息咨询、老年教育、心理安慰等项目的开发,并不断完善现代化居家养老综合服务系统。

7.7.2 智慧养老解决方案的核心功能

居家养老服务必须从老人的实际需求出发,坚持以老人为本的原则,为老人提供方便、高效、优质、人性化的服务。智慧养老解决方案的实施可以大大提高社区的服务水平。智慧养老解决方案为老人提供安全管理服务、健康管理服务、生活援助服务和家庭护理服务。

安全管理服务为老人提供紧急求助、一氧化碳监测、跌倒监测、迷路求助、外出行程监护、安全活动范围监护、心脑血管异常报警、夜间生理安全监测、运动安全报警、健康风险报警等一系列服务,为老人的居家养老安全提供了保障,他们一旦发生意外或危险就可以及时得到救助和治疗。

健康管理服务提供运动监测、睡眠监护、饮食营养与保健、生活方式监护、心脑血管疾病风险评估与保健、心理护理、用药提醒等服务,并在专业医师的建议下提供健康检查、视频会诊、健康咨询、预约挂号、陪同就医等服务。健康管理服务推出高血压套餐(血压仪、体脂称、计步器)、高血糖套餐(血压仪、体脂称、血糖仪、计步器)、冠心病套餐(心电仪、血氧仪、计步器)、亚健康套餐(体脂称、计步器)等智能终端产品,可以满足不同老人及家庭的需求,提供个性化的慢性病健康管理服务,及时监测老人的健康状况。

7.7.3 家庭智能终端

每个家庭配备一个家庭智能终端,该终端采用 7 英寸平板电脑,该平板电脑不仅是家庭安全报警网关,还是楼宇可视对讲室内机,并且可以充当社区养老中家庭服务的用户终端。智能终端结合了家庭无线传感器网络,收集、监视和报告社区或建筑物中的各种安全事件,如火灾、门窗入侵等。同时，家庭智能终端还集成了信息预警、自我救助、远程求救、视频监控、家庭护理等多种功能（表7-30），将家庭安全保障与社区养老相结合。整个家庭安防子系统采用Zigbee无线通信来降低产品和工程成本。

表7-30 家庭智能终端功能描述

序号	功能模块	功能描述
1	温度、湿度监控	实时监测室内温度和湿度数据，并显示在家庭智能终端上
2	入侵报警	当有人非法闯入时，安装在窗户上的红外幕布和安装在特定区域内的人体放热传感器会自动在智能终端中发出警报，并将警报信息实时发送到监控中心，同时通过短信向亲属发出警报
3	火灾报警	自动监测房屋中的烟雾浓度，一旦浓度超过标准，将在智能终端中自动报警，并将警报信息实时发送到监控中心，同时通过短信向亲属发出警报
4	燃气报警	自动监测家用气体浓度，一旦浓度超过标准，将在智能终端中自动报警，并将警报信息实时发送到监控中心，同时通过短信向亲属发出警报
5	紧急求助	在无线网络覆盖范围内的老人，可以按住紧急按钮进行紧急求助，求助信息将被实时发送到监控中心。相关人员可以通过报告的移动报警设备地址和智能终端地址来定位用户。这对家庭老人、儿童看护是十分必要的
6	声光报警	警报触发后，家庭智能终端将发出本地声光警报。用户可以单击家庭智能终端的屏幕或使用遥控器远程取消声光警报
7	报警设置	老人可以按住紧急按钮进行一键防御（开启所有安全传感器）和一键撤防（关闭所有安全传感器）。同时，他们还可以点击智能终端以打开或关闭特定的安全监控功能
8	服务中心监控告警	通过每个家庭智能终端收集各种家庭警报信息和终端状态信息，以无线方式上传到服务中心管理平台，管理平台按预定方式自动发短信、打电话报警等，进行后续处理工作。实时收集和监控家庭紧急呼叫、燃气警报、火灾警报、入侵警报和其他信息。当出现警报信息时，系统会自动弹出告警提示窗口，以引起管理员的注意
9	短信报警	家庭智能终端将上报的家庭告警信息通过短信发送器以短信的形式通知给特定用户，用户须在家庭智能终端上预先设置好手机号码

7.7.4 智慧健康养老运营管理服务平台

24 小时无人陪伴在身边的居家老人一旦发生意外该怎么办？在健康管理监控指挥中心，值班的监测管理员实时监视着监控屏幕，屏幕上显示着管理范围内每位老人的健康状况及诸如求助之类的预警信号。一旦发现哪位老人健康异常或需要救助，监测管理员立即发出指令，就近的医生将立即赶到现场提供帮助、解决问题。所有这些都可以通过智慧养老解决方案完成。智慧养老解决方案是物联网技术的应用，通过便携式人体生理参数检测仪、可穿戴老人活动状态检测仪等传感器，全方位跟踪记录老人在家中的日常生活，监测老人的血压等关键信息，关注老人的健康状况，通过 LBS 定位系统确定老人的位置，通过无线网络构建智慧健康养老运营管理服务平台，通过实时监控提供及时救援，通过大数据分析提供预警信号，并在饮食和健康维护方面提供合理的建议，防患于未然。

建立智慧健康养老运营管理服务平台，结合无线网络技术、RFID 技术、物联网技术、移动计算技术、大数据分析技术等，可以实现标准化、自动化、精准快速的管理和服务，提高操作的执行效率，完善老人档案资料和服务项目的管理，提供多维度的老人数据分析功能，辅助管理的同时随时全面掌握老人数据，提升在服务水平和质量方面的管理能力，进一步提高医疗服务效率和诊疗服务质量，实现无线监控、远程医疗和自助医疗，快速获取信息，实现及时的医疗资源共享。智慧健康养老运营管理服务平台主要包括供应链管理、医护业务管理、终端监护管理和可视化数据分析管理四个方面。智慧健康养老运营管理服务平台的主要特点如表 7-31 所示。

表 7-31 智慧健康养老运营管理服务平台的主要特点

序号	特点描述
1	建立供应链采购平台，实现资产全过程可视化管理
2	完善医护过程管理，提升管理过程的可视化
3	实时监护养老对象，实现终端可视化
4	集成多维数据，提供可视化分析和多维决策管理

基于医院管理咨询的先进经验，帮助养老运营管理者构建完整的信息化解决方案，包括供应链管理、医护业务管理、终端监护管理和可视化数据分析管理，并通过管理创新、流程优化、保障运营等实现价值最大化。

通过构建智慧健康养老运营管理服务平台，将实现以下几点：

第一，多方共赢。通过"智慧医疗""智慧运营"管理理念的创新，实现政府、经营机构、养老金领取者等多方共赢的局面。

第二，提高运营效率。通过可视化管理，实现人力、财力、物力等资源的整合，打破部门/业务之间相互隔离的局面，实现协同交易管理，显著增强执行力与提高执行效率。

第三，提升医护质量和安全。建立健全人事、财务、物资内部管理控制机制和审计体系，通过可视化管理和分析，实时了解各个业务环节，及时发现并解决问题。

7.8 智慧家居系统

智慧家居系统包括安防、远程监控、智慧家电、可视对讲、情景模式、智慧视频和音频等子系统，用户可以通过管理系统使用远程终端方便地进行管理。

智慧家居系统是一种将物联网技术、自动化控制系统、计算机网络系统和网络通信技术集成在一起的网络化智能家居控制系统。智慧家居系统以住宅为平台，具有体系结构、网络通信、智慧家电、自动化设备和传感器网络，它利用综合的布线技术、网络通信技术、安全防范技术、自动控制技术及音频和视频技术来实现与家庭生活相关的设备的集成，可以提供一个集设备、系统、结构、服务、管理于一体的高效、舒适、安全、便捷、环保的居住环境，旨在通过高新技术，实现居家信息智能化，打造方便、高效、安全的居家生活，实现全屋智能监控和自动化管理。社区居民只要通过各种智能终端如触摸屏、多功能遥控器、手机端等进行简单操作，就能高效地实现内部家居管理和对外沟通。

智慧家居系统主要包括家居环境智慧控制、智慧家电、智慧家居安防、数字化家庭服务四个子系统，可以实现家庭对各种相关的信息通信设备、家用电器和安防设备的集中监视、控制与管理。管理好安全设备可以保证居住环境舒适、安全,最大限度地简化人们的生活,提高居民的生活质量。智慧家居系统的总体结构如图7-8所示。

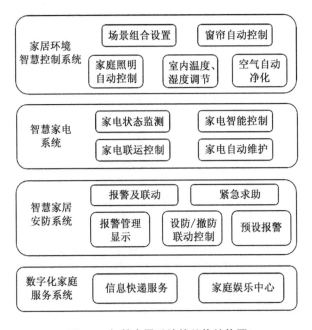

图7-8 智慧家居系统的总体结构图

（1）家居环境智慧控制系统

家居环境智慧控制系统包括对室内温度、湿度、照明和空气清洁度进行自动控制的功能。居民可以使用智慧家居系统集成终端（如遥控器、手机、平板电脑等）来设置自己满意的家庭场景模式,并实现对整个房屋的自动定时控制。居民还可以远程打开、切换和关闭家庭环境的不同场景,以实现家居环境的调整和优化。

该系统主要实现了家庭环境自动调节功能,包括场景组合设置,家庭照明自动控制,窗帘自动控制,室内温度、湿度调节,空气自动净化等内容。具体功能描述如表7-32所示。

表 7-32　家居环境智慧控制系统功能描述

序号	功能模块	功能描述
1	场景组合设置	可以将家庭环境设置为睡觉、起床、回家、离家、用餐、看电视、阅读、家庭影院、娱乐、聚会、个性等组合场景（组合场景可以包括网络灯光和电器的所有状态），进行场景控制和组合控制，实现单个设备或多个设备的自动化组合调整
2	家庭照明自动控制	主要指照明系统设备如吊灯、壁灯、射灯、落地灯等根据不同的传感器对居民的动作或状态的感知而自动调节和控制，如进门时，灯具自动打开和调节亮度；外出时，灯具自动关闭
3	窗帘自动控制	根据各种传感器感测到的居民的生活状态，如外出、回家、睡觉、起床等，自动调整家庭环境中每个窗帘的状态。例如，居民将窗帘设置为在工作日起床时自动打开，在上床睡觉时自动关闭；根据天气和光线强度调整窗帘的打开角度和高度
4	室内温度、湿度调节	检测室内环境的温度和湿度，根据居民设定的最舒适的温度和湿度指数，自动调整空调、窗式通风器等家用设备的工作状态，并自动打开调整室内空气温度和湿度的模式。根据居民的远程操作或特定时间和场景的设置，可以实现随时查询和记录，对室内温度异常升高采取紧急措施
5	空气自动净化	检测室内环境中可吸入粉尘的含量、室内空气的成分和浓度，根据空气状况自动控制空气净化器、窗式通风器等家用设备，调整室内空气质量指数

（2）智慧家电系统

智慧家电系统通过家庭控制终端和智能遥控器来控制家用电器，可以控制家庭网络中的所有电器设备，包括灯具、电动幕布/窗帘、普通电器、红外电器（如电视机、空调、VCD机、音频播放设备）等。用户可以使用多功能遥控器、手机、平板电脑、语音识别设备等，实现对家用电器的智能控制和远程控制。另外，可以将各种家用电器接入家庭网络中，实现家用电器的协调运行及运行中的自动诊断、维护和更新，从而最大限度地简化家庭生活，提高生活质量。该系统主要包括家电状态监测、家电智能控制、家电联运控制、家电自动维护等内容。具体功能描述如表7-33所示。

表 7-33 智慧家电系统功能描述

序号	功能模块	功能描述
1	家电状态监测	使用检测装置来检测家用电器的工作状态，利用显示设备来显示家用电器的工作状态，通过家用电器工作状态显示器可以对家用电器的工作状态了如指掌
2	家电智能控制	通过多功能遥控器、手机、平板电脑、语音识别设备等随时随地对家中设备进行操作，控制家庭网络中所有电器设备的状态，包括灯具、电动幕布/窗帘、普通电器、红外电器（如电视机、空调、VCD 机、音频播放设备）等
3	家电联运控制	实现智慧家电之间的自动或手动控制及与其他子系统之间的联动控制。例如，当有人打开客厅热水器时，客厅响起轻音乐；当电话响起时，电视机的音量会自动降低
4	家电自动维护	通过服务器直接从制造商的服务网站上自动下载、更新驱动程序和诊断程序，实现智能故障诊断和新功能自动扩展

（3）智慧家居安防系统

智慧家居安防系统可以实现家庭安全防护和自动报警，包括远程网络监控、可视对讲、访问控制及对火灾、盗窃、煤气泄漏等家庭安全隐患的预测和防护，可以实时监控，防止非法闯入、突发火灾、煤气泄漏等情况的发生。当报警信息出现时，社区安全部门的管理平台上会自动弹出用户的详细地址、姓名、联系方式等，及时提醒保安人员报警，同时启动相关设备进入紧急联动状态，以保护社区居民的人身和财产安全。

一套完善的智慧家居安防系统可以为用户的生命财产安全保驾护航。智慧家居安防系统由家庭报警主机和各种前端探测器组成。前端探测器分为门磁感应器、窗磁感应器、气体探测器、烟雾探测器、红外探测器等。如果有人入侵，探测器会即刻将感测到的信息传输给家庭报警主机，家庭报警主机再立即把报警信号发送至社区管理中心或用户指定的手机上，以便保安人员迅速出动，同时社区管理中心将记录可供参考的信息。

从安全角度来看,智慧家居安防系统可以实现家居安防报警点的等级设防,并采用逻辑判断,避免系统出错导致误报;同时可采用遥控器或键盘对系统进行设防、撤防,一旦发生报警,系统将自动确认报警信息、状态和位置,并在发生报警时自动强制占线。具体功能描述如表7-34所示。

表7-34 智慧家居安防系统功能描述

序号	功能模块	功能描述
1	报警及联动	安装门磁和窗磁以防非法入侵。社区中的保安人员可以通过安装在家庭内部的报警控制器从社区管理中心接收报警信息并迅速对其进行处理。同时,通过报警联动控制可以在室内报警,并自动打开室内照明
2	紧急求助	安装在房屋内的报警控制器具有紧急呼叫功能,社区管理中心可以接收和回应居民的紧急求助信号
3	报警管理显示	当住户离开家时,防盗警报状态变为进入家门的状态。为了有效防止非法入侵,社区管理中心的管理系统可以实时接收报警信号、自动显示报警家庭号和报警类型并自动归档系统信息
4	设防/撤防联动控制	住户若在外出之前启动安防系统,该系统就会切断某些家用电器的电源,如关掉所有的灯,切断电熨斗、电水壶、电视机等家用电器的电源。住户回家后可调整为正常,进入在家撤防模式,部分照明灯自动打开,门磁和窗磁离线,室内烟雾探测器和厨房的可燃气体探测器仍处于警报模式
5	预设报警	该系统可以预设报警电话,如110、120、119等,以执行不同的报警任务,并与社区联网。另外,可以通过预设将报警信息发送到指定的手机上

(4) 数字化家庭服务系统

数字化家庭服务系统可以确保社区居民、物业管理公司和社区服务中心之间的信息共享,并简化居民的生活。该系统包括家庭影院、背景音乐、全方位娱乐等功能。

首先,设置情景面板可以实现对全屋指定区域内照明系统、空调/采暖系统、音视频系统、游泳池设备等的控制。同时,可以设置各种场景（如灯光明暗组合、音频设备之间的组合等），以进入看电视、休息、聊天、就餐、外出等模式。业主也可以根据个人习惯后期设计智能背景音乐面板，可以打开和关闭背景音乐，选择想听的曲目和新闻广播，同时也能呼叫家人或呼叫保姆。

全屋共享背景音乐，每个房间都可以独立聆听音乐、切换音频播放源、调节音量大小，并且不同房间互不干扰。全屋影音共享系统集全屋背景音乐系统与视频共享控制系统于一身，构建了时尚、新颖的视听家庭影院系统，让业主的家变身为超级多媒体娱乐中心。安装了全屋影音共享系统后，家庭音视频信号源可以同时在多个房间使用。

全屋影音共享系统的特点主要包括：在输入方面，可以提供多声道立体声音频源输入接口及多声道视频源输入接口；可以将 CD、VCD、DVD、MP3、FM（调频收音）等用作音频源输入，将 VCD、DVD、电视机、监控摄像头等用作视频源输入。在输出方面，可以输出多声道立体声音频，将背景音乐传输到每个房间，使每个房间可以自由选择音频源，独立打开、关闭本房间的背景音乐并调整音量；可以输出多路视频，在每个传输视频的房间，可以通过房间中的电视机查看不同来源的视频信号，如来自门口摄像机的视频监控、图片、由 DVD 视频提取软件提取的视频等。在控制方面，可以通过音视频切换、远程控制等方式实现背景音乐的打开、关闭、音量调节、音频源选择和视频源切换等。

其次，建立远程监控系统。"安全卫士"是中国电信继"全球眼"之后推出的有关家庭远程视频监控的服务。该服务基于宽带网络，并与安防技术、视频技术、网络技术、计算机技术等高度集成，是一种高质量、低价格的中低端视频监控服务。用户可以利用 3G 手机和互联网，随时随地浏览视频、图片，同时，该系统支持 Web 网站登录、企业客户端和手机端登录等方式，具有强大的视频浏览功能，可以满足用户图像分屏查看、历史视频查看、照片抓拍、云台控件等需求，是新一代强而有力的安防产品。

最后，通过可视对讲系统，访客可以通过门口的呼叫机呼叫分机区中的任何一台分机，并且与室内业主进行可视对讲。如果业主不在家，访客可以在主机上留言。业主回家后，不仅可以查看当天的访客信息，还可以查看访客留下的语音和视频内容。业主与业主之间可以进行家庭可视对讲，整个系统可以同时进行多路可视对讲，业主也可以与可呼叫物业管理人员进行可视对讲。

此外，数字化家庭服务系统中的信息快递服务和家庭娱乐中心功能模块，旨在使居民与外界保持信息交流和交换，为居民提供全方位的娱乐服务。信息快递服务主要包括自动接收和显示最新的社区通知，如停电通知、活动公告、社区动态、免费体检等；支持物业信息管理，自动抄读电表、水表、燃气表等，实现在线缴费；提供天气预报、实时新闻、交通路况等公开信息的查询。家庭娱乐中心允许用户一键启动场景，如音乐模式、聆听模式、卡拉 OK 模式等，可以实现电视机、计算机、音响等多个房间中的视听输出设备之间的同步和共享；不仅可以利用互联网上海量的音乐资源、影视资源、游戏资源和视听图书馆资源，还可以实现与智能照明系统、电动幕布、背景音乐系统等的联动控制，营造出影院氛围，实现全方位家庭娱乐功能。

7.9 智慧物业服务系统

物业服务系统是现代社区不可或缺的一部分，一个好的物业服务系统可以提高社区的服务水平，使社区的日常管理更加方便。将计算机的强大功能与现代管理理念相结合，建立现代化智慧社区是物业管理发展的方向。进行现代化的管理、提供细致周到的服务是社区工作的宗旨。物业管理以实现最大的经济效益为目标。

物业管理的内容包括人事管理、房产信息管理、客户信息管理、租赁及租赁合同管理、收费管理、工程设备管理、客户服务管理、保安消防管理、保洁环卫管理、采购库存管理、能耗管理、资产管理、集团办公管理等。

7.9.1 需求分析

物业管理是指对全体业主共有的建筑物、设施、设备、场所、场地进行联合管理，或者对全体业主共有的建筑物、设施、设备、场所、场地开展的活动进行管理。综合监管是指社区相关部门通过摄像机监控等措施对交通、消防、社区安全等方面进行实时监控的过程。

物业服务系统主要服务于社区居民和物业管理部门。通过该系统，物业管理部门不仅可以实现对房屋、住户、设备和社区人员的综合管理，还可以实现物业费用支付通知、费用查询、费用收取和报表生成的全程信息化管理，大大提高了物业管理部门的工作效率。在安全监管方面，物业服务系统通过"一卡通"服务和视频监控服务对整个社区的安全状况进行监控，社区居民可以通过社区综合监管实时查询居住单元的安全状况。

7.9.2 系统总体结构及功能描述

针对智慧社区物业管理和综合监管相关业务的管理需求，结合社区物业管理部门的工作特点，设计智慧物业服务系统，以提高社区居民生活的便利性和物业管理部门的工作效率。

智慧物业服务系统包括系统设置、收费管理、社区服务、综合监管、资源管理和报表管理六个子系统。具体功能描述如表 7-35 所示。

表 7-35 智慧物业服务系统功能描述

序号	子系统	功能模块	功能描述
1	系统设置	用户信息管理	用户信息管理包括添加、修改、删除和查询用户信息的操作
		权限设置	系统管理员为不同的系统用户设置权限
		日志管理	该操作由系统自动完成
2	收费管理	缴费通知	该模块可以实现从付款通知到成本结算的社区财产收费的整个信息管理，便捷高效。物业管理公司通过该模块将付款通知发送给用户
		欠费查询	物业管理公司和社区居民可以根据自己的权限查看物业管理费及其他欠费情况
		余额查询	物业管理公司和社区居民可以根据自己的权限查看物业管理费账户及其他支出账户的余额情况
		收费标准设置	物理管理公司可以通过该模块发布每月或每季度的物业管理费标准，包括住户物业管理费的计算、住户物业管理费的登记、付费住户名单和未交费住户名单等信息

续表

序号	子系统	功能模块	功能描述
2	收费管理	自助缴费	该模块可以让用户自助刷卡,享受银行卡余额查询、转账、支付等金融服务,这些服务可以向家庭、小商户、行业客户开放,可做到用户足不出户即可进行水费、电费、燃气费、电话费等的缴纳。物业管理公司可以向业主提供自助缴费服务,可进行刷卡手续费的分成
3	社区服务	保洁绿化管理	为社区绿化、社区清洁等工作的管理提供服务,同时居民可以通过居民建议等模块提出社区财产管理建议,提高社区财产管理水平。该模块可以完成社区内清洁人员工作安排及绿色植物清洁记录的管理
		安保管理	该模块可以完成社区安全事件处理及保安人员工作安排和管理
		会所管理	该模块负责社区会所的管理,包括设施维护、工作系统、成员管理等
		文件管理	该模块可以完成物业管理公司各种规章制度文件的上传和下载,为居民提供查看各种文件的快速通道(如物价局对物价标准的规定等),并使涉及社区居民切身利益的事务公开透明
		提醒服务	物业管理人员通过该模块向社区居民发送安全预防措施和其他提示
		居民建议	社区居民可以通过该模块向物业管理公司提出建议,以提高物业管理水平
		背景音乐广播	该模块使居民伴随着背景音乐,悠然漫步于社区,在发生突发事件时,也可通过广播发布紧急通知
		路灯、景观灯管理	通过宽带网络,对路灯、景观灯等进行开关操作,并通过中心监控平台对灯的状态进行监控,极大地节约了人工成本、电力等,提高了管理效率。可在监控中心使用工控电脑随时监测各路段照明系统的工作状况,以随时掌握各路段是否已正常亮灯,并随时观察亮灯率、开关灯状态等数据,大幅度提高照明管理水平;可根据天文时钟,通过监控电脑设定各路段照明系统每天的定时开关灯时刻,从而使每天的开关灯时间与晨昏时刻完全吻合;可随时根据需要对照明开关柜发出临时开关灯(包括喷泉系统)的指令

续表

序号	子系统	功能模块	功能描述
3	社区服务	公告广告信息发布	该模块是一套基于CDMA网络的广域信息发布系统，无须布线，无须网络建设，就可实现不限区域、不限时间、多点集中统一管理、自动的远程信息发布。将传统的信息显示平台与先进的无线分组网络CDMA技术相结合，提供实时、无线、远程、多屏幕的信息发布。该模块可以应用于所有需要信息发布的场合，如户外广告、高速公路信息指示、社区信息发布、车站码头信息发布等。该模块突出的特点是布设方便，无须任何连接线，可以实时更新信息，可以在中心办公室对设置在各个场所的显示平台进行远程管理，无须到现场单独更新，提高更新的速度，降低更新的成本，增加信息发布的距离。远程信息的显示有闪烁、滚动、静止、循环、交叉等多种方式，通过中心计算机对所有显示屏进行自动信息发布，信息可以是文字，也可以是图片。发布的信息可以记录、查询、打印和统计
		智慧高清互动电视	该模块是一种以宽带网络为传输通道，以电视机为终端，并将互联网、多媒体、通信等技术整合为家庭用户提供各种互动服务的崭新技术。该模块通过宽带网络可以实现电视节目点播、电视互动、信息查询等操作，甚至可以实现家庭购物、远程医疗、电视教育、机票预订、电子邮件收发、股票交易等操作
4	综合监管	门禁管理	在社区出入口、单元门入口和其他公共建筑物入口安装门禁系统，通过"一卡通"刷卡的形式进行管理，以提高居民居住环境的安全性
		实时监控	通过与社区监视系统对接，系统用户可以调用监控视频数据并实时监视社区。智慧社区中使用的数字安防系统是一套基于IP技术、3G移动网络和宽带网络技术的远程视频安防系统。它可以随时随地通过各种终端设备（如电脑终端或移动电话终端）远程监控防区的情况，通过短信、本地声光、电话、实时视频等方式进行本地或远程报警，从而最大限度地满足人们安防监控方面的需求。该模块可以采用"一卡通"技术，保安人员所配备的手机既是一个对讲机，也是一个定位设备，并且保安人员到达巡逻地点后可在巡逻刷卡点进行刷卡，系统通过对巡更点的信息读写及存储来实现对巡更员的工作管理，从而最好地发挥社区安全管理中的人防作用

续表

序号	子系统	功能模块	功能描述
4	综合监管	实时监控	视频监控子系统通过在社区内主要出入口、主干道及围墙死角区安装红外高清摄像机，对社区实行无缝式监控，确保24小时实时记录社区内人员和车辆的活动情况，并可通过手机等进行远程调看 周界防范子系统主要是在社区周界围墙上安装主动式红外对射探测器，类似于在围墙上方设置了一道看不见的电子墙，当有人非法攀爬围墙进入社区时，红外对射探测器探测到信号，将信号传送到报警主机，报警主机发出声光报警信号提醒保安人员，并通过报警联动的继电器输出模块，将每一路报警信号传送给视频监控系统的硬盘录像机进行报警联动，尽量将犯罪行为消灭在萌芽状态
		电子巡更	通过该模块，保安人员可以根据设定的值勤路线进行巡逻并记录
		来访登记管理	对社区车辆和居民通过"一卡通"刷卡的形式进行管理，非社区车辆和人员可以通过登记进入社区，系统通过刷卡机的记录实现车辆和人员出入时间的记录与查询。该模块可以采用"一卡通"技术，通过远距离感应方式对进出社区大门、地下停车场的车辆实施科学管理，住户可与社区出入口、单元门等管理系统共用一张卡，通过一个手机就可实现。来访车辆可使用临时卡出入。该模块具有车辆的图像对比功能，一是保证业主车辆的安全，二是杜绝闲杂车辆的驶入，并且能扩展至社区消费领域
5	资源管理	住户信息管理	该模块主要可以实现对社区住户信息资源及设施设备的管理。住户信息包括住户基本信息和房屋信息两部分，是社区物业管理的主体对象。该模块可以完成对这两部分信息的添加、修改、删除和查询操作，为收取物业管理费、生成维修报告和掌握居民信息的动态变化提供依据
		设施设备管理	社区公共设施是指除房屋外的居民共同拥有的地上建筑物及其附着物和其他公共财产。物业管理公司通过该模块管理公共设施，并按时进行维护和修理

续表

序号	子系统	功能模块	功能描述
5	资源管理	库存设备管理	该模块主要可以完成对物业管理公司用于维护与更换的设备的数量、使用状况和库存情况的管理
		车位管理	该模块可以实现对社区车位的管理,包括车位的预约、转让、增加、删除、车位用户信息的登记、修改等操作
		报修信息管理	该模块包括住户房屋和公共设施两类财产报修的登记、处理、更新、删除等操作
6	报表管理	文件管理	可以整理和存储收费管理生成的报告,同时可以根据社区的临时需要创建、读取、保存和备份报告文件
		报表查询	通过该模块可以查询相关报表
		报表输出	输出或打印系统生成的报表

7.10 智慧家政服务系统

7.10.1 需求分析

家政服务是指一些家庭事务的社会化、专业化和市场化,属于民生范畴。它由社会专业机构、社区机构、非营利组织、家政服务公司和专业家政服务人员承担,帮助家庭与社会互动,构建家庭规范并提高家庭生活质量,从而促进家庭和社会的全面发展。随着我国经济的快速发展和市场经济体制的持续完善,各行各业都在积极运用现代技术手段,不断提高工作效率和服务质量。

因此,智慧家政服务系统对于智慧社区综合服务系统来说是不可或缺的一部分。智慧家政服务系统为业主提供全面、丰富且完全独立的家政服务和维护服务。开发智慧家政服务系统的主要目的是加强客户信息和家政服务的管理。一方面,通过跟踪客户信息和家政服务,可以掌握家政服务人员的服务状况,收集客户意见,有选择地开发新的家政服务项目。客户还可以根据实际情况提出个性化要求,并且在服务结束后对服务进行评价和建议。另一方面,家政服务系统的使用使管理工作系统化、标准化、简易化、智能化,大大提高了家政服务管理效率。

7.10.2 系统总体结构及功能描述

智慧家政服务系统由基础信息管理、基础服务信息管理与发布、个性化服务信息管理与发布、用户个人服务撮合、服务评价管理五个子系统组成,通过对各种基础服务信息、个性化服务信息的整合,为用户提供便捷的交易撮合平台。具体功能描述如表7-36所示。

表7-36 智慧家政服务系统功能描述

序号	子系统	功能模块	功能描述	
1	基础信息管理	用户管理	用户管理提供最基本的用户激活、登录、注销、修改密码、封禁、删除等功能	主要是四大功能
		权限设置	权限设置为整个基础数据的有效管理提供保障,一方面确保客户的信息不被泄露,拒绝非法或不正常的访问;另一方面针对不同的用户提供不同的服务项目,为客户建立个性化的信息区间,便于系统对客户信息进行收集与管理	
		基础服务信息管理	基础服务信息管理的内容主要包括对现有的基础家政服务的服务内容、服务时间、服务地点、联系人等信息的管理	
		个性化服务信息管理	个性化服务信息管理的内容主要包括对用户定制的个性化家政服务的服务要求、服务时间、服务地点、联系人等信息的管理	

续表

序号	子系统	功能模块	功能描述	
2	基础服务信息管理与发布	基础服务信息录入	根据家政服务公司现有的基础家政服务内容（如保洁、搬家、老人看护等基础项目），将基础服务信息录入基础服务信息管理与发布子系统中。基础服务信息的具体内容包括家政服务的内容、价格、服务人员等	基础服务信息管理与发布子系统的主要功能是家政服务公司整理、发布现有的基础家政服务的内容、价格、服务人员等信息，用户可以进行浏览、查询，然后预约适合自己的服务，确定服务时间、服务地点、服务人员等
		基础服务信息发布	基础服务信息发布主要发布家政服务公司现有的基础家政服务的内容、价格、服务人员等信息，以便用户进行选择	
		基础服务信息查询	基础服务信息查询主要是为了满足用户和公司的特定服务查询需求。基础服务信息查询主要包括组合查询、模糊查询和匹配查询	
		基础服务预约安排	用户可以预约所需的特定基础服务，并确定服务时间、服务地点、服务人员等	
3	个性化服务信息管理与发布	个性化服务信息录入	针对系统中没有的、个性化的家政服务内容，用户可以将个性化服务信息录入个性化服务信息管理与发布子系统中。个性化服务信息的具体内容包括家政服务的内容、价格、服务人员要求等	用户发布适合自己的定制家政服务请求，家政服务公司对用户的个性化服务请求进行处理。家政服务公司与用户进行沟通，确定服务时间、服务地点、服务人员等
		个性化服务信息处理	个性化服务信息处理主要是指家政服务公司处理用户请求的个性化服务的内容、价格、服务人员等具体信息，以确定是否可以满足用户的个性化需求	
		个性化服务信息查询	个性化服务信息查询主要是为了满足用户和公司的特定服务查询需求。个性化服务信息查询主要包括组合查询、模糊查询和匹配查询	
		个性化服务预约安排	个性化服务预约安排是指用户与家政服务公司沟通预约特定服务，并确定服务时间、服务地点、服务人员等	

序号	子系统	功能模块	功能描述	
4	用户个人服务撮合	服务信息发布	针对家政服务公司无法提供的服务内容，用户将服务信息录入用户个人服务撮合子系统中，由系统进行发布。发布的服务信息的具体内容包括服务的内容、价格、服务人员要求等	用户个人服务撮合子系统旨在解决一些家政服务公司无法满足的服务诉求（如一对一家教等），并为有意向的用户提供一个兼职机会
		个人岗位申请	有意向的用户可以在完成实名认验后，参加一些基础培训，然后在系统中申请具体岗位	
		服务评价咨询	双方可以通过服务评价咨询功能询问所需要的信息，在服务交易之前进行更多的了解	
		服务交易管理	按照一定的交易规则（如价格优先、时间优先）或者服务买卖双方的意愿，系统进行信息匹配并在匹配成功后形成交易结果	
5	服务评价管理	个人管理	记录个人服务人员的信息、通信录、服务评价记录等	引入服务评价管理子系统能提高雇员和个人服务人员工作的积极性，有助于改善用户体验
		雇员管理	记录雇员的信息、通信录、服务评价记录等	
		个人服务评价	每次服务结束后，用户可以评价个人服务人员的服务，并将其输入服务评价管理子系统中	
		雇员服务评价	每次服务结束后，用户可以评价雇员的服务，并将其输入服务评价管理子系统中	

7.11 智慧医疗卫生管理信息系统

7.11.1 需求分析

社区医疗卫生服务是以人的健康为中心的社区级医疗卫生服务，以家庭、社区为单位，重点关注妇女、儿童、老人、慢性病患者、残疾人等，是为了解决社区的重大医疗卫生问题，并满足社区居民的基本医疗卫生服务需求。社区医疗卫生机构为患者提供综合、便捷的医疗卫生服务，满足绝大多数患者的医疗卫生需求，并与患者保持长期的联系。

智慧医疗卫生管理信息系统基于医疗和公共健康知识，依靠计算机和网络技术来收集、处理、存储和共享社区健康信息，对这些信息进行评估并提供决策支持。智慧医疗卫生管理信息系统能提高社区医疗卫生服务质量，促进社区医疗卫生资源的合理、有效使用，为患者节省开支。

7.11.2 系统总体结构

智慧医疗卫生管理信息系统不仅是为居民提供医疗卫生服务的业务信息系统，还是垂直的医疗卫生管理信息系统。前者基于基层医疗卫生服务提供者，可以通过信息系统获取、共享、管理数据库的基本数据，主要产生健康记录和电子病历数据。后者是在基层医疗卫生服务机构、卫生行政管理部门、大型医疗卫生服务机构之间建立的资源与信息共享平台。

智慧医疗卫生管理信息系统功能包括社区常规医疗、社区卫生服务中心管理、社区医疗管理、居民健康档案管理、慢性病管理、儿童免疫计划、儿童保健、妇女保健、老年保健、康复、生育管理等，可以提供集社区医疗卫生服务机构的预防、保健、医疗、康复、健康教育、生育等于一体的综合服务。

7.11.3 系统功能描述

（1）档案管理子系统

档案管理子系统主要包括三个功能模块：个人健康档案管理、家庭健康档案管理和社区健康档案管理。具体功能描述如表 7-37 所示。

表 7-37 档案管理子系统功能描述

序号	功能模块	功能描述
1	个人健康档案管理	个人健康档案包括以问题为中心的个人健康问题记录和以预防为导向的周期性健康检查记录。个人健康档案管理具有对社区居民健康档案的上传、修改、查询和删除功能。所涉及的信息主要包括居民基本信息、健康检查记录、既往病史记录、用药记录、就诊记录、住院记录等
2	家庭健康档案管理	由家庭基本资料、家庭关系和健康状况图、家庭生活周期、家庭卫生保健记录、家庭主要问题的目录和描述等模块组成，以实现基于家庭的医疗保健服务，提升服务效率，提高服务质量
3	社区健康档案管理	在社区内，按照各种形式对居民的健康状况和医疗状况进行分析，并以图形和列表两种形式显示出来，分别统计本社区到目前为止出现频率高的主要疾病、主要健康问题、就诊原因，编写高危人群报告，方便以社区为导向进行整体性、协调性医疗保健服务。社区健康档案管理主要包括社区基本资料、社区卫生服务资源、社区卫生服务情况、居民健康状况四个模块

（2）基本医疗服务子系统

基本医疗服务子系统主要是管理基层医疗机构的医疗服务，包括门（急）诊业务管理、住院业务管理和医疗技术管理三个功能模块，起到指导和规范基层医务人员诊疗行为的作用。具体功能描述如表 7-38 所示。

表 7-38 基本医疗服务子系统功能描述

序号	功能模块	功能描述
1	门（急）诊业务管理	门（急）诊业务主要包括门（急）诊挂号、排队叫号、门诊就医、划价收费、门诊处置、药房管理等。门（急）诊业务管理根据不同业务内容设置了相应的管理模块
2	住院业务管理	住院业务主要包括入出院管理、医生查房管理、护士工作管理等。住院业务管理根据相应业务设置有床位管理、入院登记、床位分配、出院结算、电子病历书写、医嘱下达、医嘱执行等功能
3	医疗技术管理	医疗技术主要是指在社区基层医院使用检测设备进行后勤检查和实验室检查。医疗技术管理包括确认这些检查的执行情况、计价和收费、检查结果输入、查询浏览等操作

（3）公共卫生服务管理子系统

公共卫生服务管理子系统是一个基于居民健康档案的管理信息系统，其功能模块主要包括健康教育、预防接种服务、儿童健康管理、孕产妇健康管理、老人健康管理、高血压患者管理、特殊病种管理及传染病疫情和突发公共卫生事件管理。具体功能描述如表7-39所示。

表7-39　公共卫生服务管理子系统功能描述

序号	功能模块	功能描述
1	健康教育	基层医疗卫生机构记录和管理健康教育信息的计算机应用功能模块，主要实现健康教育机构对象管理、健康教育资料管理、健康教育计划管理、健康教育认知评价、健康教育评估、健康指导支持、健康教育查询等功能
2	预防接种服务	预防接种服务是基层卫生服务人员依据疫苗接种程序，面向重点防疫的区域或人群提供的疫苗接种服务。预防接种服务主要实现疫苗管理、接种程序管理、接种登记管理、接种不良反应登记、随访、接种提醒、预防接种教育等功能
3	儿童健康管理	儿童健康管理是指基层医疗卫生机构对0—6岁儿童进行健康管理，并实施保健服务
4	孕产妇健康管理	孕产妇健康管理是指基层医疗卫生机构对在孕产期的妇女进行健康管理，并实施保健服务
5	老人健康管理	老人健康管理是指基层医疗卫生机构对65岁以上的老人进行健康管理，并实施保健服务
6	高血压患者管理	高血压患者管理包括基层卫生服务人员为高血压患者提供的高血压筛查、高血压患者专项档案管理、高血压分类干预记录、健康体检记录、高血压患者转诊等功能
7	特殊病种管理	特殊病种管理主要包括2型糖尿病患者管理和重性精神疾病患者管理。2型糖尿病患者管理包括基层卫生服务人员为2型糖尿病患者提供的2型糖尿病筛查、2型糖尿病患者专项档案管理、2型糖尿病分类干预记录、2型糖尿病患者转诊等功能。重性精神疾病患者管理包括重性精神疾病患者专项档案管理、随访评估、重性精神疾病干预记录、健康体检等功能

序号	功能模块	功能描述
8	传染病疫情和突发公共卫生事件管理	传染病管理服务是为基层传染病防治人员提供传染病信息、传染病健康教育、传染病系统管理的信息技术辅助管理服务。传染病疫情和突发公共卫生事件管理通过传染病疫情和突发公共卫生事件风险管理、风险登记与评估、处理等,为结核病、艾滋病等传染病的防治提供信息服务

(4)内务管理子系统

内务管理子系统主要包括四个功能模块:药品使用管理、药库管理、卫材管理和财务管理。具体功能描述如表7-40所示。

表7-40 内务管理子系统功能描述

序号	功能模块	功能描述
1	药品使用管理	该模块提供药品价格、抗生素使用、处方费用、基药使用、药品采购监管等功能。具体包括医生处方、药品种数、基药比例、抗生素比例、人均医疗费用、特殊药物使用比例等监督指标
2	药库管理	该模块与全省统一的药品集中采购招标平台连接,网上采购入库,也支持人工采购、仓储和分销管理,主要包括药品信息维护、入库、定价与调价、请领、发放、退货、库存盘点、有效期管理、跟踪、追溯、呆滞药品管理、核算管理等功能
3	卫材管理	该模块与全省统一的卫生耗材集中采购招标平台连接,网上采购入库,也支持人工采购、仓储和分销管理,主要包括卫材信息维护、入库、定价与调价、请领、发放、退货、库存盘点、有效期管理、跟踪、追溯、呆滞卫材管理、核算管理等功能
4	财务管理	该模块与医院财务管理系统连接,提供门诊收入、支出统计摘要,住院收入、支出统计摘要,信息查询、显示、打印等功能

(5)综合管理子系统

综合管理子系统主要包括五个功能模块:远程医疗管理,远程培训、健康教育,双向转诊,区域检验和家庭监护。具体功能描述如表7-41所示。

表7-41 综合管理子系统功能描述

序号	功能模块	功能描述
1	远程医疗管理	利用现代成熟的互联网技术和先进的影音设备，将数据、语音、视频、图像等进行远程传输，实现异地专家和患者"面对面"。远程医疗管理具有远程视频通信、病历传输等功能。患者可以在家中或社区医院中获得高质量的医疗服务
2	远程培训、健康教育	完善与深化分级诊疗的层次和内涵，加强基层医疗卫生人才队伍建设，促进大型医院与社区医疗机构之间的互动。定期组织专家通过平台的远程医疗管理系统对社区医生开展教学、科研、医疗管理等方面的培训，加强沟通，给社区医生提供与专家交流的平台，提高基层医护人员的业务水平和服务能力，在社区与医院之间搭建一个良好畅通的互动交流平台。通过平台对群众进行健康教育，加强医院与社区群众的沟通，促进医患关系的和谐。社区可以组织当地的慢性病患者通过平台与上级医院的专家进行沟通，增强患者的防治意识
3	双向转诊	双向转诊是指社区医疗机构将一些困难、紧急和重病患者转移到二级或更高级别的医院，而在大型医院中被诊断出患有慢性疾病的患者和正从手术中康复的患者则被转移回社区医疗机构，由社区医疗机构的医生为患者提供后续治疗。在病人转诊时，基层医疗机构的医生帮助病人进行上级医院专家门诊、检查检验、住院病床的预约。各级医疗机构之间可以实现双向转诊信息、检验预约、病床预约及转诊病人诊疗信息的共享，使双向转诊更方便、更规范、更高效，实现"小病进社区，大病到医院，康复回社区"的目标
4	区域检验	为了实现国家医疗卫生体制改革所要求的跨区域一致的优质医疗服务，利用区域信息化技术手段提供有效的管理平台，实现医院之间医疗信息、设备资源和专家资源的共享。通过区域影像信息共享和协同项目的建设，完成区域内所有医疗设备的影像管理，完善所有的业务流转机制，为联网医院院内和跨院的影像业务提供支撑。依托县医院检验科建立区域临床检验中心，在社区进行检验样本采集，通过物流系统将检验样本集中送到区域临床检验中心统一检验，将检验结果通过网络实时传回社区。减少对全县检验设备和人员的投资，统一全县检验项目和检验报告标准，做到检验报告互认，减少重复检验，提高检验质量
5	家庭监护	家庭监护主要用于实时监测心脑血管病人的突发警报。监视线程在程序中建立，用于监视警报信息。报警装置通过网络与社区医疗机构的监控计算机相连。患者因突然发病按下报警按钮后，报警装置报警，监控计算机收到信号后发出警报并显示患者的楼号和房间号。根据这些信息，社区医生能尽快赶到病人家中对病人进行治疗

第 8 章

智慧社区建设案例

8.1 国外智慧社区建设案例

8.1.1 日本的智慧社区建设

长期以来,各国的经济发展受到资源的约束。在 21 世纪,资源不足问题已成为世界性难题,严重制约了经济社会的快速发展。这种情况在日本尤为突出。作为一个岛国,日本虽然拥有领先的技术水平,但其国内资源极为匮乏。它需要通过资源进口来确保自身发展。如何解决该问题已成为历届日本政府面临的难题。

在日本,智慧社区的发展有着促进可再生能源使用和减少能耗的重要意义。同时,互联网使居民楼、商业楼、购物中心、交通系统及居民的衣食住行等其他相关方面能够有效连接,从而有效地提高了居民出行和购物的效率,减少了能耗。在发展中,日本政府和企业对智慧社区提出较高要求,不仅要求具有先进的技术,还要求与自然界进行有效融合以促进社区的可持续发展。这也为日本未来智慧城市的发展做了铺垫。

日语中的"社区"是从英语"community"直译而来的,其意译"为共同体、居民团体"等。进一步说,它指的是一种以区域和共同要素为中心的社会生活形式,如乡村道路、城市、地方等。在日本人看来,只要具有地方自治性质,无论是行政区划中的城市、城镇或村庄,还是某个区域性商业街、居民区等,都可以被包含在社区范围内。日本社区是日本社会生活的共同体。社会生活社区具有社区管理的显著特征。日本智慧社区在社区特点上主要体现为主体性、边界性、趋同性和互联性。日本智慧社区的服务对象主要是老人、儿童、孕妇、精神障碍者和残疾人，主要的服务方式是家庭服务（即服务人员到服务对象家中进行访问）和集体服务（即将服务对象集中起来服务）。

日本的智慧社区已形成完整的服务系统，系统的构建、机构的设立及特定任务的执行也已成熟。日本智慧社区的服务内容包含五个主要方面：一是物业服务，包括保全监控业务、咨询业务、日常管理业务及其他基础管理业务；二是家政服务，主要有育婴服务、儿童看护、老年服务、家庭保洁四种服务内容；三是物流服务，包括主要服务（如委托配送、订货配送等）和辅助服务（如代取货物、国际服务等）；四是商业服务，包括零售业服务、餐饮业服务、服务业服务和娱乐业服务；五是医疗服务，包括成人服务、老人服务、母婴服务及其他弱势群体服务。

虽然日本的智慧社区服务系统是完整且先进的，但受到国情和社会条件的影响，日本的智慧社区依旧没有集成的信息系统，并且所有功能都需要通过其服务主体来实现。这些网站具体可以分为以下三种：一是政府网站；二是各种服务组织的官方网站；三是其他网站，包括志愿者创建的面向服务的网站。日本的智慧社区服务系统可以按服务内容分为电子商务信息系统、物流信息系统、电子政务信息系统、医疗卫生信息系统和家政服务信息系统五类。电子商务信息系统包括产品服务、代取服务、护理服务、福利服务、求职服务和食品教育服务。物流信息系统包括直接配送服务、委托配送服务、定时配送服务、代取货物服务和国际服务。电子政务信息系统包括社区信息管理、生活信息查询、实用信息查询、社区福利服务、行政服务和社区介绍。医疗卫生信息系统包括家庭保洁、老人服务、日常生活服务、儿童看护服务、家庭帮助服务和育婴服务。

日本的智慧社区发展非常迅速，横滨市的智慧社区发展就是其中的代表。智慧城市建设是横滨市的一个重大项目，其核心是在改造现有基础设施的同时将智能系统应用其中，以此来验证智能系统对城市未来发展具有重大影响，从而为其他城市建设智慧城市提供宝贵的经验。其中，横滨市智慧社区的发展主要体现在以下几个方面：

第一，在横滨市的智慧社区大规模使用可再生能源，如为公共设施安装太阳能供电系统、在建筑物中安装热泵供暖系统等，该项目的目标是在2020年以前实现可再生能源供给量占一次能源总供给量的比重超过10%的目标。达成此目标可以大幅度减少二氧化碳的排放量，从而达到节能环保的目的。

第二，为普通家庭提供HEMS（Home Energy Management System，简称HEMS）。HEMS是一种家庭能源管理系统，可以为家庭中可再生能源的利用提供最佳管理方案，从而达到降低能耗和提高能源利用效率的目的。

第三，为社区的物业管理公司提供BEMS（Building and Energy Management System，简称BEMS）。BEMS是专门为社区能源管理公司提供能源管理方案的系统。它不仅可以实现社区能源的有效管理，而且可以实现城市各区域之间的有效联动，可有效提高能源利用效率，减少二氧化碳排放量。

第四，建立社区电力和热力管理系统。建立先进的电能和热能管理系统（如BEMS、热水源系统和太阳能利用系统）优化社区的基本模块，特别是使用太阳能和热能为社区的电力系统供电，降低其他一次能源的使用量，对社区电力和热力系统进行优化管理。

8.1.2 新加坡的智慧社区建设

新加坡人口近570万人，公民和永久居民人口约404万人，但土地面积仅700多平方千米，人口密度非常高，人均占地面积较小。为了充分利用土地和建筑面积，并为居民提供优质的服务，结合国情，新加坡社区的发展更加重视信息技术、自动化和智能化之类的高新技术的应用。早在2008年，在IBM提出"智慧地球"之前，新加坡已经在社区管理与社区服务中应用了信息技术和智能技术。随着信息时代的到来及信息技术的飞速发展，新加坡智慧社区的发展也取得了长足的进步。1985年，新加坡实施"国立信息技术（IT）计划"，大力发展信息技术，加强信息技术工业的发展。1992年，新加坡实施"IT 2000计划"，明确提出将新加坡建设成为一个"智慧岛"。2000年，新加坡实施

"Infocomm 21 计划",要将新加坡由一个"智慧岛"提升为全球性的信息通信资本市场。2006 年,新加坡实施"智慧国 2015 计划",确立"智慧化立国"发展理念,全面实施从传统城市国家向智慧国家转型的发展战略。2014 年,新加坡实施"智慧国家 2025 计划",该计划是全球第一个智慧国家蓝图。

新加坡的智慧社区提供的服务内容非常丰富,涵盖了居民日常生活的各个方面,包括物流服务、物业服务、医疗服务、商业服务、家政服务、公益服务等。它为特殊群体提供医疗救助、福利保障等服务,为下岗职工提供再就业培训,为"乐龄人士"提供医疗保健、心理慰藉等服务。这为构建文明有序、温馨和谐、邻里友善的智慧社区奠定了良好的基础。新加坡智慧社区的物业服务主要包括公共设施管理、安保服务、维修与保养服务、停车管理和保洁服务。物流服务主要包括特大配送、特快专递、合并与单件快递。商业服务主要包括便利店、餐馆、图书馆、电影院和配送网店。家政服务主要包括家庭生活教育、儿童生活教育、青年服务、婚姻生育和老龄服务。医疗服务主要包括公立医院、私立医院和私人诊所。公益服务主要包括社区学生培养、慈善义务机构和社区体育活动。

(1) 物业服务

新加坡的物业管理公司拥有先进的管理模式和健全的管理条例。经过多年的不断完善,社区财产管理体系较为完备,执行也比较严谨,已成为新加坡智慧社区服务的重要内容之一。在公共设施管理方面,物业管理公司保证地上建筑物、其他附着物不被破坏并定期对其进行维护。在停车管理方面,物业管理公司实施停车季票、夜间停车重点收费管理。安保服务包括社区联防、来访客登记、业主信息确认和安防系统。保洁服务具体包括垃圾袋装化、垃圾统一分类管理。维修与保养服务包括住宅楼、电梯、水电卫生设备等的维修与保养。

(2) 物流服务

新加坡智慧社区的物流服务十分优良,在这其中又以特快专递服务最具代表性,特快专递服务是新加坡社区物流服务中历史悠久的送货服务之一,基本覆盖了新加坡的所有区域。无论客户是提出加急发货要求,还是提出指定时间配送要求,特快专递均可为其提供一站式解决方案,满足客户的不同快递服务需求。

(3) 商业服务

商业服务主要是满足社区居民的餐饮、购物、休闲娱乐等需求,达到便民、利民的目的。其中,"邻里中心"是新加坡最具特色的一种社区商业服务模式。所谓"邻里中心",就是取消交通干道两侧的"路边店",集社区的服务功能和商业功能于一身,这样不仅大大满足了居民的基本商业需求,还增加了建筑的基本功能,优化了城市交通环境。例如,新加坡第一乐广场的营业面积仅有2万多平方米,却有150多个零售商家,通过完善亲民设施来增加社区商业黏度,为周边近50万居民提供了便利的生活服务。

(4) 家庭服务

新加坡的家庭服务中心,一般由政府规划、统一招标。家庭服务中心的办公场所由政府专门提供,主要是为那些生活贫困或处于危急中的居民提供应急服务,并帮助身体有缺陷的人群。

(5) 医疗服务

在新加坡,社区医疗服务建设比较完善。根据所有制的不同,社区医疗服务机构主要分为四大类:一是公立医院、政府综合诊所;二是私立医院、专科中心;三是私人诊所;四是慈善义务机构。

(6) 公益服务

社区公益活动是新加坡社区工作的重要内容,它能够起到促进社区居民之间交流和加强与社会各界人士沟通的作用。新加坡政府通过招募社区服务志愿者、开展社区体育比赛、举办社区慰问活动等,进一步加强了社区居民对社区的认同感,推动了智慧社区的进一步发展和完善。

新加坡社区信息系统通过各种社区网站来实现特定的功能,这些网站不仅包括政府官网,也包括服务提供商信息网站、信息交流网站等。各个系统的具体内容如下:电子商务系统包括商品交易和服务交易;电信政务系统包括政府服务、企业服务、公民与居民服务及非公民服务;医疗系统包括预约挂号、电子病历和在线咨询;文娱系统包括体育健身和民俗民风。

新加坡的智慧社区拥有先进的技术。在交通出行方面，新加坡拥有专用软件，使人们可以迅速获取公共汽车、出租车等的信息，如 My Transport 软件，人们可以使用这些软件来了解道路交通状况、停车场信息等，从而合理规划出行路线。在居民（尤其是老年人）健康方面，新加坡的智慧社区拥有特殊的老年人监控系统，这个系统通过安装在住户家中的智能传感器来监控老年人的日常活动。当老年人出现异常时，智能传感器会立即通知家庭成员或看护人员。老年人还可以通过无线紧急按钮及时与家人进行沟通。在其他社区服务方面，新加坡智能社区事务局发布了一个名为"OneService"的一站式求助平台，该平台可以为社区居民及时提供求助服务。

近年来，为了建设成为一个智慧花园城市，新加坡全力以赴，在智能交通系统、清洁能源系统、电子政务系统和通信基础设施建设方面取得了显著成果。作为智慧城市的重要组成部分，新加坡的智慧社区由政府管理，并充分发挥协会和公民的作用。这是将政府领导与社区高度自治相结合的典型模式。智慧社区为所有社区居民提供物业服务、物流服务、商业服务、家庭服务、医疗服务、公益服务等，以满足社区居民的日常需求。

新加坡的智慧社区服务系统主要包括电子商务、电子政务、社区医疗和社区娱乐四个系统。该系统的各种功能主要通过政府创办的政务类网站、民间组织创办的互助类网站、论坛和社区信息查询网站来实现。

8.1.3 美国的智慧社区建设

美国的智慧社区建设充分利用了加利福尼亚、圣地亚哥、硅谷、旧金山和布莱克斯堡的先进技术与经济领先的优势，并将现代信息技术与美国传统的"自由、平等、民主"理念相结合。智慧社区把建设"具象化"的社区作为发展目标，即通过可视化工具向社区居民展示社区信息和未来发展理念，鼓励每个社区居民都参与其中，并提高社区自治的民主化程度。

美国迪比克市曾于 2009 年和 IBM 公司达成合作，利用物联网、能源感知、大数据分析等技术，将全市约 900 个社区的实际需求进行分类匹配，建立一个高科技赋能的60 000人大社区，基于可视化技术，逐步整合水、电、油、气、交通等公共资源，并将收集到的数据进行归纳分析，对社区的发展提出科学合理的建议，目标是为当地市民提供更有质量的服务。美国智慧社区主要应用了智能楼宇管理系统，即在楼宇内布置了大量运用智能仪表及低流量传感器技术的探测器、传感器，能够自动检测室内气压、湿度、温度和空气质量，实现自动调节室温、照明，自动净化空气等功能；还应用了互联网技术，即在路面安装能探测车位是否被占用的传感器，利用物联网实时收集并传输停车场的信息，同时还能精准地筛选出车位信息，如残疾人停车位、停车位尺寸、免费停车位等。除此之外，还应用了VR、AR技术。房地产公司应用VR技术帮助购房者进行选房，让购房者省去了看房过程。AR技术用于家庭游戏、城市规划及旅游领域。最后，还应用了大数据技术，通过使用多阶段无线网络辅助系统来提高下载速度，进而可以快速解决一些复杂问题，其中，哥伦布市拥有北美速度最快的无线网络。哥伦布市曾利用大数据技术分析附近社区婴儿死亡率过高的原因，进而提高了社区医疗保健水平。

8.1.4 芬兰的智慧社区建设

作为生态城市的倡导者和先行者，芬兰在2007年率先启动了生态和数字城市（居住区）战略，并在生态宜居规划和建设方面取得了丰富的经验。其中，赫尔辛基的Kalasatama智慧住区是芬兰最典型的智慧社区。Kalasatama智慧住区包括智慧交通、智慧能源、智慧家居、智慧学习等系统，同时还考虑到了社区居民的幸福感，旨在为社区居民提供更加优质的服务。

芬兰智慧社区主要应用了Helen Hima服务、慢行交通系统、真空搜集装置系统和社区养老服务。Helen Hima是由ABB公司开发的一款智慧计量软件，能够对所有用电、用水设备进行实时远程控制，用户可以根据计量结果随时调整使用情况以达到节约的目的。Kalasatama智慧住区设立慢行交通系统，合理安排自行车停放站点，引导居民选择自行车出行。Kalasatama智慧住区对生活垃圾的处理方式是采用真空收集装置，在前端即实施分类，而末端是导入城市的立即转运站，在站内进行垃圾集中转运。Kalasatama智慧住区有老人健康检测中心，设有两类护理人员。红色标注的护理人员主要是医疗服务人员，负责提供医疗服务。绿色标注的护理人员主要是生活服务人员，负责提供生活保障。

8.1.5 国外智慧社区建设的特点

第一，完善顶层设计的同时重视标准制定。大多数国家的智慧社区建设是在相关政策和战略的指导下有序进行的，并且智慧社区建设被提升到国家发展战略的高度，通过国家政策和战略指导各个地区的智慧社区稳步发展。

第二，将所有信息模块合理、有序地整合在一起以构建专业化平台。社区中生成的数据具有潜在的利用价值，因此对这些数据的收集非常重要。例如，美国在建设智慧社区时，在各个家庭中安装了低流量传感器，以快速传输与收集社区数据和信息。数据处理功能一般位于系统后端，这是为了满足轻量级平台的要求并对数据进行监测、收集、分类和分析，同时运用数据挖掘技术为节能建筑提供科学的依据，以满足居民的需求。

第三，智慧社区建设被认为是建立弹性社区的工具。国外尤其是日本的智慧社区非常重视"智能防灾减灾"概念，如在智慧社区建设中构建防灾信息系统，利用计算机技术协助进行灾情评估。近年来，抗灾弹性社区和智慧社区的建设也在我国受到了广泛关注。如何使用智能工具来建设弹性的智慧社区已成为一个前沿的研究方向。智能工具在弹性社区中的应用可以贯穿灾难防控的各个阶段，如使用数据分析技术和实时监视技术实现灾前预防，使用实时感测技术及其他安全有效的人员疏散手段进行灾中处置，使用"反馈纠正"模式实现灾难响应和恢复，等等。

第四，坚持项目试点先行，并及时总结和推广经验。国外在建设智慧社区的过程中，首先在小范围内进行试点，然后总结经验并逐步推广。日本和芬兰在建设智慧社区时即采用了类似的做法。

8.2 国内智慧社区建设案例

8.2.1 香港特别行政区的智慧社区建设

香港特别行政区（以下简称"香港特区"）的社区通过政府下设的行政组织和社会组织进行管理及为社区居民提供日常管理服务。

在信息化高速发展的时代，香港特区利用自身得天独厚的条件，大力发展信息产业，推动信息化特区的建设。在信息化建设的过程中，香港特区一直处于我国的领先地位。香港特区智慧社区的发展有以下特点：

(1) 地少人多，人口十分密集

我们可以在各国城市发展的历史中找到一个规律，即一个国家（城市）的经济越发达、人口数量越多，这个国家（城市）的信息化建设就越迅速。香港特区作为世界上人口最稠密的地区之一，政府通过推动智慧社区建设，实现了建筑面积的有效利用，并为居民提供了更优质的服务。

(2) 经济比较发达

香港特区在较多科技领域处于世界领先地位，其优越的地理位置、发达的经济为信息产业的发展提供了有力保障，因此智慧社区发展较为迅速。

(3) 政府大力扶持

香港特区政府一直对信息产业的发展较为重视，在1998年11月制定了"数码21新纪元"信息科技策略，之后每隔3年都会向各行业及公众征询意见，并根据最新意见对原有策略进行修订。

(4) 人才资源丰富

香港特区经济处于世界领先水平，吸引了一大批高素质、专业化的IT人才，充足的人力资源也为香港特区信息化建设和发展提供了强有力的保障。

(5) 社区服务系统的多元性和统一性

在"社区"的背景下，香港特区对社区服务进行了系统规划并划分出13个主要的社区中心和62个次级综合家庭服务中心。有深入一线的专业团队进行家庭网络技术支持服务，还有不同的NGO进行多层次项目服务。各个服务系统分工明确且可实现功能互补，将整个社区作为服务主体，从不同层面满足社区内不同群体的需求。

（6）社区资本联动

香港特区在社区建设中，以社会资本理论为理论基础，以社工为资源带动各项目的推进，充分挖掘各个社区的社会资本并在不同社区之间建立可靠的合作关系。同时，政府也更积极地鼓励"官、商、民"三方合作，对三方关系主体的权利和责任进行了明确划分，并重视基层民众的参与度。政府强调"资产为本"的观点，在社区服务中，重视并发掘居民的优势和潜力，利用居民自身的优势为社区建设提供帮助，如"百得社区便利网计划""邻里支持儿童照顾计划"等。社区成员的积极参与不仅为社区服务提供了持久动力，更增强了社区成员的凝聚力，并在一定程度上加强了社区资本的流动。

8.2.1.1 香港特区智慧社区服务内容

香港特区智慧社区服务内容包括家政服务、医疗服务、物业服务、物流服务等。

（1）家政服务

在香港特区，家政服务人员也被称为"家庭助理"。由于历史原因，香港特区的家政服务业起步比内地早，并且经过多年的发展，已经逐渐走向标准化和成熟化。香港特区的智慧社区家政服务内容包括：家庭及社区服务，有新来港定居人士服务、少数族裔人士服务、家庭和睦服务、家庭生活教育等；儿童及青少年服务，有儿童保护、儿童照顾、青少年滥用药物服务、图书馆服务、课余托管服务、儿童及青少年中心、外展社会工作等；长者服务，有社区支持服务、医疗照顾服务、健康护理服务、住房服务等。

首先，家庭及社区服务。这类服务的目的是通过对家庭存在的如婚姻不和、家庭暴力、新来港定居、少数族裔等问题进行协调和服务，促进家庭和社区的和谐，为居民提供一个良好的生活环境。此类服务大致可以分为新来港定居人士服务、教育咨询服务、社会保障和就业服务、个人关怀服务、家庭服务、社区融合服务等。

其次,儿童及青少年服务。香港特区非常重视儿童和青少年的成长及发展,其青少年社会工作的目标为:针对青少年在学习、生活、社交、娱乐等方面的需要,协助他们开发潜能,健康成长。在组织方面,设有专门的青年事务办事处,负责统筹、组织、辅导各项青年服务工作。此类服务的具体内容包括儿童保护、儿童照顾、儿童及青少年中心、外展社会工作、青少年滥用药物服务、图书馆服务和课余托管服务。在儿童保护方面,对于任何儿童,当其父母或监护人没有履行相应的监护责任时,法庭可以根据《保护妇孺条例》把他们的监护责任委托给社会福利署或其他亲属,以保障他们的生活和教育。在儿童照顾方面,主要分为住院照顾和非住院照顾两类。住院照顾主要安置因家庭问题而无人照顾的儿童及孤儿。非住院照顾包括小型儿童之家及寄养服务,由负责机构雇用一对夫妇,在小型宿舍内照料 8 名青少年或儿童的起居生活。在儿童及青少年中心方面,服务方式包括个案工作、发展性小组、训练及教育活动、连贯性义工服务计划等;服务内容包括辅导及协助个人独立地解决问题,为身处不利环境的个人提供支持服务,促进个人与社会群体的关系,加强个人对社会的了解、认同及参与,以娱乐、技能学习、兴趣开发等活动促进参与者的身心健康,等等。在外展社会工作方面,工作人员主动深入青少年聚集的地方如球场、快餐店等去了解他们的需求,向他们提供个人及小组辅导服务,协助他们克服在教育、职业、家庭、人际关系等方面遇到的困难,使他们身心得以健康发展。在青少年滥用药物服务方面,旨在通过社区教育及预防工作,协助青少年认识滥用药物的危害,增强青少年的自我保护意识,预防青少年滥用药物情况的发生。另外,服务内容还包括协助已经成瘾的青少年坚定戒毒的决心,戒除毒瘾,重新健康地回归社会。在图书馆服务方面,服务内容包括提供儿童及成人书籍借阅服务,提供参考书籍及各类数据,提供专题系列书籍,提供各类杂志及报纸,提供自修室。部分图书馆提供影音服务,如录音带、CD 馆内借听,录像带、VCD 馆内借看等服务。在课余托管服务方面,为在职父母或有需要的家庭提供小学生课余托管服务,服务内容包括为小学生从不同角度接触和学习各种科目提供功课辅导；解决小学生功课上的问题；通过集体生活培养小学生自我照顾及与人相处的能力；提供营养的膳食，使小学生养成良好的饮食习惯，促进小学生全面均衡成长。

最后，长者服务。长者服务是指协助老人留在社区内生活并成为社区的一分子。服务对象为独居或与家庭成员同住的老人，服务目标是避免老人远离自己所属的社区而进入老人院舍（养老院）居住。长者服务的目标是在社区各种支持服务的协助之下，通过提供针对老人不同需求的服务，使他们可以享受幸福的晚年生活，从而避免其过早进入老人院舍或接受其他院护照顾。目前，香港特区提供给老人的社区服务包括社区支持服务、医疗照顾服务、健康护理服务、住房服务等。社区支持服务主要是指服务机构本着持续照顾的原则，在政府的资助下，利用各类社区资源，关怀和帮助那些需要照料的老人。医疗照顾服务是指政府通过卫生署为老人提供多方面的医疗服务，如优先服务65岁以上的老年病人、为老人设立疾病治疗的专科病室、建立老人日间医院以便为无须住院的老年病人提供日间康复治疗。健康护理服务主要针对老人出院后的医疗护理及恢复，由护士定期到病人家里帮助病人进行药物治疗或物理治疗。住房服务是指香港特区政府及各类志愿机构以多种服务方式帮助那些无力负担昂贵房租的老人解决居住问题。

（2）医疗服务

在香港特区，智慧社区医疗服务系统涵盖多个方面，按服务内容可分为社区保健、社区康复、社区护理等；按服务系统的性质又可分为公立和民营两部分，公立的医疗服务机构包括社区健康服务中心、医院等，民营的医疗服务机构包括诊所、私立医院等。社区护理服务包括社区访视、长期护理、社区连贯性护理等服务。社区康复服务包括老年病人康复、精神病人康复、弱能和残疾人士康复、社区职业康复等服务。社区保健服务包括母婴健康、妇女健康、长者健康、健康教育、中医药等服务。

首先，社区护理服务。社区护理服务主要由受过专门的社区护理知识和技能训练的专业人员提供。他们的工作包括社区访视、长期护理和社区连贯性护理。其中，社区访视是指社康护士每天上门为病人提供保健和护理服务，服务内容包括体温、血压之类的基本护理，糖尿病病人、肺结核病人的康复护理及善终护理等专科护理。长期护理的服务对象主要为有一定生活和工作能力的精神病人，服务内容是为出院后的精神病人提供为期2年的免费或低价临时住处。工作人员根据病人的能力为他们安排工作，此外还会定期组织病人外出活动，教他们使用社会资源，培养他们的社交能力。社区连贯性护理主要通过医院之间的专科连贯性服务网络、医院之间的纵向网络及医院与社区之间的网络来完成。

其次，社区康复服务。社区康复服务是由政府投资、医院参与、社区支持、病伤残者及其家属配合的，集医学、教育、职业和社会康复为一体的社区服务模式。社区康复服务的内容包括老年病人康复服务、精神病人康复服务、弱能和残疾人士康复服务及社区职业康复服务。其中，老年病人康复服务由康复专科医院、老年康复护理中心、老年日间康复中心三类机构负责。康复专科医院主要为患常见病的老人提供住院康复、日间康复和生活护理服务；老年康复护理中心、老年日间康复中心为老人提供物理治疗、心理治疗、营养指导、健康检查、健康教育等一系列服务。在精神病人康复服务方面，社区工作人员的主要职责是在病人出院前为其联系中途宿舍，并为其联系日间训练及活动中心。日间训练及活动中心是重要的精神病人社区康复机构，为精神病人提供有针对性且多元化的日间训练服务及康乐活动。目前，香港特区为弱能和残疾人士提供的康复服务及援助包括五个方面，即预防和及早诊断、教育及训练、医疗康复、职业培训和就业服务、社会康复服务。社会康复服务的目的是通过多元化的辅助服务协助弱能人士顺利融入社会。社区职业康复服务的服务对象是处于不同康复阶段的受工伤或患职业病的工友。服务目的是协助他们适应工伤或职业病后的后遗症，重新规划将来的生活，从而重新回归社会及重返工作岗位。服务内容包括早期跟进服务、过渡期支持服务、后期就业支持服务等。

最后，社区保健服务。社区保健服务的目标是通过组织定期体检、健康讲座等使社区成员及时掌握自己的身体状况，形成良好的健康理念，降低疾病发生的概率。社区保健服务包括母婴健康服务、妇女健康服务、长者健康服务、健康教育、中医药服务几个方面。其中，母婴健康服务的主要服务对象为育龄妇女及6岁以下的儿童，服务内容包括儿童免疫接种、身体检查、生长发育监测和评价、孕产妇健康检查、生育指导等。妇女健康服务主要是为64岁以下的妇女提供健康促进、疾病预防等方面的服务，服务内容包括健康教育、健康指导、健康普查、妇科专科服务等。长者健康服务主要由长者健康中心负责，凡年满65岁的老人都可登记成为会员，缴纳很少的会费，低收入者可以得到减免，长者健康中心对会员健康状况数据进行系统管理。服务内容主要包括身体检查、健康评估、健康指导等。健康教育的主要职能是向公众传播健康知识和信息，主要工作包括统筹计划和安排社区健康教育活动、散发健康教育资料、提供健康辅导及电话咨询服务。随着社区发展模式的转变，社区保健已经成为社区服务不可缺少的一部分。其中疾病预防、养生、保健、康复、休闲等在很多时候都涉及中医药或相关项目。

（3）物业服务

香港特区智慧社区的物业服务主要由各个社区的物业管理公司提供。经过多年的发展，在房地产业的带动下，香港特区的物业管理公司已经成为香港特区的主要服务部门之一，其提供的服务包括：社区公共设施管理服务、社区公共区域服务、安保服务、上门维修服务、社区生活服务等。

第一，社区公共设施管理服务。社区公共设施是指社区公共财产，如地上的建筑物（房屋除外）和居民共享的其他附属建筑物。公共设施主要包括文化娱乐设施、卫生设施、休闲设施、消防设施、电气设施等。

第二，社区公共区域服务。公共区域基本上覆盖了社区中除室内区域以外的区域。社区公共区域服务的内容主要包括社区公共区域的清洁服务、绿化服务、消毒服务等，为社区居民提供良好的生活环境。

第三，安保服务。安保服务是物业管理公司提供的最重要的服务，它关系到社区的安全与和谐。香港特区智慧社区基本的安全措施包括建立安全保障团队、进行访客登记及所有者信息确认等。香港特区的大多数社区已经在其安保系统中充分利用了智能技术手段，包括引入可视对讲系统、气体探测器（公共区域和每个家庭都配备）、紧急按钮、电视监控系统、周界防护系统、电子巡逻系统、多合一停车场管理系统和其他智能安全管理设备,为业主创造更安全、更和谐的生活环境。

第四,上门维修服务。上门维修服务也是物业管理公司的主要业务之一,包括管道、电路等的上门维修服务,以及为居民提供诸如维修公司的电话等信息和常规家用电器上门维修之类的服务。

第五,社区生活服务。香港特区的大多数房地产公司提供有关房屋买卖的信息。居民可以在其网站上查看。此外,一些房地产公司还定期组织居民联谊活动,以增进自己与居民的关系,了解居民的服务需求及居民对当前房地产发展形势的看法。

(4) 物流服务

香港特区智慧社区的物流服务主要由香港特区的大型物流公司提供,如顺丰速运和中港通。这些物流公司与社区便利店和社区网络合作,为社区居民提供快递服务和增值服务。

快递寄件服务主要包括在线邮寄、社区代理点邮寄、邮寄查询、通知取件、上门取件等服务。在快递配送服务方面,一般是在物流公司的网站上填写表格,然后由物流公司提供送货上门服务。这些服务是由直接上门的物流公司的工作人员实现的。物流公司会在社区中设置相应的代理点。社区代理点通常指社区中的便利店。在香港特区,7-ELEVEN便利店(以下简称"7-11便利店")和Circle K便利店(以下简称"OK便利店")与相关的物流公司合作,为社区居民提供24小时全天候取件服务。另外,产品介绍服务主要是通过网络信息平台、物流公司网站,以及社区服务网站和社区便利店网站三个渠道实现的。居民可以登录这些网站中的任何一个来了解物流公司提供的服务及物流服务的动态。物流公司还在这些网站上推广其主流业务、特殊服务和优惠服务。香港特区物流公司的增值服务通常包括委托收件服务、保险服务、代收货款服务、签单返还服务、夜间托收服务、限时送货服务、包装服务、自助送货和自助取款特惠服务、便利店取货服务、2小时特别派递服务等。

香港特区智慧社区的发展具有三个特点,即服务体系的多元化、社区资本的联动和居民群体的参与。这些特点使香港特区智慧社区的发展能够满足社区中不同群体的需求，并最大限度地发挥智慧社区的作用。

8.2.1.2　香港特区智慧社区信息系统

香港特区智慧社区信息系统主要包括电子政务、电子商务和社区网站三个方面。电子政务包括医疗保健、家政、民生等服务；电子商务包括供应商信息、展会、商贸学堂、求购信息、商贸咨询、代理加盟、企业目录、求职招聘、会员、产品目录、地图查询、商务助手等服务；社区网站包括社区信息、社区周边商业信息、社区影集、社区业主论坛、社区居民维权等服务。

（1）电子政务

香港特区的电子政务网站以电子政务为基础，提供医疗保健、家政、民生等多项服务。香港特区政府一站式服务平台是香港特区政府创建的，旨在为各社区居民提供信息和服务的服务平台，其服务范围基本涵盖了重大民生问题。

（2）电子商务

香港特区的电子商务平台提供的主要服务内容包括供应商信息、求购信息、企业目录、产品目录、展会、求职招聘、地图查询、商贸学堂、代理加盟、会员、商务助手等。

（3）社区网站

香港特区的社区网站和香港特区社区组织协会建立的社区服务网站主要提供社区信息、社区周边商业信息、社区影集、社区业主论坛、社区居民维权等服务，致力于凝聚社区力量，充分发挥在线信息的有效性。

8.2.1.3　香港特区智慧社区商业系统

香港特区智慧社区商业系统主要分为大型综合商业系统和小型便利店商业系统。

（1）香港特区智慧社区大型综合商业系统

香港特区智慧社区商业发展已进入成熟期，其规划和布局已具有现代城市购物中心的一些基本特征，逐渐接近传统意义上的城市购物中心。香港特区的购物中心选址必须遵守以下选址原则：一是时间最短原则，即应位于最方便的位置；二是可达性原则，可达性取决于交通和道路状况；三是可收集原则，即应位于收集客户的能力较强的地方；四是接近购买力原则，即确保商业项目覆盖的服务人口数量保持在最大限度。

香港特区智慧社区的商业模式取决于社区的规模。香港特区智慧社区的商业规模可分为三种类型，如表8-1所示。

表8-1　香港特区智慧社区的商业规模

社区类型	人口规模/户	商业面积/m²	人均商业面积/m²
小型社区	300~700（相当于居民委员会管辖规模）	3 000以下	0.6以下
中型社区	2 000~5 000	3 000~9 000	0.6~0.8
大型社区	10 000~15 000（相当于街道办事处管辖规模）	9 000~36 000	0.8~1.2

针对不同类型的社区，香港特区智慧社区的商业模式又可分为三种类型，如表8-2所示。

表8-2　香港特区智慧社区的商业模式

社区商业类型	发展级别	代表	商业交通时间
内向型	最初级	南山商场	步行5 min以内
中间型	过渡级	油丽商场	步行10 min以内
辐射型	成熟级	黄埔新天地	步行15 min以内

其中，南山商场有270多个商铺和摊位，可出租面积约为3 900平方米，分布在平台和地下两层。商场底楼有一个市场，提供日常食品，如肉类、蔬菜和水果。平台商店经营的零售业务包括餐厅和便利店。大型购物中心经常安排促销活动以吸引该区域内的顾客。油丽商场共7层（包括地下室），二楼商场出租面积约为3 270万平方米。二楼的平台上有一个篮球场。一般商店或餐厅如麦当劳、大家乐、王老吉、美心西饼、便利店、百佳超级市场位于一楼至二楼。有许多面积为20~30平方米的小商铺，用于开设美容店、文具店、理发店等。二楼还有中餐馆和教育中心，三楼是医疗诊所、洗衣店和管理办公室，并设有绿色平

台。油丽商场还设有母乳喂养和育婴室。黄埔新天地占地面积约为14万平方米，拥有300多家商店。它是香港最大的购物、餐饮和娱乐中心之一，包括黄埔美食广场、时尚广场、聚宝广场、家庭花园、奇迹广场、百宝广场等，聚集了各种时尚精品店、全球美食、音响视觉用具和娱乐设施。

香港特区智慧社区的三种商业类型也有各自的特点，主要体现在社区商业基础业态构成的不同上，如表8-3所示。

表8-3 香港特区智慧社区的商业基础业态构成

业态	辐射型	中间型	内向型
超市	50.12%	30.41%	29.23%
餐饮	11.92%	24.84%	17.23%
服务配套	6.14%	8.98%	14.40%
便利店	0.49%	1.84%	0.90%
美容	2.57%	6.03%	8.58%
生活家居	0.49%	3.43%	0.11%
休闲	23.96%	7.59%	6.79%
服饰精品	1.81%	4.60%	3.50%
地产中介	0.73%	2.87%	7.18%
杂货/肉菜	0.77%	3.38%	0.76%
其他	1.00%	6.03%	11.32%

（2）香港特区智慧社区小型便利店商业系统

香港特区的OK便利店是一家24小时营业的国际品牌连锁便利店，是香港特区数量排名第二的便利店，有约250家门店，主要出售食品、日用品和杂志。与7-11便利店有所不同，所有OK便利店均由LiaRetail统一管理，无其他特例经营业务。因此，OK便利店的分店数量比7-11少得多，但是其存储区域通常比7-11便利店大。OK便利店不仅销售日用品，还为社区居民提供其他便利服务。

OK便利店提供的服务包括慈善捐赠、物流取货、便捷取款、付款、活动门票、游戏和在线游戏卡、电话卡和增值卡、预订、传真和邮票销售、在线打印取货点等。

截止到2019年11月,香港特区有近1 300家便利店,为顾客提供全天候服务。这些便利店一开始仅销售饮料和零食,后来进一步提供一站式便捷服务,如收费、充值券、增值和付款等。此外,香港特区7-11便利店也在积极参与公益事业,组织或赞助各种慈善活动。

7-11便利店与OK便利店的便利服务基本相同,包括预付费、顺丰速运提货、游戏储值产品、电话卡和充值券、充值、捐赠、票务、收费、邮票、传真、打印、无线宽带、增值和支付、Visa payWave等。在以上服务中,社区便利店的物流服务是最重要的。

社区便利店已与顺丰速运(SF Express)、大和运输(Yamato Transportation)等相关物流公司进行合作。合作内容为社区便利店充当社区中物流公司的派送点。居民只需要定时将需要邮寄的物品送到便利店,并填写好运单和支付快递费,物流公司的人员会在指定的时间到便利店取货,然后将其运送到物流服务中心A。物流服务中心A将按照客户的运单将货物运送到物流服务中心B,然后物流服务中心B根据客户选择的服务方式直接送货到指定的社区便利店或直接送货上门。由于社区便利店24小时开放,社区居民可以在时限内随时取货。

这种工作方式使社区便利店的服务内容多样化和网络化,降低了物流公司的成本,为客户提供便利并减少其额外支出。

(3)香港特区智慧社区电子商务平台

电子商务是指依靠现代信息技术和网络技术,集金融电子、管理信息和商业信息网络于一体的新型贸易,旨在实现物质流、资金流和信息流的统一,是贸易电子化和网络化的过程。

香港特区智慧社区电子商务模式的基础仍然是电子信息流,通过互联网实现市场信息收集、原材料采购、产品展示、产品订购、电子支付、产品销售等服务。至此,香港特区的智慧社区电子商务充分发挥了信息流快速、及时、全面、准确的特点,可以与社区内外的信息互动,从而发现和捕捉商业机会。

在香港特区,随处可见以实际业务形式出现的社区便利店,它们出售大量的食品和日用品。因此,电子社区便利店的主要产品不再仅仅是传统食品和日化产品。为了满足社区居民的需求并提供便利,香港特区在智慧社区电子商务网站上发布了更多产品。特殊产品可从智慧社区电子商务网站上获得。一个地区的大型配送中心可以储存它们,而常用商品则被储存在社区物流节点中。香港特区智慧社区还为特殊用户开发新的服务项目以保证他们能购买到特殊商品。

许多智慧社区电子商务的运营都由一个实体办公室负责,该办公室结合了资金流、物流和客户服务。由于可以通过网络实现信息流,因此办公地点已经从原来的"租门面"变为了租金更低的商用公寓。住宅楼及社区附近的几家便利店也可以被整合在一起,可节省店面租赁成本和人力。

就业务运营模式而言,智慧社区电子商务与普通电子商务类似。它通过互联网交换商品、服务和信息。但是,与一般的在线购物不同,香港特区的智慧社区电子商务不仅是跨时间的、数字化的,而且是开放的。除透明性外,它还具有独特的优势。

① 产品和市场定位明确

传统的网上销售主要针对电子产品,如计算机软件、电子书、音频和视频产品,而香港特区的社区购物网站可以提供日常消费品,如食品、饮料和服饰,并且有明确的市场消费群体——社区居民。因为他们生活在同一个社区,所以企业可以通过各种方式轻松地了解他们的基本信息,有效地进行客户细分和客户关系管理,并为不同的客户提供个性化服务,因此客户满意度普遍较高。

② 物流配送高效

智慧社区电子商务的最大优势是可以有效解决物流配送问题。它采用统一的配送中心交付方式。业务量大的商家可以建立自己的配送中心,而小规模的供应商可以合作建立配送中心。由于社区居民的高度集中、社区便利店的数量众多,并且居民与社区便利店之间的地理距离很近,科学合理地建立配送中心基本可以实现配送系统经济、高效、便捷的目标,解决传统电子商务物流配送中的"终点一站式"问题。

③ 电子商务平台功能完善

香港特区智慧社区电子商务平台主要提供在线购物和物流配送服

务。居民可以通过互联网或拨打热线电话获得基本服务，如订购和送货。

8.2.1.4 香港特区智慧社区物流信息平台

社区物流是一种密集的物流行为，其特征是以社区为单位、以家庭为节点、以日用品为核心，并提供定制服务。社区物流直接面对城市、社区、企业和居民，将货物从供应商运输到社区商店或居民手中。它是整个物流过程中的"最后一站"。例如，家具和家用电器的购买、交付及回收利用，蔬菜、水果和肉类产品的购买、加工及交付，书籍、期刊、报纸等文化产品的订购、交付及回收利用等，均属于社区物流范畴。

香港特区的智慧社区物流业牢牢把握高质量服务、高水平管理和高科技应用三个方面，通过电子商务平台及时与客户交换信息，配备条形码管理系统和全球定位系统以实现 24 小时跟踪，了解离开物流公司的每件货物的位置和数量的实时变化情况，并随时回答客户的询问。从下单到结账，都可以通过网络进行，电子商务和物流业是相辅相成的。香港特区智慧社区物流的特点如表 8-4 所示。

表 8-4 香港特区智慧社区物流的特点

类型	主要特点
不提供网上订购服务	香港特区的社区网站通常仅提供商家的名称、位置、联系信息等，而不直接提供社区订购系统和社区内送货上门服务
无类似社区配送的服务	香港特区的物业服务已基本实现信息化，但尚无类似社区配送的服务，主要是为业主提供住房信息和维修业务
香港特区社区与内地社区有差异	在香港特区的社区中很少见到大型超市，而是有大量的便利店，面积为 30~40 平方米，如 7-11 便利店和 OK 便利店。这些社区便利店很容易到达，并享有很高的声誉。香港特区的社区居民可以轻松地购买他们想要的熟食、日用品和生鲜产品。此外，这些社区便利店还与相关的物流公司合作，代居民收货。因此，这些社区便利店还充当了社区分发站。居民仅需要将物品放入社区便利店，然后物流公司的工作人员就会将物品收集并运送到指定地点
香港特区社区的物流业较为成熟	香港特区的物流业已经较成熟，信息化程度很高。许多物流公司都提供非常成熟的上门服务。社区居民只需要在线填写订单，就会有专业的物流人员提供送货上门服务，十分便捷

8.2.1.5 香港特区电子政务平台

1997年,香港特区政府确立了建设世界级电子政务系统的目标。1998年,香港特区政府制定了"数码21新纪元"信息科技策略。自1998年首次发布以应对技术和经济社会变化以来,该策略一直定期进行更新。从内部运作的角度来看,电子政务的发展可以加强办公自动化,实施电子文件的有效管理,并使所有公务员都能应用信息技术;从公共服务的角度来看,电子政务的发展将为90%的适合电子化的公共服务提供电子服务选项。为此,香港特区政府采取了三项措施:一是进行三级制度安排,包括政府首席信息官办公室、电子政务指导委员会和信息技术管理团队;二是建设电子政务平台;三是启动发展计划。

8.2.1.6 香港特区智慧社区医疗卫生平台

香港特区的社区医疗信息系统源自香港特区医院管理局的"1992—2002十年计划",从1992年以一个工作站为中心的医疗信息系统发展到如今以网络为中心并有群模型的医疗信息高速公路。

香港特区医疗信息高速公路连接香港特区医院管理局及其下辖的44家医院、57个专科及卫生署管理的门诊、非政府组织和私立医院。此外,香港特区医疗信息高速公路还是一个社区医疗信息网络,将医疗服务系统上的各种医疗人员和服务对象联系起来。

香港特区医疗信息高速公路包括三个部分:基础设施、用户终端服务和应用软件系统。基础设施建设的核心是信息技术、人员的技能和素质;用户终端服务包括患者索引、患者电子病历和患者卡;应用软件系统主要包括临床管理系统、医疗技术部门管理系统、行政决策支持系统、办公系统、国际网络和内部网络应用系统等。

8.2.1.7 香港特区智慧社区服务存在的问题和挑战

香港特区的社区服务存在一些缺陷,如服务计划难以实施、财政支持与社区需求不平衡。尽管香港特区的社区服务已被纳入政府的预算体系,但香港特区政府对社区服务的财政支出与社区需求不平衡,政府的投资远远低于社区服务组织的期望。

香港特区智慧社区服务面临的主要挑战包括以下几个方面。

(1) 贫富差距日益加大，处境不利的群体日益增多

全球化和区域化加剧了香港特区经济的二元化发展。在经济转型的压力下，劳动力市场被划分为两个不同的部分：一个是高收入、高技术、高学历的"高级劳动力市场"；另一个是低收入、低技术、低学历的"二等劳动力市场"。劳动力市场的分化进一步加深了香港特区二元经济结构的矛盾，使贫穷和贫富差距问题更加突出。

(2) 人口老龄化增加了社会养老的压力

香港特区的长者资助房屋轮候时间长达三年，轮候名单上的总人数超过 20 000 人。当前社区服务的负担能力已不能满足人口老龄化的需求。随着人口老龄化的进一步加剧，这种供不应求的状况将进一步恶化。

(3) 专业服务人才流失严重

香港社会服务联会的一项调查显示，在非政府组织中，服务超过一年的专业社会工作者的离职率为 30%，负责监督的高级社会工作者的离职率也高达 18.6%。面对人力短缺的情况，非政府组织减少了社会工作者的培训时间。高级社会工作者的流失也间接影响了社会工作者专业经验的积累及处理复杂案件能力的提升。

8.2.2 中国其他城市的典型案例

目前，全国已有 700 多个城市宣布建设智慧城市，覆盖东部、中部和西部地区，其中包括 95% 的副省级以上城市、76% 以上的地级城市。据估算，智慧城市建设带动的投资将高达 40 万亿元。

智慧社区作为智慧城市的重要组成部分，经过十多年的发展，已经取得了长足的进步。深圳、上海、广州、北京等沿海城市、直辖市和省级中心城市发展迅速。与这些经济发达的城市相比，我国经济欠发达地区的智慧社区发展速度要慢一些，有的地方的社区智能化刚刚开始，有的地方的社区智能化还处于萌芽阶段。总的来说，社区的智能化遍及中国各地，已成为社会发展的必然趋势，具有广阔的市场空间。

8.2.2.1 杭州市智慧社区建设

2019 年，浙江省首次将"未来社区"写入《政府工作报告》。同年 4 月，省政府正式发布了《浙江省未来社区建设试点工作方案》（浙

政发〔2019〕8号），为浙江省未来社区建设提出了明确的工作目标和建设要求，概述了浙江省未来社区建设的9个场景。

浙江省明确了未来社区的内涵，并提出了"139"顶层设计，该设计着眼于人们追求美好生活的愿望，聚集人本化、生态化、数字化三维价值坐标，以和睦共治、绿色集约、智慧共享为内涵特征，突出高品质生活主轴，构建以未来邻里、未来教育、未来健康、未来创业、未来建筑、未来交通、未来低碳、未来服务、未来治理等9大场景为重点的集成系统，打造有归属感、舒适感和未来感的新型城市功能单元，以促进人的全面发展和社会进步。图8-1是杭州市未来社区的9大场景。

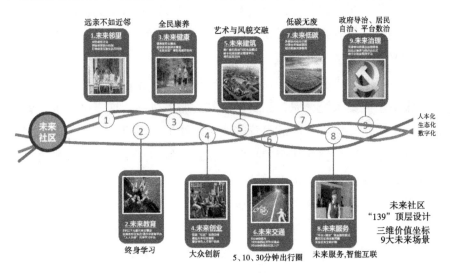

图8-1 杭州市未来社区的9大场景

（1）场景一：未来邻里

营造特色邻里文化，突出社区即城市文化公园的定位，以城市乡愁记忆和社区历史文脉为基础，以和合文化为引领，坚持人文多样性、包容性和差异性，营造承载民俗节庆、文艺表演、亲子互动等活动的邻里交往空间。构建邻里贡献积分机制，弘扬诚信守约、共享互助、公益环保的社区精神，建立信用评价体系，构建服务换积分、积分换服务的激励机制。打造邻里互助生活共同体，制订邻里公约，建立邻里社群，发挥居家办公人员、自由职业者、志愿者、退休专业人员等群体的特长优势，为居民提供放心安全的服务，形成远亲不如近邻的邻里氛围。

(2) 场景二：未来教育

高质量配置托儿服务设施，重点发展普惠性公办托育机构，探索临时看护、家庭式托育等多元化模式，强化专业托育员培训和监管体系建设，实现3岁以下幼儿托育全覆盖。提升扩容幼小服务设施，扩大优质教育资源供给。打造"名师名校在身边"青少年教育平台，围绕3—15岁年龄段教育需求，打造社区青少年线上线下联动的学习交流平台，打通优质教育资源进社区的渠道，集成素质拓展、兴趣活动等多种类型教育服务。搭建"人人为师"共享学习平台，建设社区邻里共享学堂、共享图书馆等，探索建立社区全民互动的知识技能共享交流机制，丰富教育培训内涵，倡导终身学习新风尚。

(3) 场景三：未来健康

促进基本健康服务全覆盖，围绕实现全民康养目标，建立全生命周期健康电子档案系统，完善家庭医生签约服务机制。推广可穿戴设备等智能终端应用，探索社区健康管理线上到线下（O2O）模式，促进健康大数据互联共享。创新社区健身服务模式，科学配置智能健身绿道、共享健身仓、虚拟健身设备等运动设施。加强社区保健管理，普及营养膳食、保健理疗等养生知识。促进居家养老助残服务全覆盖，创新多元化适老住宅、居家养老服务中心、日间照料中心、嵌入式养老机构、老年之家等场所配置，支持"互联网+护理服务"等模式应用。构建名医名院零距离服务机制，探索城市医院与社区医院合作合营，通过远程诊疗、人工智能（AI）诊断等方式，促进优质医疗资源普惠共享。

(4) 场景四：未来创业

搭建社区"双创"空间，结合地方主导产业培育，按照数字经济、文化创意等领域特色创业需求，配置孵化用房、共享办公、家居办公（SOHO）等"双创"空间，配套共享厨房、共享餐厅、共享书吧、共享健身房等生活空间，营造社区创新创业良好生态。激发共享经济潜能，依托社区智慧平台，形成共享服务需求与供给零距离对接场景，促进社区资源、技能、知识等全面共享。健全特色人才落户机制，推出多类型人才公寓，采用定对象、限价格等方式，建立利于招才引智的出售出租政策机制，吸引更多特色人才安家落户，打造各类特色人才社区。

(5) 场景五：未来建筑

推广集约高效公共交通导向开发（TOD）布局模式，围绕公交枢纽和轨道交通站点，形成大疏大密布局模式，探索容积率弹性管理机制，推动地上地下空间高强度复合开发，统筹做好地下综合管廊建设衔接。打造绿色宜居宜业空间，促进空间集约利用和功能集成，探索弹性功能组合空间模式，优化青年创业公寓、新型养老公寓等配比，推广智慧家居系统应用。建设个性化、泛在化绿色公共空间，依托阳台绿槽、社区公园、屋顶花园等，提高立体复合绿化率，完善配备服务设施，打造艺术与风貌交融的未来建筑场景。搭建数字化规划建设管理平台，构建社区信息模型（CIM）平台，实现规划、设计、建设全流程数字化，建立数字社区基底。应用推广装配式建筑、室内装修工业化集成技术。

(6) 场景六：未来交通

突出差异化、多样化、全过程，构建"5、10、30分钟出行圈"。以车实现5分钟取停为目标，统筹车位资源，创新车位共享停车管理机制，推广应用自动导引设备（AGV）等智能停车技术。完善社区新能源汽车充电设施供给，预留车路协同建设条件，为5G环境自动驾驶和智能交通运行留下空间。以人实现10分钟到达对外交通站点为目标，创新街区道路分级、慢行交通便利化设计，倡导居民低碳出行，通过信息服务实现一键导航、交通无缝衔接，打造居民便捷交通站点出行圈。以物实现30分钟配送入户为目标，运用智慧数据技术，集成社区快递、零售及餐饮配送，打造"社区—家庭"智慧物流服务集成系统。

(7) 场景七：未来低碳

打造多能协同低碳能源体系，构建社区综合能源系统，创新能源互联网、微电网技术利用，推广近零能耗建筑，建设"光伏建筑一体化+储能"的供电系统、"热泵+蓄冷储热"的集中供热（冷）系统，优化社区智慧电网、气网、水网和热网布局，实现零碳能源利用比例倍增。构建分类分级资源循环利用系统，打造海绵社区和节水社区，推进雨水和中水资源化利用。完善社区垃圾分类体系，提升垃圾收运系统功能，促进垃圾分类和资源回收体系"两网融合"、建筑垃圾资源化利用，打造花园式无废社区。创新互利共赢模式，引进一体化开发、投资、建设和运营的综合能源服务商，搭建综合能源智慧服务平台，实现投资者、用户和开发商互利共赢，有效降低能源使用成本。

(8) 场景八：未来服务

推广"平台+管家"物业服务模式，依托社区智慧平台，按照居民基本物业服务免费和增值服务收费的原则，合理确定供物业经营用房占比，统筹收支平衡。建立便民惠民社区商业服务圈，完善现代供应服务管理，创新社区商业供给和遴选培育机制，以多层次、高性价比为主要标准，精选各类商业和服务配套最优质供应商并在社区推广，结合O2O模式应用，支持其做大做强，努力催生一批本土品牌。建设无盲区安全防护网，围绕社区治安，构建设界、控格、守点、联户多层防护网，应用人脸识别等技术，推广数字身份识别管理。围绕社区消防和安全生产，应用智能互联技术，实现零延时数字预警和应急救援。

(9) 场景九：未来治理

构建党组织统一领导的基层治理体系，完善党建带群建制度，健全民意表达、志愿参与、协商议事等机制，推动党的领导更好嵌入基层治理实践，引领基层各类组织、广大群众积极参与基层治理。采用居民志愿参与的自治方式，构建社区基金会、社区议事会、社区客厅等自治载体和空间，激发多方主体广泛参与社区治理。推行社区闭环管理和贡献积分制，形成社区民情信息库，推举有声望、贡献积分高的居民作为代表共同管理社区事务。搭建数字化精益管理平台，依托浙江政务服务网和"浙政钉"平台，促进"基层治理四平台"的融合优化提升，梳理社区各项任务，强化基层事务统筹管理、流程优化再造、数据智能服务，有效推进基层服务与治理现代化。

从民生角度来看，未来社区建设可以有效改善居民生活环境，满足民生需求。同时，从未来城市发展的角度来看，它将在实现城市有机更新、促进城市升级和生态建设方面发挥积极作用。

8.2.2.2 上海陆家嘴智慧社区建设①

(1) 陆家嘴智慧社区的建设历程

2010年上海世博会以后,针对城市发展中的问题,如人口膨胀、流动人口的服务与管理、公共安全瓶颈、社会保障压力、交通拥挤、健康管理薄弱、看病困境、人们生活空间的拓展障碍、资源如何整合再应用等,以及当社区管理与服务已经滞后于群众的需求时,从居住环境到基础设施、从生活服务到文化娱乐、从治安秩序到人际关系等,居民都提出了越来越多的要求。陆家嘴街道根据实际情况提出建设上海市智慧城市微模型的计划,将互联网思维和信息化技术融入街道各项工作之中,围绕社区幸福生活和人的发展两大主题开展工作,探索形成了可复制、可推广的智慧社区建设方案。

2011年3月,陆家嘴街道启动调研,成立领导小组,以智慧社区建设为抓手,在陆家嘴街道开始通过信息化提升公共服务和管理的试点工作。同年10月,陆家嘴智慧社区建设总体解决方案获市经信委批准,在陆家嘴社区率先试点,陆家嘴社区成为市经信委首批"智慧社区"试点单位和浦东新区智慧社区示范单位。

2012年1月,参加达沃斯论坛,发布智慧陆家嘴建设纲要。同年12月,全面启动12个试点项目,并成立上海市级智慧社区市民体验馆,同时被工信部授予"国家软件与集成电路公共服务平台/MIIT-CSIP上海陆家嘴物联网创新中心"。

2013年5月,与中国工商银行合作设计的"智慧城市炫卡"获创新奖;设计"上海社区综合信息库"建设方案,获市经信委批准立项,组织实施,现已在陆家嘴投入使用。同年8月,设计"上海科技惠民居家养老示范工程"项目,获市科委批准立项,组织实施。同年10月,陆家嘴社区被评为中国最佳幸福社区实践案例。

2014年1月,设计"浦东新区残疾人公共服务平台"项目,获区残联批准立项,组织实施。同年10月,参加中国(上海)国际智慧城市建设与发展博览会。与新华快报共建"智慧城市演播室";发布上海

---

① 根据陆家嘴智慧社区信息发展中心发布的资料整理而成。

浦东陆家嘴智慧社区建设模式白皮书、2014智慧城市建设就绪指数；发起成立陆家嘴战略性新兴产业创新联盟倡议；发起成立"社区健康管理服务体系"项目；发起成立"陆家嘴战略新兴产业联盟"和社区创新发展公益基金会倡议；开展城市问题图片展；等等。同年10月，陆家嘴社区成为市经信委首批"智慧社区"示范单位。

2015年2月，成为东广新闻台FM 90.9全新改版后的首批社区新闻源。同年4月，发起成立上海浦东凝心聚力社区发展公益基金会倡议。同年5月，建设陆家嘴部落创新培育平台，启动"宝贝"计划。同年7月，与奥雅纳共同开展"陆家嘴2025"智慧建设调研、访谈活动；参展2015上海国际信息消费博览会。同年9月，举办陆家嘴新校第一期培训班。同年11月，参与国家新型智慧城市创新发展论坛，同时"浦东新区陆家嘴智慧社区建设案例"入选国家《新型智慧城市发展报告2015—2016》。同年12月，举办陆家嘴"互联网+社会建设"交流会，发布2015智慧社区白皮书，交流探讨社群培育理念与实践及社区建设未来趋势，启动公民素质实践认证计划。

2016年3月，举办第一届上海设计大赛，探讨城市运行与发展中的问题及解决方案，共同营造释放每个人智慧的创新环境。同年，陆家嘴智慧社区建设办围绕"一切为了幸福生活、一切为了人的发展"两大主题，努力实现了"提升公共服务、公共管理效能，培育创新项目及产业，建设有利于每个人创新发展的环境"三大目标，构建了"社会保障、社会动员、社会创新"三大社会发展模式，希望为城市建设提供基层社区的卓越治理实践经验和研究方法。同年12月，参与上海市智慧城市建设成果评选活动颁奖仪式，"陆家嘴智慧社区建设"项目入选2016上海市智慧城市建设优秀实践成果奖。

2016年7月，举办陆家嘴科创峰会，成立5个专家工作站，启动陆家嘴国际联合大学项目。同年11月，启动全岗通系统试点应用，启动社工绩效"素值计划"试点应用。同年12月，举办社区服务一体化建设推进会及火车票自助售票机进社区启动仪式。

2017年3月，举办陆家嘴创新社会治理论坛，揭牌成立4个专家工作站。同年4月，发布《信息化时代社会系统工程与卓越治理——陆家嘴智慧社区白皮书》。同年 11 月，揭牌成立陆家嘴国际联合大学堂，再成立 5 个专家工作站。同年 12 月，召开社区健康管理服务体系建设的发布会。

2018 年，全面实施家门口服务体系建设，内容包括全岗通系统应用、社区服务系统应用和社区数据门户建设。2018 年 5 月 31 日，举办社区健康管理服务体系建设推进会。

（2）陆家嘴智慧社区的整体设计

陆家嘴从智慧社区建设入手，采用自下而上与自上而下相结合的方法，探索性建设智慧城市微模型，其建设特点是以人为本、三大模式、四大支柱和多系统整合。陆家嘴智慧社区整体设计和建设脉络如表 8-5 和图 8-2 所示。

表 8-5　陆家嘴智慧社区整体设计

类别	内容
目标顶层设计	从促进社区人群综合发展的视角进行顶层设计，致力于为居民的自我发展与社区的共进和谐发展提供全面便捷的公共服务、安全有序的城市环境和丰富和谐的生活设施，使人们的生活更安全、更健康、更便捷、更幸福、更文明，从而去除人与社区发展的后顾之忧，创造适合群体及个人创新发展的模式 （1）优化生活方式——安全、舒适、便利、愉悦 （2）规范秩序行为——共谋、共建、共赢、共享 （3）激发创新意识——全民动员（机关、企业、社会组织、居民） （4）活跃社区经济——体现在创业激情和就业机会的增加上
功能顶层设计	（1）提升公共服务、公共管理的效能 （2）促进新兴产业的发展 （3）建设有利于创新的社会环境 （4）打造三大社会发展模式，即社会保障模式、社会动员模式、社会创新模式
建设路径设计	（1）信息技术与政府治理和公共服务过程的整合，突出信息资源管理 （2）社群建设和群体创新素质的提升与智慧释放，突出信息运维
建设阶段设计	第一阶段：智慧社区建设首先着眼于社区居民生活中的七件事，即衣、食、住、行、康、乐、养，建设衣食无忧、安全舒适、健康有保障、娱乐丰富、出行便利、老有所依的幸福社区 第二阶段：优化人的生活模式，让人们生活得更从容，新模式可以帮助人们每天节约时间 第三阶段：使人们拥有更多的自由时间，激发其潜在的智慧、能力，让每个人都能实现自我

续表

类别	内容
建设基因	社群、保障、创造、信息化
技术顶层设计	四大支柱:"一库""一卡""两平台",即建立社区综合信息库(内容包括区域内的人、物、房、事、单位、楼宇等静态和动态信息),开发智慧城市卡(实名制认证系统),建设社区公共服务信息平台,建设社区综合治理指挥信息平台 多系统整合(包括但不仅限于以下系统):社区数据应用门户、智慧城市卡及应用系统、社区公共服务综合预约系统、社区居家养老服务体系、社区健康管理服务体系、智慧物业综合管理体系、公民素质实践社会认证体系等

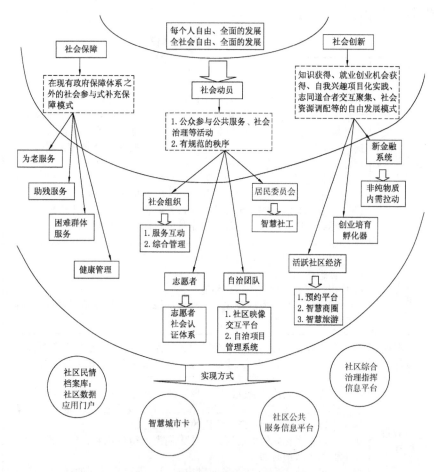

图 8-2 陆家嘴智慧社区建设脉络图

① 以人为本

智慧社区建设只有一个目标，那就是一切为了幸福生活和人的发展。智慧社区建设的核心也只有一个，那就是一切以人为中心。陆家嘴智慧社区建设的最终目标是实现人的发展，但它不仅仅是要满足人的一般物质需求，更是要满足人求知、求乐、求富、求安的整体性需求。

② 三大模式

在模式创新方面，陆家嘴智慧社区建设旨在用最短的时间、最少的资源，让最多的人获得最大的收益。通过模式创新，实现塑造一个人、培养一批人、带动一群人并影响一代人。

第一，社会动员模式。在智慧社区设立"自治金"，专门用于培育社区自治团队和项目，同时建立自治项目管理系统、志愿者社会认证体系。居民可以自主组团设立服务与自治管理项目，向社区居民委员会申请。街道成立自治金工作管理领导小组，制定自治金实施办法。"自治金"实行项目化实施，项目类型覆盖至居民委员会的管理和服务。通过项目化实施，发动居民参与社区事务，增强居民自治意识，激活社区自治管理活力，创新工作载体，形成自治机制。建立信息化的志愿者管理体系，对志愿者的信息和志愿者活动进行高效的管理。对于每位参加过志愿者服务的居民，通过服务地的信息终端系统刷卡，系统将自动进行记录，并根据奉献时间数给予不同形式的反馈。同时，当社区需要招募志愿者时，可直接将信息发布到志愿者网站上，这样能保障社区的每个家庭都能看到信息，降低志愿者招募的难度。

第二，社会保障模式。社会保障模式是面向社区特殊人群、弱势群体的，叠加于社会基本保障之上的全生命周期保障体系。社区居民使用智慧城市卡的身份识别功能来实现消费返利，累积的返利用于解决该居民在生活和养老方面的后顾之忧。例如，低保人员等生活困难群众在加盟服务商处消费时直接获得折扣，从而降低其生活必需的支出；志愿者根据其服务时间的累积数量，可获得加盟服务商的优惠或其他奖励；普通公民使用智慧城市卡在加盟服务商处消费时，可以根据协议获得现金回扣，累积的现金回扣可以兑换社会组织或企业提供的家庭护理服务。

第三，创新培育模式。在智慧社区建设中，考虑把整个区域建设成创新孵化场,充分利用各公共场所的空闲资源,如社区学校、老年学校、社区生活服务中心、文化中心等机构的教室、会场,采取"线上+线下"运作模式(线上 open school 学习+线下实训+线下孵化实践),孵化项目工作团队,整合高校、企业、创新创业基金等各种创新培育资源,打造可持续的智慧社区建设"创新场"。具体建设创业培训平台、创业实践平台和新创企业管理服务平台三大平台,承接创新能力的培育。

③ 四大支柱

一是建设社区综合信息库。社区数据资源库涵盖了所有与社区业务相关的数据资源,并将这些数据资源从逻辑上划分为不同的数据库进行存储和利用,如基础数据库、各类主题数据库、数据仓库等。这些数据的来源有两种:一是在社区业务办理的过程中产生并沉淀下来的数据;二是由外部条线数据库提供的专业数据。由外部条线数据库提供的专业数据通过直接导入或通过数据交换平台交换的方式进入社区数据资源平台相应的数据库中。

数据的产生一是围绕人,围绕生活、学习、工作、游玩在社区中的人,社工和其他部门在工作中收集、汇聚他们的状况、需求、变化、发展等信息;二是来源于物体上的传感器传输,如车位感应器传来的车位信息、电梯检测感应器传来的感应情况、探头实时传输的视频内容、由智能软件设置自动报送的信息等。对于后一种情况,要做好设备软硬件检测,以保证传感器传输信息的准确性、及时性。

社区综合信息库是双向的,一方面是社区内的信息通过各种渠道汇集,另一方面是整理和提炼公共信息推送至社会。社区内的人、团体、组织、企业等在政府主导下参与社会建设,他们都可以通过社区数据门户获取必要信息,以有效参与社会建设,同时他们在参与社会建设过程中又将产生的新数据导入信息库中,不断丰富信息库。

二是建设社区服务应用的载体——智慧城市卡。这里的"卡"是指实名制管理,包括社区卡、数字门牌、带芯片的车牌等。因此,"卡"可以是有形的,也可以与手机应用相融合,或者与人脸识别身份认证相融合。"卡"的背后是实名制信息的管理与应用。

社区"卡"采用实名制，居民根据不同的身份可获取不同的社区服务。社区"卡"也是个人参与社会活动及其表现的记录认证载体和社区生活应用载体，为社区居民提供便捷的身份认证、诚信兑换、认证支付等新金融服务，是建设社会保障新模式的基础。

社区"卡"的应用主要包括以下几个方面：第一，解决社区的安保问题，如门禁、监控、通道系统、电梯控制、巡更巡检、停车场、可视对讲等；第二，解决社区的管理问题，如特殊人群保障、管理考勤、场馆认证、控水和控电能源管理等；第三，解决社区生活的认证性支付问题，如商户购物、水电费、公车收费等综合缴费；第四，解决社区的服务问题，如物业服务、健康管理、老人关爱、电子屏咨询、生活必需品预约配送、快递箱管理等；第五，用于居民参与社会活动认证，如志愿者管理、教育管理等。

三是建设社区公共服务信息平台。社区公共服务信息平台建设源于社区服务热线。随着互联网的发展和手机移动端的充分应用，单路径的热线电话式服务已经不能满足居民及社会的需求。居民希望能够在任何时间、任何地点，通过各种终端获取服务信息，服务提供者也希望能够将自身的服务内容及时上传到服务平台供居民选择。社区服务平台多样化，如网站、电视、手机、热线电话等，但它们的技术不统一，这就需要建设可以将服务信息同步发送给各个终端的统一服务平台。

因此，社区公共服务信息平台应是凝聚社会服务的载体，平台上的内容是社区居民最关心的服务内容，包括健康、养老、教育、政府办事、信息公开、文化宣传等，社区居民通过不同的应用终端，如电脑、手机、电视、户外屏等，获取服务信息，参与互动活动。各服务提供者，如政府、社会组织、企业等共同参与平台建设，结合线下的社区事务受理中心、社区生活服务中心和全岗通服务站开展工作，从而形成面向居民的全生命周期的O2O民生综合服务体系，让社区服务深入居民生活的方方面面。

由此，可搭建"天、地、人"的立体服务体系。"天"是指建立科技信息化服务网络体系，即社区建设各应用系统，如社区综合信息库、智慧政务系统、社区公共服务平台、社区管理系统、健康管理系统、为老服务系统、智慧教育系统、智慧交通系统等。"地"是指建设服务点网络：政府福利性服务站点，如社区生活服务中心、社区事务受理中心、社区卫生服务中心、社区文化中心、居民区活动室；市场各服务点，如健康小屋、智慧屋、便利店、快递箱体等。服务点可以是固定的，也可以是流动的。"人"是指建设服务人员网络，有政府体制内的服务人员，有居民区的社工，有志愿者，有社会组织服务人员，有社团类组织服务人员，有居民区培育的自治团队，等等。这三个体系互相交融，形成无数个服务应用闭环圈，圈与圈之间有交集，可同心，有联系，构成了社区生态圈。

四是建设社区公共管理信息平台。该平台的核心部分是区域网格化管理，结合物联网应用，对社区运行情况进行实时监测和响应，提升社区管理的精细化和实效化程度。其内容包括地理信息系统、城管通系统、公共设施管理系统、停车管理系统、门禁管理系统、重大突发事件应急系统、安全生产管理系统等。

通过公共管理信息平台建设，政府管理的设施（包括自然物、人工物）能够感知环境并自动做出相应动作，或将采集的信息发送到处理中心。例如，楼宇内火灾探测器一旦探测到火情，就立即发出报警信息，启动指挥中心的警报。又如，通过城市规划图与遥感现状图的比对，系统自动抓取违法建筑信息，进行统计分析，并调取有关资料。

社区公共管理信息平台的另一个核心是一体化智慧办公平台，包括政务内网、政务外网建设，对接的内容有OA（办公室自动化）政务工作系统，单点登录、统一授权系统，短信平台系统，办公室日常耗材管理系统，固定资产管理系统，信访矛盾调处系统，项目绩效管理系统等，其中门户网站是政府信息公开平台，公众、企业、组织与政府互动平台等。

社区公共管理信息平台源于网格化建设，随着社会建设的精细化、精深化，这将是社区各界参与公共管理的载体。比如，社区居民通过下载App管理软件，在日常生活中就可成为一位"业余城管员"。当他发现社区建设中的问题时，就可以通过移动终端拍摄图片和编辑简短文字，再通过App上传至管理平台。社区物业也可以通过此平台开展社区管理。随着工作的拓展，该平台也将成为动员社区成员参与社区治理的载体之一。

以上四项内容是建设的基础，它们可以被应用到各个领域。比如，养老服务领域需要信息库，信息库中应包含老年人的基本信息、生活环境信息、需求信息、政策信息、社区服务内容信息、服务团队信息、志愿者信息、健康状态信息等，这些信息可以让我们全面掌握为老服务的状况。

(3) 陆家嘴智慧社区建设的价值和效益分析

智慧社区的建设不仅限于信息化。它使社区居民能够更好地利用知识，共享信息，并享受安全、便利、舒适和宜人的生活环境。因此，它着眼于社区的整体发展、总的效果。

陆家嘴智慧社区项目侧重于社区居民的衣着、饮食、住房、交通等方面，依靠自动化技术、信息技术和其他技术来促进人力、财力、物力、信息和智力资源的整合，从而在社区服务配置中科学优化资源，提高工作效率。

陆家嘴智慧社区建设以居民的幸福为出发点，注重产业联动，立足于现实生活，以需求为导向。随着项目的总体推进，智慧社区建设在医疗卫生、交通运输、安全、教育、文化等社会发展领域，逐步实现了成熟的公共服务体系，加强了社会各界之间的合作，创建了一个良好的社会环境。

陆家嘴智慧社区项目整合了现有的公共资源，可以在很大程度上节省社会运营和管理成本。该项目的实施与应用实现了公共管理和社会服务模式的创新，如表8-6所示。

表8-6 陆家嘴智慧社区项目优势

内容	项目优势
提高政府和社会组织的管理效率	该项目旨在加强政府信息建设，同时提高行政效率。社区居民可以通过社区公共服务信息平台查询实时、快速的信息和高质量的公共服务，实现资源共享，减少处理环节

续表

内容	项目优势
提高公共服务质量	统一服务平台的实现是资源优化和整合的过程。通过社区公共服务信息平台，社区居民可以参与政府、企事业单位提供的服务质量的建设和保障。同时，他们可以及时提供有关实际问题的反馈，并提高公共服务的质量。服务提供商持续改进，以确保平台上提供的服务内容和产品具有良好的声誉
促进民主参与	提高社区居民的民主参与度。居民通过可靠的社区平台积极参与和促进社区建设。通过居民的广泛参与，社区中的问题可以被迅速有效地反馈到有关部门和单位，不良现象和做法可以得到及时纠正，自然就会形成规范、高效的社区
促进社区服务业发展	该项目从社区开始，从与居民生活息息相关的服务开始，建立智能应用系统，并逐步以物联网为技术手段建立以服务为导向的产业。该项目基于社区商业圈辐射的区域服务模型，提高服务针对性，改善服务效果，扩大服务影响，减少服务单位，降低社会服务成本，并有效促进服务业发展
促进建立社会信用体系	该项目采用实名制，以解决运营过程中的身份识别问题，服务提供商认证系统避免了因"匿名"而引起的各种线上线下社会问题，同时保证了双方的权益。这种良好的服务环境的逐步形成将影响人们的生活和消费习惯。当项目开始以社区为中心扩展时，更多的居民将加入实名服务系统。同时，优化的服务体系还可以吸引更多的优质服务提供商加入，共同营造良好的服务环境

8.2.2.3 北京市智慧社区建设

北京市朝阳区已实现街道智慧社区的全面覆盖，形成了以智能生活、智能养老、智能交通和智能安全为特征的智慧社区建设范例。每条街道都有各自的发展重点和地区特色。

第一，使用网络服务平台开发便捷的智能服务。鉴于当前移动互联网的广泛使用，北京市朝阳区的智慧社区在建设过程中重点关注移动终端应用，包括政府服务、公共服务、公益服务、便利服务、特殊服务等；通过建立微信、微博、微视等"三微"服务平台，与居民互动，及时回应居民提出的问题，并在解决了需要离线解决的潜在问题后在线答复，解决了潜在的矛盾。同时，居民可以通过分类搜索找到具有相同爱好的群体。加入互动小组后，居民可以在线讨论或离线交流。在智慧社区建设过程中，团结湖街道建立了一个由微博、微信、微群支持的"三微"服务平台，还建立了智慧信息机、一号定位系统等软硬件平台。其中，社区"三微"服务平台在建立后的一年多中，累计访客达到了2万多人，与近3 000名居民产生了联系，为熟人社区建设和促进社区发展提供了有力的支持，在社区营造了和谐的氛围，增加了居民对社区治理的参与。六里屯街道"市北社区自治联盟"微信平台拉近了基层政府组织与社区居民之间的距离，使双方可以进行实时对话，居民也能及时获得帮助。"市北社区自治联盟"微信平台上的"微友"自身可以从该平台中受益，同时他们也成为社区的信息传递者。通过他们的信息共享，更多的居民将从中受益。

第二，依靠基于网络的全模式指挥中心，建立智能安全系统。随着城市化进程的持续推进和流动人口的不断增加，社区的人员结构以复杂性和流动性为特征，这增加了社区治理的难度。基于网格的全模式社会服务管理系统是朝阳区的一大特色，也是区级智能项目之一。在智慧社区建设过程中，奥运村街道充分利用这一优势，依靠基于网格的全模式指挥中心内建的"电子哨兵"监视系统，并使用互联网Things技术在社区的出入口实时传输和存储监视视频，实现多系统信息共享。同时，预警系统与辖区公安、应急部门配合，在遇到突发事件时自动报警，有效加强了社区安全性，并实现了对鸟巢、水立方等重点区域的人口监测。监控流动人口密集、人员结构比较复杂的小关街，通过全面改造街道照明系统、安装高清数字网络摄像机及整合公共区域移动监控系统，在街道和社区实现视频资源的互联并进行监视。该系统可以提供现场图像、语音、证据和其他通信服务，以处理各种类型的报警情况和紧急情况。此外，在流动人口比较集中的社区，建立了流动人口智能管理平台，将流动人口纳入综合管理范围，增强了区域综合管理指挥中心系统的性能，全面搭建地区立体化安防平台。

第三，结合区域特点，加强对社区智能交通的引导。在人口稠密、交通流量大、周围道路条件复杂的社区中，交通和停车是居民最关心的问题之一，而街道也是智慧社区建设中的关键和难点。麦子店街道是一个综合性的国际街区，拥有许多国际组织及高端商务和休闲区，在这里工作、生活的外国人众多。根据辖区的特殊情况，街道在建设智慧社区时侧重于双语服务，在辖区内设置了双语地图，并在社区服务网络上，以地图的形式用中文和英文详细标记了社区中的各个地方及其到达路线，以便社区居民可以方便地查询出行路线和服务网点。在老社区集中的香河园街道，社区道路狭窄、停车位严重不足。根据辖区的实际情况，街道在社区内设计了交通微循环系统，将社区中的一些道路设置为单向交通线，规范行人和非机动车专用车道，在路边增加一定数量的停车位，在拥挤的路段和重点区域安装电子传感监控设备，规范社区道路交通秩序。同时，停车位是分时共享的，并以系统联动的形式重复使用，从而最大限度地利用了停车位资源。交通微循环系统运行一段时间后，该辖区的道路拥堵问题基本得到解决，并且每个路段上车辆长时间排队的现象也很少再发生。

第四，整合现有资源，构建智能养老服务平台。老年人的社区护理服务需求上升进一步增加了城市社区服务的压力。在日常社区服务方面，各街道依托"一刻钟社区服务圈"建设，加强线上线下服务资源的整合。在为老年人服务方面，物理空间使用社区的老年人护理中心和老年人服务站，网络空间使用现有的社区服务网络，通过部分升级和优化，为有需要的老年人提供便捷的老年人护理服务。八里庄街道的"云动中心"得到辖区人口数据库的支持，辖区老年人群被细化，实现了对老年人个性化服务需求的精确估算和定位。"云动中心"还将朝阳区的96105热线和"家音老伴"热线的服务网络结合起来，为老年人提供一站式个性化服务。安贞街道与北京红枫盈社区服务有限公司合作，推出了一款智慧养老自助售餐机。售餐机可以提供100多种即食饭菜。所有饭菜都是冷链运输，并在低温下存储。老年人可以根据自己的需求进行自助购买，或者可以通过移动应用程序下单，志愿者会将饭菜送到家门口。智慧养老自助售餐机深受辖区内老年人的喜爱。

8.2.2.4 广州市智慧社区建设

越秀区是广州市最古老的中心城区，虽然面积最小但人口密度最高。越秀区下辖18条行政街道。根据第七次全国人口普查，越秀区的常住人口为103.86万人，人口密度为每平方千米3.07万人。从著名商业评估杂志 Value Line 的统计结果来看，越秀区的人口密度排名世界第四。这种世界一流的人口密度源于各个社区的极端发展。越秀区有白领社区、拆迁社区、老社区、农民工社区，甚至还有外国人社区，这使得当地社区的管理极为困难。

第一，进行"网格化管理"重大改革。2013年10月，广州市在越秀区召开了"幸福社区网格化"管理会议，着手实施网格化管理工作。截至2014年7月，越秀区已在全区222个社区推行了具有1928个网格节点的"网格化管理"改革，建立起了"横到边、纵到底、全覆盖、无缝隙"的网格化管理网络。越秀区被评为首批"全国社会工作服务标准化建设示范地区"。

第二，建立租户信息数据库。越秀区租户众多，人员登记的速度远远落后于租户变动的速度。对于这一问题，建立租户信息数据库是一项关键措施。社区管理人员及时更新和完善相关的租赁房屋和租户信息，通过租户注册检查租户的身份，社区专用网与公安专用网连接，以将信息立即反馈给公安机关，有效遏制租赁城中村出租屋的违法活动。

第三，实施"指尖计划"。依托"粤省事"政务服务平台和省市政务服务网络，全面落实"指尖计划"，努力实现社区办事零跑动、服务零距离、沟通零障碍，有效减轻基层人员工作负担，也让人民群众的生活更加便利。居民可以在线了解、咨询、预约或自定义门到门服务。目前，民生服务模块包含12项服务（52个子项目），包括"党群活动室""党员律师工作室""居民养老服务""长者饭堂""健康之家"等。例如，在居家养老服务模块，有5人通过线上预约获得了康复理疗服务，有3人获得了辅具租赁和适老化改造服务，还有2人获得了居家照护和住院陪护服务。在社区治理模块，设置了"我要对话""议事厅""投票箱""公告栏""意见和建议""反映问题"等栏目，已完成12项议事、12项投票、9项公告发布。在志愿服务模块，设置了11个志愿服务项目，如"志愿服务全民行动""民生微心愿""文明出行""守护平安""爱心大使探访"等，并提供线上志愿服务预约平台。

第四，运行城市配网储能设备。城市配网储能设备仅占地8平方米，其容量为100 kW/494 kWh，采用智能化技术。该设备无须人工操控，在用电低谷时可以储能，在用电高峰时可以释放电能。它可以在用电高峰下持续供电约 4.5 小时，供电能力提高了约 16%。它已成为大型的"移动电源"，解决了该地区用电高峰期的停电问题。

8.2.2.5 深圳市智慧社区建设

深圳市对"智慧社区"和"智慧城市"进行了顶层综合设计，先后发布了《深圳市智慧社区建设导则（试行）》《深圳智慧社区评价标准（试行）》等文件，指出"智慧社区是融入智慧城市的智慧生态环境"，以及制订了智慧政府事务、社区绿化、应急设施、空气质量等专项工作的综合计划。依靠大量本地物业服务公司，深圳的智慧社区建设处于行业发展的最前沿，并开发了具有代表性的模型，如"南方公园模型"和"智能警察服务"。

第一，以深圳推广的"南园模式"为例，探索一种新的基层治理模式。南山区依托"智慧南山"系统的建设，选择最具代表性的城中村——南园社区，将其打造成深圳率先试点的智慧社区。南园社区位于深圳市南山区腹地，交通便利，离地铁近。社区面积为 0.5 平方千米，有房屋 966 套和出租房屋（房间）21 185 套（间），实际人口为 39 358 人，流动人口占 91%，是一个典型的城中村。在南园社区中，存在诸如基础设施落后、环境卫生差、公共安全和消防满意度低等问题，大大降低了居民的生活质量。

南园社区的智慧社区建设，主要是从基层治理、智慧建设、服务民生、开创新时代的角度出发，针对"城中村"管理的重难点，通过视频门禁系统、人脸识别系统、车牌识别系统、各类智能消防探测器等新型智能设备，有效实现社区的智慧化管理。"南园模式"解决了城中村治理难的问题。

第二，以"以租代建"模式建设智慧社区。南园社区采取企业出资建设、政府购买服务的"以租代建"模式，充分发挥市场调节作用，解决了过去科学技术应用中的"后期筹集资金困难，设施维护困难"的顽疾，大大降低了行政投入成本。

第三，依靠科技支持解决社区治安问题。依托南山（警务）数据中心，建立了"视频+人脸识别"平台，并在车道和出入口部署了人脸识别、车牌识别、WiFi热点等前端采集设备，在每个建筑物中都安装了可视化对讲门禁系统，实现"留痕、留迹、破案"。动员政府部门、企业、社会组织等力量，开展治安、城市面貌、消防、信息、电信、服务六项重大升级行动，实施"1+3+1"运行模式（"1"表示1套门禁系统，"3"表示3个视频监视点，"1"表示1个出入口光纤接入点），安装600套视频门禁系统、625个人脸识别系统、6套牌照识别系统，并安装390个各种类型的智能火灾探测器、2 394只烟感喷淋头，扭转了"脏、乱、差"的局面，提高了居民的生活质量。将这些数据收集到云平台上，在南园社区应急指挥室中实现可视化，并通过一张图片和一键式命令查看所有数据，快速生成大数据时代的"社区大脑"，实现社区的智能化管理。

第四，实施"警务+综合管理"工程。南园警务室又称"蔡坤海警务室"，是深圳少数以社区警长命名的警务室之一。在警务室，警察可以根据工作需要查看监控视频，查看社区中任何公共场所的实时图片。只要有人走进社区，他们就会实时收集信息，实现集技术应用、便捷服务、社区警务、综合管理和应急响应于一体的功能。

第五，实施"警务+群防群治"项目。创新建立"一呼百应"的工作机制，通过促进精细化的社区治理，有效地组织了各种专业群体，形成了一支由1 700多人组成的群防群治队伍，该队伍包括治安办、专职消防队、保安人员、快递员等。充分发挥智能大数据平台与群防群治队伍的作用。每个人都戴着"微型数据便携式终端"，实时收集数据、实时指挥和呼叫，并实时传输视频和图片。该终端还配备了警示灯，使每个人都可以成为"移动警亭"，实现社区级群防群治动态管理和"一呼百应"。

第六，实施"智慧+便民服务"项目。社区服务是社区管理的重点。南园社区实行民主决策，邀请居民参加讨论，制定民生项目清单。比如，重新规划机动车停放区域，应用智能泊车系统实现资源的合理分配；在居民居住地区建设休闲娱乐设施；为了建立"10分钟服务圈"，社区股份公司免费提供1 000平方米场地，建立新的活动保健康养中心，解决居民入学、就医、娱乐等问题；建立一个24小时自助服务区，居民可刷身份证进入该服务区，服务区设有警情通告、便民宣传、居民意见收集点，以及两个可以办理户口登记、出入境、交通管理等业务的"三合一"警务终端；引入"蜂巢"快递柜，有效解决快递收、取、存等现实问题；应用"智慧"App，通过扫码来租房、在家门口申请许可证。入住社区，随时都有监控设备进行"人脸识别"。可在线进行居住登记和办理居住证。

第七，共享发展成果"南园模式"。"南园模式"立足民生，以"综合治理，技术支持"为理念，以问题为导向，坚持顶层设计，强化流程细节，重构基层治理体系，充分发挥社会组织的作用，实现了政府治理、社会调节与居民自治之间的良性互动，打通了服务群众的"最后一公里"，增强了辖区居民的获得感、安全感和幸福感。以党建为指导，以人为本，以法治为引领，以技术为依托，全面推进新时期枫桥经验的"南园模式"，加强社区党建、社会治安、消防安全、环境和交通秩序，让"南园模式"扎根于各个社区，实现社区治理的社会化、法治化、智慧化和专业化，提升辖区内居民的获得感、幸福感和安全感。

8.2.2.6 苏州市智慧社区建设

在江苏省深入推进"放管服"改革试点工作的过程中，苏州工业园区智慧社区积极推进"互联网+政务服务"，以群众需求为出发点和落脚点，优化服务改革。这样的改革得到了江苏省委、省政府的充分肯定，并获得了苏州市和谐社区建设创新奖、社会治理创新优秀项目等奖项。

苏州工业园区智慧社区平台于2015年7月1日正式上线。该平台从居民的实际需求出发，将社区政务、社区事务和社区服务融为一体，构建了一个贯穿区、街道和社区的统一平台。通过全区资源整合、线上线下服务模式改革、制度支撑体系建设、数据资源共享、跨部门基本业务合作和政府服务模式创新，打通了服务群众的"最后一公里"，创建了一个阳光、便捷、高效、智能的智慧社区服务体系。

第一，整合全区资源，构建智慧社区服务平台。智慧社区服务平台使用先进的技术来集成社区的各种系统，实现所有系统数据资源的共享、居民业务的网络办理，创建资源数字化、应用网络化、流程标准化和服务智能化的社区管理服务体系。

智慧社区服务平台涵盖区、街道（社会工作委员会）和社区居民委员会（工作站）三级社区管理服务系统，集政务、事务和服务为一体，为居民提供8类63项覆盖全区的网上办事入口和20项居民生活服务指南，为居民提供"一网式"的便捷社区服务，居民在家就可以在线处理家庭人口、社会保险和其他相关业务。

第二，深化"放管服"改革，创新实践"互联网+政务服务"模式。随着移动互联网、大数据、云计算、物联网等技术的飞速发展，苏州工业园区积极探索社区信息化、"互联网+"，创新实践"互联网+政务服务"模式，打造智慧社区统一平台，加快部门之间信息共享和业务协作，简化群众办事程序，提高政府行政效能，建立方便、快捷、公平、普惠、优质、高效的政务服务体系。

第三，线上线下结合的服务模式。全区设72个线下社区工作站，实施"一站式""全科式""全天候"服务模式。智慧社区服务平台为居民提供线上的"一站式"便捷服务。苏州工业园区智慧社区利用切实的改革成果促进区域发展，提升人民的幸福感。

第四，平台大数据推进协同发展，促进政府职能转变。在确保数据交换和共享安全的前提下，苏州工业园区智慧社区统一平台将与现有部门业务应用系统互联，实现一次性数据采集和资源多方共享。通过各个业务部门数据资源的整合与统筹利用，建立统一的社区服务资源信息数据库，有效打破行政壁垒，减少资源浪费，从根本上促进政府职能转变。通过建设社区公共服务综合信息平台和数据共享平台，基本实现了政务服务事项的线上综合受理和全过程协同办理。

8.2.2.7 徐州市智慧社区建设

2019年3月，徐州市鼓楼区被民政部认定为全国社区治理和服务创新实验区。自工作开展以来，区委、区政府围绕"建设智慧社区，打造社区云治理服务体系"主题，积极进行制度设计，深化大数据云平台建设，突出智慧社区平台的服务功能和自治功能，持续推进社区治理的现代化，完善共建、共管、共享的社会治理体系，不断完善"徐州计划"，使社区建设更加成熟。

智慧社区建设的核心是利用互联网、物联网和传感器技术将信息技术与社区治理深度融合。作为社区治理的基层决策者，区委、区政府首先需要设计一个建设智慧社区的框架，并制定建设标准，包括购买智能服务器的具体标准。徐州市鼓楼区从2016年开始将这项工作制度化，并制定了区级智慧社区建设标准。2017年年底，鼓楼区开展了"美好鼓楼、精治共造"活动，协调实施"六维共治"，着眼于网格功能，强化"四微平台"，努力构建"一网多层、一体多维、一格多元"的全要素治理模式，初步构建共同建设、共同治理和共同享有的社会治理新格局。2018年，鼓楼区印发的《关于在全区深入推进智慧社区建设工作的实施方案》，从指导思想、工作目标、发展原则、工作任务等方面进一步细化了智慧社区建设的标准和要求。鼓楼区在板块设计、内容设计、机制优化等方面全面升级了智慧社区平台。为此，区委、区政府建立了全国社区治理和服务创新实验区创建工作领导小组，区委书记为组长，区委副书记为副组长，21个部门和7个街道办事处的主要负责人为组员。领导小组制定了《全国社区治理和服务创新实验区创建工作方案》，确定以"党"统"领"、用"数"织"网"、移"居"上"网"、用"网"建"云"、以"云"施"治"、用"智"促"服"六项工作内容，涉及33项任务，区纪委、组织部、宣传部等20多个部门通力合作，推进基层治理重心下移，为基层下放更多的资源和服务。

鼓楼区智慧社区建设坚持"精简、集约、实用、高效"原则，努力破解人员、机构、网络三大瓶颈，做优做强智慧治理的载体支撑。一是人员整合。区中心建立了"一专班一机构"双核驱动的组织架构。"一专班"是社会治理创新和融合改革的特殊班级，从纪律检察、组织、政法、发展与改革、民政等10个核心部门招募专业人才负责制定规章制度、监督和评估高层设计工作；"一机构"是业务组织的网格服务管理中心，统一选聘工作人员负责系统维护、指挥联动等操作层面的工作。人们在区中心一起工作，并在区中心进行统一管理。二是机构整合。整合与网络服务最紧密的四个部门，即原来的综合社会保障管理中心、政务服务中心、数字城市管理调度中心和风险预防与解决中心（原维稳办），社会治理领导小组办公室及其下属班子实行统一调度和指挥，协调各部门工作人员的使用，并就近交换资源数据，从而初步解决了城市规划受限和数据障碍众多的问题。三是网络集成。与市大数据管理局合作，在政府云平台上的鼓楼区建立基于网格的社会治理信息平台，并建立区级数据交换中心。通过设置网关和防火墙，实现与公安网单向提供网格采集数据、与政务网协同部门定期交换数据、与互联网智慧社区实时对接数据。目前，该地区有19个部门实现数据共享和交换，拥有300 000个政府管理端和注册居民用户，收集数据12 TB，初步构建了稳定灵活的网格数据融合构架。智能技术是智慧社区的"大脑"和神经中枢。徐州市鼓楼区已完成3 000平方米的区网格服务管理中心和7个街道中心的硬件改造，优化和加强了智能治理的技术支持。投资逾千万元在区中心购买10套高标准智能服务器，并在鼓楼区开发基于网格的社会治理系统集群，包括社会治理数据云和指挥平台两大板块，以及数据集成、指挥联动、风险研判、科学决策、评价考核、事件派单、事件会商等11个子系统，以创建用于智慧社区治理的"最强大脑"。

第一是收集后端数据。区中心负责社会治理数据库的集成、管理和应用，其重点是全天候收集现场社会治理的静态要素，如人、地方、物体、组织等。网格的专职与兼职工作人员在服务窗口采集信息并接待来访。围绕信访、投诉、举报等社会治理动态要素，通过数字城管、12345、领导信箱、智慧社区、智慧督查等渠道整合存档，最后整合成地址、人口、证件照、综合资料四大数据库，为智慧治理打下坚实的数据基础。第二是贯穿前台服务团队。按照"服务管理"的网格工作理念，通过计算机和手机逐步将所有服务窗口和服务人员纳入基于网格的社会治理系统的管理中。在社区一级，强制执行对服务的单端接受和一线管理，必须实现139个非面对面的批准，并鼓励社区成员"解放双手、动动双腿"，下社区抓治理。第三是连接现场的"数据眼"。区中心对公共安全、信访、住房管理数据层进行模块化比较，确定存在诸如设施老化、物业冲突等隐患的社区，并向房屋和城市管理局等负责部门发出风险警告。在街道社会治理网格中心，高清电子显示屏与辖区内主要路段和重要区域的监控信号相连，形成了覆盖网格中心、警用、数字城管三位一体的实时安全监控网络体系。同时，依靠定位和导航系统，可以实时查看辖区内各种巡逻车的巡逻轨迹。

鼓楼区慧社区建设充分体现了"建设人人有责、人人尽责、人人享有的社会治理共同体"理念。鼓楼区基于智慧社区综合便利服务平台,并在在线政务和社区管理系统的支持下,及时收集更全面真实的治理信息和居民需求,以确保服务更加高效、便捷和具有更强的针对性。同时,居民直接参与社区公共事务的渠道也畅通无阻,因此上诉可以直接到达决策方。居民的获得感、幸福感和安全感得到了显著提升。

在提供"智能"服务方面,鼓楼区创建的智慧社区平台使居民生活的各个方面受益。目前,该平台已覆盖辖区内近90%的居民。徐州的"马上到家"智慧社区平台已与鼓楼区民政局、司法局、卫生委员会、人力资源和社会保障局等10多个相关部门紧密合作,并开放了居民服务,开通了居民办事、智慧养老、物业服务、营商服务、社区建议、法律服务等板块,社区居民关注微信公众号"智能鼓楼",然后点击"马上到家"就可以了解居民事务的智慧化服务并在线预约各种政务办理。为了实现信息交换的智能化,该平台的专有模板消息可以将各种消息(如党政服务、社区通知等)推送给社区居民;该平台偶尔会开展多种活动,如特价、闪购、团购、赠送优惠券等。为了实现数据分析的智能性,居民仅需刷卡就可以参加各类活动,并且参与频率等信息会被立即上传到信息研发中心,后台进行大数据分析,得出分阶段的统计结果,以便更加准确地为居民提供各种服务。这可以有效简化办理流程,让信息更多地运转,并使居民享受"掌上"服务。

在建立"智慧"基层自治系统方面,鼓楼区选择了试点街道和社区,并进行了"e选举""e协商""e决策""e管理""e监督"试点工作,提高了居民对基层社会治理的参与度。"5e"自治是制度化渠道的核心。"e选举"试点:严格按照有关选举法律法规,通过信息分层机制,采用实名登记和"无记名投票"双重安全制度,规范了"选民登记—公告条件—登记—资格审查—初步选举—正式选举"试点项目的在线选举程序;"e协商"试点:采用各种形式的在线"电子谈判",如"开放空间"讨论、民主讨论、专家评审、书面磋商、决策听证会等,以收集群众在网络上提出的问题,在线上发起协商,反馈满意度,开展咨询活动；"e决策"试点：举行针对居民需求的在线社区党委委员会（总支、分会）提案会议、社区协商议事会会议、居民会议或居民代表决议会议，通过在线问答和民主投票，进行民主决策；"e管理"试点：采用在线征集意见、公开听证、民主决策、实施监督、公众审查等方式，引导辖区中的多方主体积极参与社区治理，提供建议，并及时推广高效的社区治理经验；"e监督"试点：开通"三务"公开、"群众访谈日"、上门走访、"圆桌会"、社情发布等监督栏目，使居民能够对民生资金、社区财政等的使用和分配进行不间断的监督，为监督执纪"添翼助力"。

徐州市鼓楼区作为智慧社区创新实验的"母版"，其智慧社区系统的概念和实践理念在全市得到推广与应用。在现代信息技术的支持下，徐州市已将智能技术转变为完善城市治理、改善基本公共服务供给方式、重构社区治理服务形式和实施路径的重要手段，创造了政府服务协同效应。徐州市鼓楼区将社区建设成为和谐有序、绿色、文明、创新、包容的智慧家园。所有这些成就的获得与用系统化思维解决问题和提高使用效率的治理理念是分不开的。

8.2.3　国内智慧社区建设的特点

第一，党建引领，提倡精细化的治理。例如，杭州市在智慧社区建设中提出，要在社区中建立"党建领导+社区自治"的治理机制。党建领导是将党的政治组织优势转化为城市治理优势，以社区党委为重点，以党群服务中心为基点，体现了党的全面领导和全面从严治党、街道社区同向发力、社会多元共建共治共享共发展的新模式，针对基层治理的困难、痛点和障碍，努力解决最迫切和切合群众实际利益的问题。全面推进社区由行政管理型向人民服务型转变。继续推动社区工作重心下沉、资源下沉、服务下沉，努力达到"城市管理应像绣花一样精细""推进城市管理目标、方法、模式现代化"的新要求。

第二，协调智慧社区建设的功能定位和服务内涵。例如，深圳南园社区关注到了外来人员多、流动性大的治理困难，创造了"南园模式"。智慧社区是一种新的基层社会治理信息系统，它应用大数据、物联网、互联网、云计算和其他信息技术，依靠智慧社区平台进行工作，具有开放、协作、共建、智慧、共享和互动的特征。在建设之初，应着重强调其管理功能、服务功能、参与功能和协调功能，使其与智慧社区建设的功能定位相吻合。

第三，整合资源，共享共建。在过去的国内智慧社区建设中，存在不同程度的重复建设和盲目建设，现有平台和基础架构功能尚未得到充分利用。目前，全国各地都开始意识到这一问题，并着重于实现政府职能部门之间的资源共享，以便民为宗旨，坚持资源整合，防止资源浪费，同时根据职责和职能合理安排，及时整合资源，加快信息资源的传输和共享，最大限度地实现共建共享。

第四，以智慧为手段，促进智慧社区建设。利用互联网和新媒体技术，开发社区App、微博、微信群、QQ群、网站等新的社区咨询协商讨论平台，为居民参与社区治理搭建新平台。通过互联网、有线电视网络、家庭护理服务信息平台、手机App等各种形式，创建线上线下相结合、需求供给相对接的"智慧社区"。

第 9 章

未来智慧社区建设发展的关键性问题

9.1 智慧社区发展存在的问题

当前,我国的智慧社区发展突飞猛进,但整体来说,还处于初级阶段。智慧社区建设还存在以下问题。

第一,民众参与度不高。社区是党、政府和人民群众进行沟通的桥梁,但社区组织和政府的力量是有限的,仅仅依靠这两大参与者的力量是不够的,要想让智慧社区的发展可持续,更多的是要将社会群众组织、社区居民组织等多方面的力量联合起来。社区居民是社区进行管理和服务的直接对象,也应该是社区建设的参与者之一,社区建设离不开的中坚力量就是社区居民。社区居民也应该在提高社区管理水平、丰富社区文化生活、规划及建设智慧社区等方面承担职责和义务。但在现实生活中,绝大多数社区居民的参与度很低,主要局限于社区居民委员会组织的成员选举、文娱活动、社区治安等事务,尤其是与智慧社区建设、发展等相关的事务,社区居民往往很少参与。影响居民参与度的其中一个原因是居民无主动性,另一个原因是社区居民委员会没有做好相应的引导。社区居民委员会很少召集社区居民进行社区建设和发展的讨论,即使开展此类会议,居民所提出的相关建议被采纳的概率也不高,这是一大痛点。在社区管理中,居民参与社区管理与建设的渠道和平台很少,居民很难表达自己的需求并积极参与社区事务的管理。

第二,社会力量的支持不足。目前,我国的智慧社区建设基本上是政府主导的模式,政府在智慧社区建设和维护上投入了大量的人力、物力和财力。无论是社区的网络建设和维护,还是参与社区服务的企业和组织，都需要政府的引导、协调和监督。社区居民和社会力量在智慧社区建设中主要处于参与和实施层面，决策作用非常小。在政府减员减资的情况下，如果单单依靠政府的力量推进智慧社区建设，则其发展前景并不乐观。政府的投入力度一旦减弱，智慧社区的建设和发展就有可能停滞不前，这对智慧社区的发展有很大影响。

第三，规划的统一性不够。建设智慧社区必须具备明确的战略目标、可行的战略方针、科学的顶层设计、完善的法律体系及坚定的建设方向，这是智慧社区建设筹备阶段必须开展的准备工作。但是，从现状来看，政府部门的智慧社区建设引导体系并不完善，这在一定程度上延缓了智慧社区建设的进程。首先，智慧社区建设缺乏统一的规划部署。智慧社区建设应从人性化的角度出发，结合居民的实际生活需求与外部条件进行综合考虑。然而，在目前的实践中，相关部门在规划智慧社区项目时，在空间划分上通常只考虑内部配套设施，既没有将社区内部空间建设与外部基础设施相结合，也没有从居民实际需求出发，这使得智慧社区建设在后期难以开展。其次，智慧社区规划模式的选择存在问题。从目前智慧社区建设的实践来看，突出的问题是在选择智慧社区规划模式时，对自身实际情况的考虑不足，过度借鉴、复制国外的规划模式。同时，由于国内相关政策法规未能充分支持，智慧社区建设缺乏制度保障。再次，政府的引导大多局限于技术层面，缺乏实用性，这在很大程度上阻碍了智慧社区的整体推广。最后，智慧社区系统缺乏开放性，政府的统一规划和引导不全面，导致信息资源不能共享、社区各部门建设分离，使得横向与纵向协同性发展偏差过大。

第四，专业性技术不够成熟。在目前的智慧社区运营过程中，主要通过网络平台和信息技术终端为居民提供基础服务，这些科技性、技术性应用需要专业人员研发和维护。另外，还有一些针对特殊居民的服务，如为老年人和残障人士提供智能穿戴设备，这更需要专业技术人员参与研发、指导使用和维护。如何通过物联网、人工智能等先进技术来减少面对面服务的频率等问题目前尚未得到解决。

第五，数据资源整合不足。智慧社区建设是在智慧城市建设的基础条件和发展远景下被提出的，实际实施时间相对较短。由于发展原因，很多专业性信息应用系统分属于不同的管理部门,其指标和技术都不同。网络信息资源基本处于点、线管理状态,不同系统在其内部的资源共享比较顺畅,但跨部门的横向数据融合程度较低,资源难以获取,独立化的信息技术是普遍存在的。网络资源点、线、面共享应用不全面,对智慧社区整体提升和发展产生较大的阻力,不仅影响居民的实际生活体验,也影响政府在社区治理中的投入和角色定位,并增加了治理社区的成本。

第六,联合决策不足。各个地区的发展相对不平衡,企业和部门之间信息系统的独立开发与运营导致数据编码不规范,原始数据处理的统一规范程度大大下降,缺少强制性的统一的数据采集。政府部门和企业对相关数据的披露也不完整,这也导致了数据分离,最终出现了"信息孤岛"问题。此外,现有各级智慧社区平台的数据采集基本上是通过分工协作和多点聚合完成的。由于缺乏统一的数据标准和相应的监管措施,数据的真实性有待检验。目前,对原始数据进行深度处理的企业寥寥无几,数据融合技术应用不广泛,尚未形成统一的程序、规范和监督措施。处理后的原始数据的真实性、广度和深度有待提高。

9.2 智慧社区发展面临的新形势

9.2.1 "新基建"赋能智慧社区创新发展

在国家治理现代化战略的背景下,以大数据、互联网、物联网、5G、人工智能、数字孪生、区块链等为代表的"新基础设施建设"引发的智慧治理时代已经到来,逐步带领基层智慧社区建设进入蓬勃发展时期。

党的十九大提出,要"提高社会治理社会化、法治化、智能化、专业化水平"。十九届四中全会也明确提出,"建立健全运用互联网、大数据、人工智能等技术手段进行行政管理的制度规则"。2020年,在新冠肺炎疫情防控中,工信部特别部署,要求各地运用新一代信息技术全面支持疫情科学防控,支持运用互联网、大数据、云计算、人工智能等新技术服务疫情监测分析、病毒溯源、患者追踪、人员流动和社区管理，对疫情开展科学精准防控。目前，中国已成为信息通信技术应用发展最快的国家之一。而一项重大技术变革的影响远远超出技术领域本身，往往会带来社会格局的深刻变化。新一代信息技术为社区治理带来了崭新的活力。科技创新已经成为社区治理现代化转型的主导因素和重要力量，能够全面实现社区治理模式的转型和创新。通过科技创新提升社区管理和服务水平，通过资源共享创造智能生活，通过协调科技与人类的关系促进社区平衡，通过绿色建筑能源技术确保社区可持续发展。

9.2.1.1 大数据

将大数据引入社区治理的战略意义不仅在于掌握社区巨大的数据信息，还在于对这些有实际价值的数据进行专业化的处理。换句话说，如果将大数据比作社区中的一种行业，该行业盈利的关键在于提高数据的"处理能力"，通过"加工处理"实现对社区数据的增值。只要提供足够大的数据量和足够真实的数据标准，就可以通过数据挖掘技术掌握社区居民的发展变化及事物的改变，更准确地把握其与社区的相对关系。以疫情防控为例，依托大数据技术，借助"社区大脑"拨开社区疫情传播的迷雾。各地充分运用大数据技术手段，通过疫情溯源和监测、疫情态势研判和预测预警、疫情防控部署及对社区流动人员的监测统计，有效支撑社区对疫情的提前布局、精准施策。大数据对社区治理的直接影响在于从社区产生的所有结构化和非结构化的数据中寻找有价值的信息，进而实现针对社区居民服务需求的精准设计。

（1）大数据帮助社区做出明智的决策

社区决策包括社区政务决策、社区商业决策和社区公共服务决策。社区政务决策是制定规划、政策、措施的过程。决策一旦实施，必将涉及各方面利益格局的调整，社会各阶层也会因此做出不同的反应。决策失误会造成社会的巨大损失。大数据使社区公共管理和服务可以被监督，而监督所有群体是在整个过程中进行的，这为避免社区管理者的不当行为提供了可能。在大数据推动下，各种商业形式运用大数据分析，全面增强对自身业务的了解，包括全面洞察客户、竞争对手等，通过监测模型，全面预测风险和机会，了解社区环境，发掘客户价值，提升业务决策水平，降低运营风险。

（2）大数据有助于透明地分享社区信息

大数据在社区中的应用，可以使外部利益相关者（如公民、企业）和内部利益相关者（如政府雇员、政府机构）的工作效率都得到提高，在社区治理中产生积极的综合效应。一方面，分别存储在不同部门的数据将在统一平台上开放，数据的创新应用将不断涌现，从而充分挖掘政府信息的附加经济价值。数据和信息不仅可以在政府部门之间共享与流通，还可以提高政府部门在社区治理中的效率。另一方面，它也可以应用于社区商业和各种公共服务，这不仅可以提高社区商业的服务质量，也可以帮助其在社区探索新的商业机会，从而实现社区的繁荣和居民的便利。随着数据容量的提高，政府所存储的海量数据和政府信息开放所带来的积极效应将汇聚成一股巨大的洪流，推动政府信息资源的进一步开放和更为成熟的应用。

（3）大数据集成社区服务促进社区监管结构转型

从改善社区治理的现代服务业及大数据的应用来看，大数据的应用可以克服原有社区管理模式的局限性，建立社区管理机制来共享信息，连接各个组织和社区服务，通过大数据创建一个社区综合治理平台。它广泛应用于公共服务、诚信监督、行政优化、政府决策、商业运营、金融服务等领域。大数据为社区组织之间的协调运作和社区组织与居民之间的有效沟通提供了基础。不同领域和不同地域的社区管理者可以使用集成的协作环境，保持密切沟通，实时协作。大数据通过影响社区治理结构，促进企业、政府、居民之间的积极互动和协调发展，构建和谐、成熟的互联社区。

（4）大数据推动社区服务精准化

在大数据的帮助下，社区服务提供者可以实时、全面地感知和预测社区居民所需的各类服务，及时发现需求热点，为居民提供更智能、更便捷的服务。这可以改变过去被动服务的状态，主动为居民提供服务。通过大数据对居民需求进行多维、多层次的细分，将表层的需求转化为对需求细节的感知，使社区服务更加精准化、个性化。同时，基于实时的数据分析，社区管理者不仅可以在第一时间响应与处理公共事件和社区居民的需求，而且可以提前做好布局，将其对社区居民的危害和影响降到最低，有效提高应急管理能力和居民满意度。

在公共服务方面，大数据可以帮助政府转变传统的以命令为导向的公共管理模式和以供给为导向的公共服务模式，为以人为本和以需求为导向的公共管理与服务开辟新的模式，以便为居民提供优质、高效和个性化的公共服务。

在商务服务方面，大数据提高了社区商业数据的正确性和适时性，减少了社区企业的交易摩擦成本。企业可以对大量的数据进行分析，并进一步调查市场，以识别不同的商业机会。从社区居民的海量数据中，可以分析不同类型的居民的行为习惯和消费偏好，并使用大数据来完成精准的营销和精细的活动，积极推送商品和服务。

9.2.1.2 互联网

互联网能够优化社区服务。社区治理水平展现的是一个城市的文明程度，关系到服务群众"最后一公里"的问题。"互联网+"在很大程度上优化了社区服务，"互联网+党务""互联网+政务""互联网+公共服务"等创新了社区党建工作模式，增强了党员和居民的在线互动；满足了居民的问询、办证、登记等政务需求，简化了工作流程，提升了服务效能；将医疗、养老、教育、环保等公共资源进行充分整合和信息共享，形成公共信息资源库，实现社区医疗服务、养老服务、"一站式"缴费服务等多项服务智能化。"互联网+"社区治理模式突破传统的时间和空间限制，公开公示服务事项，降低部分制度性交易成本，形成"虚拟式、一站式全天候服务"，实现社区服务水平的极大提升。把对社区居民的治理和服务在线化，通过线上的交互过程，实时产生用户数据，洞悉用户需求，方便精准施策，可以在很大程度上解决信息匮乏、协同支撑不足、重复采集录入等治理问题，提升社区政务服务水平。

互联网能够推动居民自治。在"互联网+"社区治理中，要发挥好政府和市场两方面的协同作用。政府负责互联网基础设施建设，打破行政制度壁垒，促进数据互联互通，同时注重保护数据隐私和安全；而市场应遵循规律，依托互联网技术，打造更好的服务产品，为居民提供精准细致的服务。"互联网+"可以有效推动简政放权，把社区居民委员会从长期以来的行政体制中解脱出来，真正实现自我管理、自我服务、自我教育、自我监督，释放出本我活力，实现政社分开。同时，互联网技术提供了一个很好的平台，让居民参与利益表达和公共决策，从而增进各方主体的沟通与协商，促进基层群众的民主治理。互联网天然具备社交属性，通过搭建社交平台，如社区网站、社区微信群或者社区App，有效汇集社区民意，充分进行公共讨论，强化社区文化建设，促进社区民主和居民善治。居民也可以通过互联网了解社区各种大型活动、法制、物业管理等内容，然后进行邻里之间的沟通交流，从而提升幸福感、归属感，提升智慧社区建设参与度。

互联网能够促进公平正义。伴随着"互联网+"时代的到来，每个人都有可能成为信息的传播者，这就使得原来只能被动接收信息的广大民众有了更多的话语权。一旦有不公平的事情发生，将会严重影响政府的公信力。因此，只有在社区治理创新中持续改善民生，让改革发展的成果更多更公平地惠及大多数人，不断解决人民群众最关心、最困扰的突出问题，才能营造公平有序的社会氛围，形成治理合力，推动社会持续稳定健康地发展。

9.2.1.3 物联网

物联网通过改变数据采集方式影响社区治理的信息掌控。通过遍布社区的"触角"，采集到各个领域的海量数据，将社区状态以量化的形式提供给治理者，社区中的各个组织都能对社区中的各种事物有着全面的了解和提前的预测。借助物联网，结合智能楼宇、路网监控、智慧家居、智慧物业、票证管理、食品药品管理、智能医院、城市生命线管理、家庭护理、个人健康等多种载体，实现社区治理的信息化、数字化和智能化，提高社区管理和服务的效能与质量。比如，智慧家居融合了家庭控制网络和多媒体信息网络，形成一个家庭信息化网络平台。家庭控制网络通过家庭网关，实现电子信息设备、家用电器、照明设备等的控制与设备之间的协同。智慧物业利用视频监控、传感器网络及社区宽带构成物联网系统，实现智慧的保安消防、停车场管理、设备检修与维护、电梯管理等服务。从家居到物业，从社会服务到公共管理，特别是对于有特殊困难和需求的人群，如空巢老人，利用"物联网+社区"可以及时帮助他们解决日常生活中遇到的难题。

又如，在新冠肺炎疫情防控过程中，物联网非接触式技术手段助力社区高效安全战疫。疫情期间，社区人员位置、健康状态等信息采集工作及非接触式社区服务变得十分重要。为了解决人力参与度高、重点人员监管难、交叉感染风险大等难题，物联网技术被广泛应用于非接触式疫情识别、自动采集和远程监控，贯穿疫情的防、查、控、管、治等环节，有效发挥了"技防"优势。通过在社区出入口部署非接触式热成像人体测温、人脸识别门禁、智能门锁等物联网设备，帮助社区实现高效安全的封闭式管理；利用物联网电子门磁打造"云封条"，对辖区内居家医学观察对象进行实时监控，社区工作人员可以实时了解居家隔离人员的开关门状态、开门需求、是否离开限定区域等信息，实现居家隔离的高效管控；引入电子追踪手环定位疫情隔离居民；平台厂商联合智能体温计设备厂家推出居家自动量温服务；通过在社区部署"智能物流柜""智能外卖柜""无人超市"等非接触式新零售设备和服务，能够有效防止收银人员等成为超级传播者；利用应用于口罩、消毒液、米面、蔬菜等急需防护用品和日常用品的电子价签实现价格监控，实现紧缺资源的最优分配；利用物联网能耗监控系统，结合辖区餐饮等企业的用电数据能够督促企业停止经营，防止疫情扩散蔓延。

9.2.1.4 5G

相比于4G，5G具有大带宽、高速率、低时延、大连接四大特性，能够支持增强型移动宽带、超可靠低时延通信、海量机器通信三大场景。在抗击新冠肺炎疫情过程中，5G作为新一代信息基础设施为各项疫情防控工作的顺利开展"保驾护航"，在远程会议、远程医疗、远程教育、远程监控、医学影像数据的高速传输和共享、新闻高清视频直播等方面，充分展现了大带宽、低时延、高可靠性的"深厚内功"。"5G+AR/VR"技术让数亿遍及全国的"云监工"在家就能见证火神山、雷神山两大医院10天建成的中国工程奇迹；5G疫情防控无人机出现在社区、街头、沿江滩地、建筑工地等巡查区域，远程实现了视频监控、空中喊话、体温检测等功能。

5G加速社区数字化时代的到来。5G大规模商用进程的推进，让依赖网络的数字化革命性技术能在5G环境下实现融合，尤其是AI、物联网与5G的组合，关乎数据的采集、传输和处理的全过程，会进一步加速社区万物互联的数字时代的到来。

目前，多个地市发布的5G产业或数字经济发展规划，对智慧社区都有明确体现。比如，位于北京市海淀区北太平庄街道的志强北园社区是全国首个"5G+AIoT新型智慧社区"，这个落成于20世纪80年的老社区实现了全新升级，毫秒级响应的"刷脸"开门真正实现无感通行；更大的带宽为实现4K高清视频传输提供空间；针对70岁以上空巢老人，设计了超过24小时没有出门就会自动拨打电话的功能，方便社区随时监测他们的情况，更好地基于特定需要为社区老人提供居家养老服务；同时借助5G网络，社区垃圾桶通过传感器可以及时将垃圾储量情况发送到社区，提醒垃圾清运人员及时清运垃圾，保证社区环境卫生。深圳市首个5G信号全覆盖的南光社区的流动人口达2.8万人，以往因为视频监控不到位等，安全隐患和治安问题比较突出。南光社区打造了"公共区域视频监控+出租屋视频门禁+街道视频系统"的运营管理平台，为社区构筑了新的安全屏障。

9.2.1.5 人工智能

随着人工智能的不断发展，智能技术也逐渐融入人们的生产生活中。例如，在新冠肺炎疫情防控过程中，基于人工智能的口罩佩戴识别、图像AI辅助诊断、AI红外测温、病毒突变监测、药理学和毒理学研究、无人机消毒、医疗机器人、语音机器人、远程会诊、智能分类和其他智能技术的强大功能令人惊叹。在社区防控领域，通过口罩佩戴识别技术，对不戴口罩和误戴口罩的人群进行智能识别，并进行预警。通过AI人脸识别技术，无论是业主、访客还是其他特定人员，其在社区的活动轨迹都可以被精确追踪和回溯。智能视频监控对社区、企业运营场所等人群聚集风险点及社区周边安全进行自动实时监控预警。

人工智能在社区治理现代化中的作用体现在提升公共管理水平上。随着人工智能的应用，社区治理体系将发生重大变化。治理主体不仅包括政府组织、社会组织和经济组织,社会个人也参与到社区治理中,进一步提升了社区治理的政治认同和凝聚力。人工智能对提升智慧社区的作用如图 9-1 所示;人工智能对提升智慧社区的意义如图 9-2 所示。

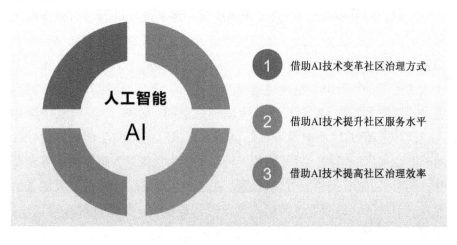

图 9-1　人工智能对提升智慧社区的作用

人工智能参与社区治理现代化建设有助于政府治理能力和治理手段的创新,对政府的服务能力和服务方式都会产生深远影响,特别是随着智慧化、数字化的政府信息平台打造,不仅能够进一步提升政府的治理水平,同时在互联网信息技术的影响下,人工智能在社区治理的教育、社保、养老、保障、医疗、卫生等领域也会产生重要影响。

当前人工智能已经对人们的生产生活产生了深刻影响。人们在现实社会与虚拟社会之间不断地变换角色和身份,特别是人工智能的发展进一步提升了社会管理、公共服务供给水平。例如,对于道路、电力、电信、水利等基础设施,通过智能化和信息化,可更加便利地进行管理,按照人民群众需求制定相应的措施,进一步提升公共设施的服务水平。

在社区治理过程中,人工智能的出现让原来的治理体系和治理模式发生了翻天覆地的变化,智能机器成为社区治理的重要工具之一,人类作为社区治理主体,需要学会与人工智能相处,并与改变后的治理体系和治理模式相适应,为更好地适应人工智能带来的变化,社区治理模式将持续多元化,以便让更多的社区治理主体参与进来,从而进一步提升社区治理的公平性、公正和科学性。

图 9-2　人工智能对提升智慧社区的意义

9.2.1.6　数字孪生

数字孪生是充分利用物理模型、传感器更新、运行历史等数据,集成多学科、多物理量、多尺度、多概率的仿真过程，在虚拟空间中完成映射，从而反映相对应的物理实体的全生命周期过程。数字孪生是一种超越现实的概念，可以被视为一个或多个重要的、彼此依赖的数字映射系统。

数字孪生社区既可以理解为实体社区在虚拟空间的映射状态，也可以视为支撑智慧社区建设的复杂综合技术体系。数字孪生社区是智慧社区建设的一项成果，以社会治理和管理决策两大重点应用为切入点，构建数字孪生社区模型。数字孪生社区接入包括公安、市场监管、统计等部门的数据，通过把社区事件中的时间、地点、人物等信息结合时空技术关联起来，形成可查、可造、可分析的"社区图"，可全面实时汇聚、监测运行数据，及时了解社区情况，为社区治理和决策导航。

依托数字孪生技术，社区规划、道路修建、交通优化等关系民生的各类政策出台，都可以通过数字化模拟来验证效果和体验成效，为科学决策和治理奠定基础。例如，通过模拟仿真、动态评估和深入了解社区规划方案的效果，完成规划而不再走弯路；通过对水势、空气动力、雾霾变化等的三维显示，为社区治理决策提前部署提供依据；通过深入了解人们的交通出行、生活、消费和其他习惯，制定个人交通出行路线；通过交通流量预测，进行智能化疏导，优化信号灯间隔时间。

9.2.1.7 区块链

区块链可以为提高数据透明度和建立信任机制提供技术支持。区块链技术有三个特点：分布式、不易伪造和可追溯。它可以实现区域之间和机构之间的信任合作，打破信息孤岛，构建一个集体维护的可靠的数据模式，实现数字资产在网络节点之间的转移，减少与数据共享相关的安全风险。在社区治理现代化的进程中，区块链技术的深入应用领域包括身份认证、医疗健康、房地产中介、社会救助等，可实现数据共享交换。区块链在智慧社区的主要应用领域如表9-1所示。

表 9-1　区块链在智慧社区的主要应用领域

应用方向	应用领域	主要内容
政府方面	在线办事	区块链让公民的身份证号不再是单一的一串数字,而是拥有了众多标签、证照、授权的集合体。往复各机构开证明的时代已经过去,现在只需要在系统中输入身份证号,即可调出业务办理所需的资料,让群众办事"最多跑一次"
	资金链监管	以扶贫资金为例,经调研机构核查后,将受助人的信息记录进区块链。在运行扶贫资金的过程中,各个关键节点之间可以实时同步。借助区块链,可以将扶贫资金流转信息及时同步到监管部门,同时部分开放第三方对区块链数据的访问权限,提高了扶贫资金使用的透明度
	数据共享	在保证数据安全的前提下,多个部门都可查看其他部门的原始数据,减少了各个部门提供原始数据的烦琐流程,实现了数据共享。例如,不仅公安部门能看到一起抢劫案的事件信息,综治办、城管办、司法所等相关部门同样可以随时查看,这样就省去了来回要资料的麻烦
	多方联动机制	当有重点事件发生时,事件的相关信息会被同时发送到各个部门,省去了信息层层上报、层层指派的烦琐流程。借助于区块链不可篡改的特性,每一次多部门联动都会被记录在区块链上,便于协作方的互相监督和贡献划分
物业管理	事件监督	将区块链技术与智慧社区的监控系统连接,当发现设备损坏或发生矛盾纠纷时,事件相关信息会被传送给维修人员、调解人员、物业领导等,事件解决全过程被动态跟踪
	房屋管理	将房屋信息、住户情况登记上链,实现对房屋的安全监管。这些信息可以贯通物业公司、热力公司、住建局等相关部门,实现对社区房屋的全方位监督管理
	档案管理	个人档案、车辆登记信息、物业费缴纳记录等诸多文件,即使已在线上平台登记,仍然容易被误删、篡改,运用区块链技术后,可以保证信息不会丢失,保证信息的真实性
群众方面	事件动态跟踪	以家庭维修为例,当居民发现家中管道损坏时,可以通过"智慧社区"App 直接报修,区块链可以让居民查看维修人员信息、损坏原因、维修进度等,实现对整个事件的动态跟踪
	身份信息安全	过去人们总是担心自己的身份信息被盗用,运用区块链技术后,身份信息的每次使用都可以被完整记录,如果有异常的记录出现,可以被及时发现,从而保障了居民的信息安全

9.2.2 "新政策"引领智慧社区发展方向

改革开放以来,我国城镇化进程不断加快,城镇化率逐年上升。我国城镇化水平提高与乡镇发展同步。我们必须适应利益相关者的日益多元化、社会结构和组织形式变化的日益深化、沟通和交流形式的日益多样化,以及与之相适应的治理理念和方式的创新。我们的治理哲学和治理措施要得当,要因地制宜,要坚决摒弃和破除治理中的一切形式主义和官僚主义,要建设人人有责、人人尽责、人人享有的社会治理共同体。这就要求政府加强城市治理方法的创新,特别是要加强城市精细化管理,真正实现城市共治共管、共建共享。

2019年10月31日,党的十九届四中全会通过的《中共中央关于坚持和完善中国特色社会主义制度推进国家治理体系和治理能力现代化若干重大问题的决定》提出,健全基层党组织领导的基层群众自治机制,在城乡社区治理、基层公共事务和公益事业中广泛实行群众自我管理、自我服务、自我教育、自我监督。完善群众参与基层社会治理的制度化渠道。健全党组织领导的自治、法治、德治相结合的城乡基层治理体系,健全社区管理和服务机制。加快推进市域社会治理现代化。推动社会治理和服务重心向基层下移,把更多资源下沉到基层,更好地提供精准化、精细化服务。

党的十九大报告在加强和创新社会治理方面提出,要打造共建共治共享的社会治理格局,在国家"十三五"规划中提出的"构建共建共享的社会治理格局"的基础上,增加了"共治",更充分地体现了治理的核心思想。同时,提出加强社会治理制度建设,加强预防和化解社会矛盾机制建设,提高社会治理社会化、法治化、智能化、专业化水平,健全公共安全、社会治安防控、社会心理服务和社区治理四个体系。

党的十九大报告指出,我国社会主要矛盾已经转化为人民日益增长的美好生活需要和不平衡不充分的发展之间的矛盾。人民美好生活需要日益广泛,不仅对物质文化生活提出了更高要求,而且在民主、法治、公平、正义、安全、环境等方面的要求日益增长。有效回应这些新需求对社会治理提出了一些新要求。社区治理体系作为四个体系之一,在社会治理的大环境中发挥着不可或缺的作用。良好健全的社区治理体系也会给社会治理带来更加正面的影响。

《中共中央、国务院关于加强和完善城乡社区治理的意见》（以下简称《意见》）提出，要增强社区信息化应用能力。提高城乡社区信息基础设施和技术装备水平，加强一体化社区信息服务站、社区信息亭、社区信息服务自助终端等公益性信息服务设施建设。依托"互联网+政务服务"相关重点工程，加快城乡社区公共服务综合信息平台建设，实现一号申请、一窗受理、一网通办，强化"一门式"服务模式的社区应用。实施"互联网+社区"行动计划，加快互联网与社区治理和服务体系的深度融合，运用社区论坛、微博、微信、移动客户端等新媒体，引导社区居民密切日常交往、参与公共事务、开展协商活动、组织邻里互动，探索网络化社区治理和服务新模式。发展社区电子商务。按照分级分类推进新型智慧城市建设要求，务实推进智慧社区信息系统建设，积极开发智慧社区移动客户端，实现服务项目、资源和信息的多平台交互和多终端同步。加强农村社区信息化建设，结合信息进村入户和电子商务进农村综合示范，积极发展农产品销售等农民致富服务项目，积极实施"网络扶贫行动计划"，推动扶贫开发兜底政策落地。

《意见》是中华人民共和国历史上第一个以中共中央、国务院名义出台的关于城乡社区治理的纲领性文件。《意见》将"坚持城乡统筹，协调发展"作为基本原则，虽然城市社区和农村社区的起点不同、发展阶段不同，但努力目标是相同的，提升"六大能力"的要求是一致的。必须统筹谋划城乡社区治理工作，坚持城市社区治理和农村社区治理一起研究、一起部署、一起落实，注重以城带乡、以乡促城、优势互补、共同提高，促进城乡社区治理协调发展。

《"十三五"国家信息化规划》（以下简称《规划》）提出了6个主攻方向，部署了10个方面的重大任务和重点工程，确定了12项优先行动，并提出了6个方面的政策措施。《规划》在重点工程"支持善治高效的国家治理体系构建"中提出，创新社会治理，推进智慧社区建设，完善城乡社区公共服务综合信息平台，建立网上社区居委会，发展线上线下结合的社区服务新模式，提高社区治理和服务水平。

当前，全国城市治理现代化能力快速提升，各领域信息化技术飞速发展，我国智慧社区建设呈现出理念创新、需求导向、制度先行、科学规划和规范建设的特点。在党中央、国务院的高度重视下，在国家政策的支持下，我国各地智慧社区建设步入快车道，涌现出一大批规划科学、发展迅速、特色鲜明的智慧社区。

9.3 未来智慧社区建设的总体规划

随着城镇化进程不断推进，大量人员流入城市和社区，但社区的基础配套、公共服务、人文生态等与城市发展还不够匹配。大部分智慧社区建设的主要用途仍是方便高龄人。设施和服务水平相对较低，缺乏教育、医疗等优质公共资源，社区生态环境质量低下，社区邻里关系差，停车困难，公共安全保障困难及其他公众关切的问题依然存在。智慧社区倡议是根据社区治理现代化能力提升、社区发展和治理问题解决、居民满意、社区自治、政府机构及社区各类营利和非营利组织的多样化使用需求提出的。

以数据驱动的智慧社区系统以相互连接及数据资源共享为重点，全面构建社区服务和管理细致方便、社区安全和全面治理精细敏捷、社区公众保健和疾病预防井然有序、社区环境和物业管理舒适快捷、社区文化和精神文明建设和谐凝聚的未来理想智慧社区治理体系。

9.3.1 未来智慧社区建设的四大理念

智慧社区建设是未来城市发展的重点，关键是形成合力。从建设弹性社区、打造整体社区、推动社区自治、"打造'15分钟智慧生活圈'"四大建设理念出发，通过对各种新技术、新业务、新模式的应用和创新，形成未来智慧社区建设的思路和对策。社区服务与社区照顾实现更高的服务水平和便利性，社区安全与综合管理采用精细敏捷的治理方式，以实现智慧社区稳定的生活水平、有秩序的社区保健和疾病预防，并加强社区环境及财产管理、社区和谐团结的精神文明建设、社会保障和社会福利，以构建公正、包容的智慧社区。

(1) 建设弹性社区

未来智慧社区是具有抗灾、灾后维持正常运作、快速重建能力的弹性智慧社区。

首先,未来智慧社区强调"智能灾害预防和缓解",通过应用智能技术构建灾前紧急应对、灾后重建等前后期防灾系统。灾害预防信息系统和智能应急系统进行灾害评估;应对及灾后恢复评估,对社区生命线、生态环境、建筑等进行实时监测,对社区安全、生态环境和突发事件进行灵活直观的调控,实现预警控制、衔接协调,增强社区生态的安全性及弹性。

其次,未来智慧社区构建虚拟、真实互动的数字双向社区平台,实时感知社区运行情况,实现社区所有要素的虚拟管理。运用网络、人工智能技术实现人、车、物、事故、灾害等信息的实时监测及通知。"数字孪生社区平台+大数据"能使决策更加客观、可信。永久性人口、流动人口等社区数据一目了然,能及时采取有效措施。在社区创新、安全监控部署、集体租房管理等方面,"数字孪生社区平台+大数据"可实现精确决策,有效配置有限资源。

(2) 打造整体社区

在互联网技术和理念的影响下,政府的服务模式、能力、价值正在以移动方式重组。"无缝隙政府"是指打破传统的部门界限和功能分割局面,整合政府所有部门、人员及其他资源,统一为公众提供信息和服务。智慧社区便是以整体性政府、服务型政府为建设目标,推动无缝隙政府建设。

第一是拓展这些服务的意义。智慧社区推动"互联网+政府服务"的社区模式,更多地向社区注入社会保障、生育管理、民事救助等服务。为了提高居民的生活质量和对社区工作的满意度,在打造一站式服务中心的同时,探索基层"非面对面服务"模式,通过官网、微信小程序、App等运营商平台,建立和实现"在线和手掌型服务",既方便又省事,形成新局面。同时提供线上和线下整合的服务。

第二是协调社区大数据基础平台和网格治理与部署中心的建设。未来智慧社区构建过程中,对数据资源和数据网格执法检查进行有效的整合。数据资源和社区资源的合理运用可以提高人们的生活水平，整合车辆出入、房屋租赁、宠物、停车位、儿童卡等数据资源，构建地区水平的数据共享和交换平台，利用各种平台进行视频、音频、图文资源的共享，将不同部门的业务系统及其他数据资源进行整合，最终实现综合治理、安全监管。使用人工智能、大数据分析及其他技术手段，实现在线监测、自动预警、资源分配和联动指挥。

第三是增强社区网格管理权限的分配管理。首先，智慧社区将楼、民事、司法、人力资源、文化、健康、企业、计划、体育、工会、残疾人联盟、城市管理、民事、刑事等所有部门的业务纳入网格。环境保护、造景、建设、食品药品监督、安全监督、土地、市场监管、综合管理、出口管理、药品管制、居民自主权等所有服务管理问题都要被纳入网格。其次，依托科学技术，加强社区网格智能化管理，改进网格服务管理平台，为工作人员及相关人员配备执法监察装备，如执法记录仪、手持终端及其他电子设备，以便其执行社区网格信息收集、违法处理、事故处理等公务。再次，通过5G、GIS、视频监控、AI、无人机等多种技术手段集成运用，自动预警违规摆摊、出店经营、违法建设、违章停车、夜间违规施工、渣土车违法运营等重点事件，将传统的被动监控、人工巡查转化为主动告警、智能监控，为网格治理插上智慧的翅膀。最后，建立"网格长+专职网格员+社区网格执法力量+社会力量"的网格化队伍，同时配齐配强社区后备力量，对社区后备力量的经历、专业、年龄不断优化，加强常态化培育，不断提高整体素质，建立完备的社区网格管理人才库和档案管理机制。

（3）推动社区自治

智慧社区建设的终极目标是促进政府治理、社会适应、居民自治之间的良性互动，实现对基层社区的多种服务、有效保障及解决基层社区中出现的各项问题。着力服务人民，坚持基层社会主义国家现代化治理方向。

第一，明确授权社区，将"管理"改为"服务"。首先，完善法律体系，明确权力界限和多元主体的责任。配套的法律法规应明确"公权"与"私权"的界限，明确各地区职能部门、街道、区域委员会的责任，明确组织内个人的特定责任。网格管理者等的权利与义务也应得到明确。其次，厘清地方自治团体、居民委员会、街道社区的关系，恢复基层自治团体的功能。上级政府应将属于社区的自治权归还给社区，降低分权化的行政工作水平，将区域委员会和网格成员的焦点转向社区自主性及服务。

第二，重视运用市场力量，增加社会行为人的参与，形成共建、共治、共享的良好生态系统。建立政府与社会良性互动的协同治理机制，指导社区商业和机构开放内部资源，实施社区建设项目，形成建设合力。社会资本的投入可以加强社区服务队伍建设，通过建立各类"服务站"，培养有不同专业背景的志愿者，特别是年轻志愿者，为居民提供多样化的社区服务。建立居民自主服务平台，通过网格式信息平台实现信息对接和共享。

第三，建立社区互动平台，利用信息技术、网上投票、民主选举和社区居民对社区治理的参与，改善基础性的服务管理模式，形成干部提升、群众参与等新型社区领导模式。通过 App、微信小程序、官方微博等平台积极宣传"随手拍"等功能，让公众提供城市环境治理、文明创造、安全生产等方面存在问题的线索。通过公众的反馈、咨询和投诉，及时、准确地部署，从而解决工作过多、人员过少的问题。人人都有表达、参与和监督的权利，是我国基层自治的基本要求，要达到这一要求，就要把国家治理力量提升到更高水平，覆盖到全体居民。

（4）打造"15分钟智慧生活圈"

未来智慧社区着眼于民生。在提升安全保障、提高生活水平的同时，将重点放在利用"互联网+"来满足社区内部"从出生到死亡"的所有需求。线上、线下构建"15分钟智慧生活圈"，改善服务设施，优化社区服务中心，打造公共空间，构建综合社区服务平台。完善社区智能生活服务系统及其功能，拓展服务主体，提高服务质量。充分发挥政府和市场在社区服务中的作用，持续满足多层次、多样化的文化需求和日常需求，为社区居民提供便利。

第一是推广上门服务。拓展商务、居家护理、志愿服务等线上线下一体化服务。利用大数据分析，将不同人群所面临的问题进行分类，进而更高效地、有针对性地解决问题。打造创新型的服务体系，通过社区工作者、志愿者和其他"代送者"上门，主要对老年人、残障人士、儿童进行服务。

第二是将服务固定化。建设独门式、一站式公共服务平台，建立政府业务处理、便民服务、社区生活服务等全面平台，并整合多种多样的公共资源，让居民能够享受便利、优惠，如菜价公示、生鲜购买、物业缴费、家校沟通、时事资讯、组团活动等，同时增强其对平台、社区的认同感和归属感。

9.3.2 未来智慧社区建设的顶层思路

未来智慧社区建设的顶层设计思路可以用"11366"来简单概括，即1个中心（大脑）、1个平台、3大价值坐标、6大建设维度、6大未来场景，如图9-3所示。就是以社区大脑为1个中心，以社区综合服务平台为1个平台，以人本化、生态化、数字化为3大价值坐标，以社区、小区、建筑、家庭、个人、企业为6大建设维度，构建社区服务与社区照顾精心便捷、社区安全与综合治理精细敏捷、社区卫生与疾病预防井然有序、社区环境与物业管理舒适快捷、社区文化与文明建设和谐凝聚、社区保障与社区福利公平普惠6大未来场景，最终实现与美好生

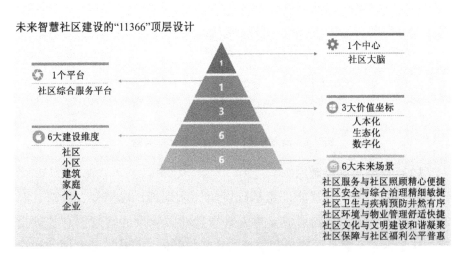

图9-3 未来智慧社区建设的顶层设计思路图

活零距离。

建立由数据智能驱动的未来智慧社区,是一个长期持续的演化过程,这需要综合最高级的规划和设计。一盘棋计划好,一盘棋坚持到底。建立一个整体的未来智慧社区架构,以灵活支撑不同社区、不同需求方的业务应用需求。

9.3.3 未来智慧社区建设的总体框架

未来智慧社区的总体框架构建以"聚能—赋能—释能"为主线,按照"大数据、大平台、大应用"原则,包含"三层架构、两大体系",如图9-4所示。"三层架构"分别是智慧基础设施层、智慧运行中枢层和未来智慧社区应用层,"两大体系"分别是技术创新与标准体系和安全保障体系。

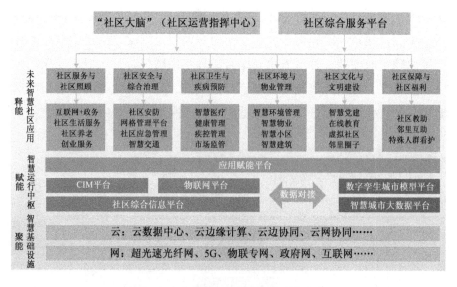

图9-4 未来智慧社区建设的总体框架图

（1）智慧基础设施层

通过端、网、云智能信息基础设施体系聚能,融感知、传输、存储、计算于一体,共同形成支撑未来智慧社区建设的智慧信息基础设施,这是未来智慧社区服务和管理的依托与载体。其中,云和网的建设基于市级或区级智慧城市建设的统一部署;无所不在的终端感知设施覆盖社区、小区、建筑和家庭层面，通过信息采集识别、定位、传感器、摄像头等多种自动感知设备的部署，对社区中的人、车、犬、物、建筑、房屋、道路、环境、公共设施、事件、民生服务、企业等要素进行实时动态多源感知和监控管理，并且一次采集、多方共享，为社区智能化运行、内生性治理提供准确、多样化的数据基础。

（2）智慧运行中枢层

以社区综合信息平台、CIM 平台、物联网平台、应用赋能平台等来充分赋能，是在智慧城市大数据平台、数字孪生城市模型平台和应用赋能平台之上，依赖市级或区级建设内容，通过数据规范和接口服务，接入相关平台，支撑社区智慧应用服务，并与上级平台实现数据共享。社区综合信息平台用于社区数据的汇聚、整合、共享等。CIM 平台作为数字世界运行信息集成展示载体，展现未来智慧社区运行全貌和细节，实现社区治理一盘棋。物联网平台提供社区物联设备与平台的对接能力。应用赋能平台分为两部分内容：一是人工智能、区块链等核心技术的结合，对外提供文字识别、图像识别、语音识别、自然语言处理、视频解析、知识图谱、分布式计算等功能；二是基于底层数据的共性应用组件构建，对外提供统一无差异的信用服务、身份认证、电子证照等功能。

（3）未来智慧社区应用层

未来智慧社区应用层面向居民、居委会、政府、企业，在社区服务与社区照顾、社区安全与综合治理、社区卫生与疾病预防、社区环境与物业管理、社区文化与文明建设、社区保障与社区福利 6 大场景完全释能，打造未来社区治理智慧应用集，以及"社区大脑"（社区运营指挥中心）、社区综合服务平台等展示使用窗口。强化居民意见反馈与在线交流渠道，鼓励居民参与社区治理，打造"互联网+社区"大生态圈，形成基于信息化、智能化的社会管理与服务的社区现代化治理模式。打造智慧化的"社区大脑"，提升社区层面的应急处理能力，充分利用社区智慧城市服务平台，打造政务办公和服务、健康管理、养老助残、生活辅助、社区教育等社区自助服务，推广社区智能"微菜场"等商业应用。基于对社区居民生活数据的多源感知和挖掘建模，不断完善社区服务体系，实现政务服务、公共服务、居民生活服务及自治互动业务的主动化、人性化、数字化，全面提升居民的社区生活体验。

9.4 未来智慧社区建设的重点内容设想

9.4.1 搭建物联感知平台

随着物联网的不断发展，"智能+社区"的设想逐渐成为现实。社区人口数据浩繁复杂，相关业务范围非常细致，传统的管理方法难以实现高效的社区管理和服务。另外，基于"民生"，社区管理不仅需要警务管理设备的技术升级，还需要对社区委员会"数据"发布的更多关注，用基于数据的思想进行整体监督和管理。因此，智慧社区通过物联网和大数据技术的结合，可以随时收集、分析、管理和运行与社区相关的数据信息，是改善社会治理方式、解决城市治理难题最根本、最基础的方案。

社区管理通过物联网把社区中的感知设备全部接入一个网络中，实现社区识别感知系统的整合。通过对局域网和互联网中庞大的数据和信息进行分析、处理，以及对物体进行智能控制，以更加精细和动态的方式管理社区。

9.4.1.1 平台建设思路

建立统一的未来智慧社区系统，运用移动物联网、大数据、人工智能等技术，建立神经元系统全覆盖，打造物联、数联、智联"三位一体"的物联网平台。互联互通、智能互联，及时发现社区管理问题和风险，引领城市治理和社会治理功能的提升。通过物联网构建深度链接系统，通过数据链接构建数据共享系统及智能应用与决策系统，实现各系统的信息收集和资源共享。通过未来智慧社区的实时控制等多种功能，提高整个社区的管理效率和智慧水平及社区居民的生活质量。

根据 GB/T 36333—2018《智慧城市　顶层设计指南》，依据智慧城市基础设施建设现状，结合应用架构的设计，识别可重用或者共用的基础设施，提出新建或改建的基础设施，按照"集约建设、资源共享、适度超前"的原则，设计开放、面向服务的基础设施架构。在物联感知平台建设中，通过创新的"1+N"的建设模式，开展多网络适配、多感知设备适配、海量设备高并发接入、不固定监测因子存储分析、海量数据实时在线计算等方面的研究，突破网络适配、设备兼容、高并发接入、边缘计算、流式计算等关键技术，充分满足提升产业创新能力、促进区域经济发展方面的需求。

9.4.1.2 平台建设内容

物联感知平台提供物联网设备接入、设备营运管理和维护等多种功能，通过物联网识别数据的收集、汇总、整合，以及物联网识别数据的综合显示和分析，提供物联网识别数据适用于上层应用。物联感知平台可以分为物联感知接入子平台、物联感知运维子平台、物联感知综合展示子平台、应用支撑子平台和物联感知数据中心 5 个子平台。物联感知平台的逻辑架构如图 9-5 所示；物联感知平台各子平台的主要功能如表 9-2 所示。

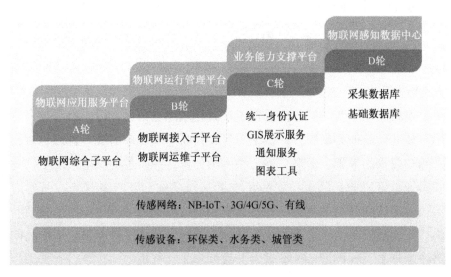

图 9-5　物联感知平台的逻辑架构图

表 9-2　物联感知平台各子平台的主要功能

子平台	主要功能
物联感知接入子平台	物联感知接入子平台使用实时数据流处理架构设计，提供设备管理访问、数据收集、数据分析、数据存储、数据共享等功能

续表

子平台	主要功能
物联感知运维子平台	物联感知运维子平台支持物联感知接入子平台和基本平台的操作。物联感知运维子平台的主要功能包括设备管理、监测索引管理、应用配置、数据查询等
物联感知综合展示子平台	物联感知综合展示子平台是向管理部门提供服务的信息显示平台，是物联网认知作业施工结果对外显示的重要窗口。物联感知综合展示子平台的主要功能包括基本信息、总体情况、细节情况、数据质量统计等的展示
应用支撑子平台	应用支撑子平台提供与业务支撑及业务协同相关的各类组件服务，以降低信息化子平台建设的复杂度，提高建设可靠度，主要提供统一身份认证、GIS展示服务、通知服务、图表工具等应用服务
物联感知数据中心	物联感知数据中心数据库由感知数据库和业务数据库两类数据库组成，实现业务数据集中采集、集中存储、集中管理和集中使用。物联感知平台能够汇总、处理社区烟感、温控、视频、图像（如人脸、车牌等）等感知数据，并通过统一接口汇总到GIS上分类显示，接收及展示警告和维护信息，根据社区内各类传感设备采集的数据进行统计分析和数据处理，及时发现异常事件

9.4.1.3 平台价值

物联感知平台的核心价值在于汇聚物联感知数据，提供物联数据应用、标准化数据共享服务；实现对各类物联感知设备的统一管理、对物联感知数据的采集、汇聚、整合和展示分析，并向各类应用系统提供物联感知数据服务，深化物联网在城市基础设施、生产经营等方面的应用；遵循让物联网更便利、让管理更节约、让效率提升更明显的原则，将行业各类设备统一接入、统一管理，着力解决物联网应用发展中的网络技术复杂、硬件设备种类繁多、数据实时计算难等问题。

9.4.2 打造"社区大脑"

9.4.2.1 "社区大脑"建设思路

如图9-6所示，"社区大脑"的建设思路是依托社区基础设施、网络平台和数据中心，以社区为基本单位，整合社区内外部资源，为社区构建智慧生态环境；推进线上和线下相结合，坚持党建引领原则，构建"服务+治理"的基层社会治理体系，提升社区精细化服务和系统化治理水平，形成社区治理和服务的创新模式。

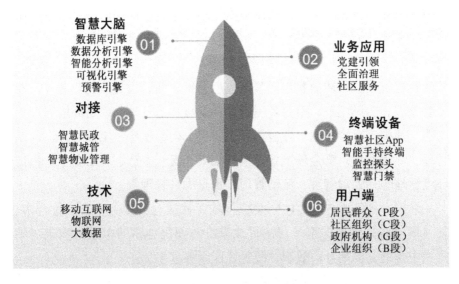

图9-6　"社区大脑"建设思路框架图

"社区大脑"是一套完整的综合治理系统，是通过对社区服务与社区照顾、社区安全与综合管理、社区卫生与疾病预防、社区环境与物业管理、社区文化与文明建设、社区保障与社区福利等各条线业务的数据整合，统筹协调辖区内相关管理部门的资源，实现"平台操作集成、业务处理互联、信息智能共享、全网全覆盖"的统一数据、统一管理和统一服务的全社区综合治理系统。

9.4.2.2　"社区大脑"建设内容

（1）"社区大脑"网格化管理业务

"社区大脑"坚持党建引领原则，构建"治理+服务"的基层社会治理体系，党建、治理、服务齐创新。

首先，党建引领。以网格化管理为主要思路，完善党员管理（包括党员信息、认岗、联户等）和党组织管理（包括党组织信息、分类、定级等），提升党建工作效率，提高党建工作质量，规范党内日常管理，为社区党建工作打造一个先进的技术平台、高效的工作平台。党建引领主要包括党建门户、党务管理、责任认领、党群活动、在线学习、任务认领等功能。

其次，全面治理。网格社区全面治理基于地名和地址管理，以人口、房屋和单位管理为内容，以网格管理为思路，以部门信息共享和交换为主要支撑，实现动态化管理，即收集社区的各种基础信息，及时更新居民的各种诉求信息，确保居民和政府有效沟通，形成实时、敏捷、长效管理机制。具体内容包括基础信息采集、问题投诉、物业考评、业委会管理、居民议事、市容环境管理、安全环境管理、稳定环境管理等功能。其中，市容环境管理包括环境卫生、街面秩序、工地管理、河道管理、环境保护；安全环境管理包括治安、安全生产、食品安全；稳定环境管理包括人口管理、流动管理、重点人员管理等。

最后，社区服务。"社会大脑"基于社区党群服务中心，整合市、县（区）各层级延伸至基层的行政审批与便民办事等事项，实现一站式集中受理，提高办事效率，改善社区服务水平。

（2）"社区大脑"运营指挥中心

运营指挥中心是整个"社区大脑"的核心，是支持所有系统、设施和应用程序的关键部分。运营指挥中心以数据资产和驱动事件为思路，基于时空信息图层，形成连接社区管理和服务的三维立体"社区运行全景图"，呈现社区整体状况，提高综合治理和运营监控能力。领导和各综合部门可基于此图及时调整相应的处置方法与政策，做出科学决策。

运营指挥中心具有四个主要特点：一是感知理解，认知和理解非结构化数据（如视频、图片等），并进行精确的结构化数据收集；二是推理分析，基于业务规则，建立模型和关系知识数据，执行推理、比较和分析，并获得深度数据洞察力和决策基础；三是深化学习，迅速从大数据中提取核心信息，基于神经网络来学习和认知；四是通过 AR、VR 等技术，使人机交互以自然、熟悉的方式进行。

第一，数据库引擎。城市治理主要是对城市内的人、事、地、物、情、组织等进行管理，而社区是城市治理的"最后一公里"，因此社区治理就是对社区内的人、事、地、物、情、组织等进行管理，我们将这些管理内容进行数据化存储，就形成了相应的数据库。

在平台的设计过程中，首先要争取充分利用好现有数据，将社区治理相关的数据进行系统分类，如将人、地、物、组织等数据归入基础库，将事和情数据归入业务库，将政府机构或企业组织可为社区治理共享的数据归入共享库。基础库主要包含与社区治理实体相关的数据，如地理空间（GIS、BIM、CIM）、小区网格、社区部件、人员、房屋等数据。业务库主要包含社区治理过程中所产生的各类数据，如党建引领、社区宣传、社区服务、社区生活、社区沟通、问题治理、平安小区等数据。共享库主要包含其他政府部门所管理的相关数据，如房屋、人口、水电气网、公共信用记录、智慧城管、行政审批、法律法规等数据。

第二，数据分析引擎。在使用特定平台期间生成的数据具有数据量大、数据生成快、计算量大等特征。为了更好地利用平台生成的各类数据，确保数据的安全性，需要运用大数据技术来保证整个平台数据处理的速度和数据的安全性。数据分析引擎是一套大数据处理技术，可以保证平台数据的利用效率和安全性。

第三，智能分析引擎。智能分析引擎能够使平台更加智能化，减少社区管理人员的工作量，提高其工作效率。智能分析引擎对平台生成的各类数据（如图片、音频、文本、视频等）进行系统学习、深度学习，使整个平台更加智能化，实现社区自动化管理。

第四，可视化引擎。可视化引擎包括 3D GIS 引擎、3D 图形引擎、图表引擎、3D 模型引擎等。通过使用这些可视化引擎，平台能够为不同的用户展现更加友好的使用界面，有利于整个平台的推广。通过使用可视化引擎，并结合数字孪生理念，可创建物理社区的数字孪生社区，让社区治理从抽象走向具体，从示意走向可视，从数字走向智慧，使平台能够实时监测社区状况、各类资源的使用情况，更好地管理社区硬件资源，让整个平台变得更加智能化，为决策者提供更加准确的数据支撑，让决策更加合理，从而真正解决居民的实际问题。

第五，预警引擎。借助大数据资源整合，通过系统学习技术建立各种监测模型，对各种异常状态进行动态监测，识别具有异常曲线状态的元素，生成异常状态列表。对社区管理中的主要问题和风险进行实时监控与预警，鼓励执法巡查，实时监控多条线的运行数据，通过更多的路径和更有效率的管理，将风险降到最低。比如，对高风险区域进行预警，由于各个地区的具体条件不一样，有的地区有更多的居住区，有的地区有更多的商业区，高风险期也在不断变化，因此，该系统需要对不同地区和不同时间提供适当的预警临界值。还要由系统通过多维分析、聚类分析和实时计算来自动计算这些临界值。还要根据需要，每周重新计算一次。只有这样，预警才能准确而实用。

(3)"社区大脑"数据采集前端

"社区大脑"利用基础设施管理层与社区内各类信息化基础设施进行通信，包括未来智慧社区App、智能手持终端、智慧门禁等设备，实时获取社区数据，控制各种基础设备和设施。

(4)其他智慧应用与"社区大脑"相结合

社区中存在多种类型的智能应用程序、智能应用软件，它们需要与"社区大脑"迅速融合、对接。因此，平台应该是一个即插即用的轻量级平台，可以适应不同级别数据的对接需求，如不同社区、不同应用程序的数据连接等。

与"社区大脑"相连接的智慧应用程序包括智慧民政（如社区生育管理、养老服务等）、智慧城管（如垃圾分类、网格巡查等）、智慧物业管理（如智慧停车管理等），除此之外，还包括其他智慧应用程序，如智慧健康与养生、智慧法制宣传等。

9.4.2.3 "社区大脑"的价值

在提高居民生活质量、社区管理和服务水平的同时，"社区大脑"充分利用数据信息，推动社区的有效运营，实现社区的可持续发展。"社区大脑"通过实时分析和判断社区运作情况，随时解决社区公共资源与服务资源的分配缺陷，优化、科学分配、有效利用全社区资源。

(1)建设一个以社区为核心、以居民为主体的平台

"社区大脑"以社区居民的需求为导向，通过管理与分配时间、各种服务资源及社区智能应用系统促进政府和社会的资源集成，形成以社区治理为核心的一体化平台。

(2)结合网格化管理模式，推动城市治理重心和配套资源下沉

通过网格化管理，创新社区治理理念和模式，整合公共服务信息资源，改进公共服务方式，让智慧城管向基层延伸，让智慧城管的感知、

分析、命令和监管功能在社区管理中落地，实现信息采集、网络连接、业务协作能力的提升，促进城市治理重心和资源向社区下沉。

9.4.3 建设社区综合信息平台

9.4.3.1 平台建设思路

实现"智慧"的基础在数据，为了未来智慧社区建设的进步，必须把握数据思维，具有数据视野。构建全面的社区综合信息平台的目的是促进社区数据应用。该平台以社区数据整合为核心，打破社区数据孤岛，逐渐形成社区"大数据"基础库，为社区智慧应用提供基础数据支持。

社区综合信息平台通过对街道、社区机构的数据进行全面梳理，将从居民委员会和办公室（包括公共安全、城市管理、市政法律、民政事务等）收集的数据与其他街道、社区机构收集的数据进行区分。例如，社区可以积累形成沿街个体户库、社区居民人口库等基础库，与公安系统进行比对，并交换、共享数据资源。社区综合信息平台的建设思路如图9-7所示。

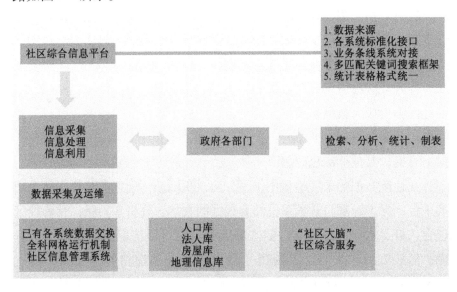

图9-7 社区综合信息平台建设思路框架图

9.4.3.2 平台建设内容

社区综合信息平台体现数据的"采集—处理—应用"流向,如图 9-8 所示。

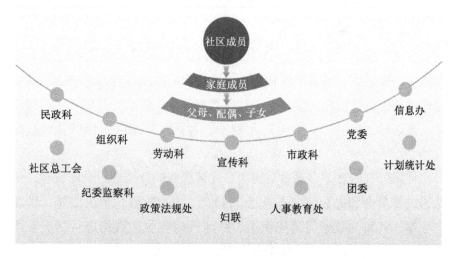

图 9-8 社区综合信息平台居民数据关联应用示意图

(1) 数据采集模块

通过数据采集模块进行信息采集,如采集政府事务信息、认知信息和需求信息。为了便于社区基层人员采集信息,平台的数据采集功能是根据权限、条线、图像格式等来开发的。例如,根据不同部门的实际需求,各种社区级应用程序数据表单被设计并包含了各种数据分析服务,使社区不仅成为数据的采集和提供者,还成为数据的使用者。最后,建立街道社区级数据交换中心,向下可传递平台已有数据进行社区服务,向上可提供其他标准化数据。

在社区数据的采集过程中,一方面,我们必须利用区级数据共享交换平台,促进跨部门业务系统的大数据的收集、分析和判断,完善社区包含人口、地理信息等在内的基础数据和宏观经济等关键要素大数据库;另一方面,我们需要利用基层设备资源和网格管理团队,建立"365×24"系统的新数据,以提高数据的及时性和准确性。此外,我们还需要利用 5G、无人机、视频监控和其他技术手段,提高对城市事件和社区中主要元素的全面认知水平,在社区中建立高质量的微数据,提高电网监管、决策和指挥应急运输能力。

另外，社区综合信息平台的数据集成是双向的。一方面，社区信息通过不同的渠道（如网格成员、感知器、业务系统等）进行集成；另一方面，在政府的主导下，社区的所有人、组织和企业都可以通过平台获取信息，以有效地帮助他们参与社区建设。

（2）数据处理模块

通过数据处理模块，对所采集的数据进行标准化处理、关联比对，将社区数据资源划分为不同的数据库，如基础数据库、主题数据库、数据仓库等。当通过数据平台进行相关的索引咨询时，将会直接获取已整理好的信息，所有的静态和动态备份数据都会被存储在数据库中，以便自动完成各部门的工作数据管理。通过智能分析系统进行数据挖掘，使各方都可以应用这些数据。

（3）数据应用模块

社区综合信息平台将开放各种应用系统的信息及事件处理流程，可以通过社区综合信息平台查询其他相关信息。例如，如果有需要津贴的人在申请时没有得到临时补助金，系统会发出通知说明相关情况。然后，临时补助金会被输入数据库中，民政部门就能据此协调补助金的发放工作。

9.4.3.3 平台价值

社区综合信息平台建立了一个统一的社区数据共享和交换渠道，通过多种数据集成方式，将部门业务数据、感知数据、社交数据和互联网数据融合在一起，并通过数据监管、高质量数据和标准数据整合，提供综合数据资源和应用程序服务。此外，通过数据资源的挖掘和分析，我们可以充分体验社区数据的价值。

9.4.4 建设社区综合公共服务平台

9.4.4.1 平台建设思路

社区综合公共服务平台以社区居民为中心，注重服务，整合各部门延伸到社区的业务系统，构建全区覆盖、分级分层管理、功能与特色相结合的综合管理服务体系，以提高社区居民的幸福感和满意度。社区综合公共服务平台的主要功能如图 9-9 所示。

图 9-9 社区综合公共服务平台主要功能示意图

9.4.4.2 平台建设内容

社区综合公共服务平台由居民服务 App、社区服务 App、物业服务 App 和未来智慧社区综合管理平台四个部分组成。

（1）居民服务 App

居民服务 App 是面向公众的应用程序，通过整合周边服务资源，构建灵活、便捷的互动渠道，构建语音管理服务系统，提供来自公共部门的多元化服务，让居民真正感受到公共服务所带来的舒适体验。居民服务 App 主要板块的基本内容如表 9-3 所示。

表 9-3 居民服务 App 主要板块的基本内容

主要板块	基本内容
通知公告	让社区居民关注社区的最新发展，直接了解社区的最新情况，如最新的政策法规信息、社区活动信息、医疗保险信息、极端天气警告信息、交通信息、清洁服务信息、当前社会热点问题等。进一步解决信息共享问题，提高服务意识，提高民众满意度
便民服务	提供便民服务，让社区居民可以实时查找社区各项服务资源，迅速找到行政服务中心、警察局、医院、商业中心、电力公司、水利公司、天然气公司、休闲娱乐场所等，并提供导航帮助

续表

主要板块	基本内容
物业维修	一次点击便能收到维修报告。对于物业问题，业主不需要联系物业公司，可随时随地通过 App 启动维修请求。此外，该板块还可以发送小型视频或语音信息，根据不同人群的需要，为物业维修提供便利。维修完成后，将进行现场评估，以监督社区的物业工作
社区活动	为了提高社区质量、丰富社区居民的文化生活，举办多元化的社区文化娱乐活动，并提供网上推介、网上报名、网上直播等多种服务
一键救援	通过 App 为社区居民提供紧急呼叫通道，方便社区居民在紧急情况下一键申请救援服务。社区居民可以设置相关的救援电话或紧急呼叫电话，提前为家庭或财产保护做好准备，这样一旦发生紧急情况，就可直接拨打相关救援电话
入学登记	为社区所在的幼儿园和小学提供注册通道，社区中学龄儿童的家长可以查看家庭周边的学校资源，获取最新的注册手册、政策和规则信息及其他信息，并直接提交注册
安全教育	为社区居民和电网工作人员提供场所的消防安全培训、停车安全管理培训、消防演习、住房信息申报和消防登记管理指导培训、台风和暴雨天安全培训。提供视频服务，包括提供反人口贩卖、反欺诈、防盗和安全使用电力服务的培训
在线学堂	让社区居民掌握技能和视频在线学习知识，帮助社区居民学习新知识和新技能，营造良好的社区学习和交流氛围，促进社区建设
议事决策	提高社区居民讨论和协商解决所有涉及社区公共利益的重大决策问题、实践中的困难及与居民利益相关的矛盾的能力。原则上，应该由社区缔约方和许多独立组织在基层领导、组织居民进行协商。可以在线讨论、协商和投票
表扬投诉	充分发挥社区的监管作用，提供在线赞美和投诉渠道，设置"问题墙"和"回声墙"，社区居民可通过点击对社区服务中的缺陷和问题进行评论，以促进社区管理和服务的持续改进
民意调查	开展网络调查，了解居民的需求，重点解决居民所遇到的最紧迫、最困扰的问题，并给予明确的回应，如该司法管辖区的医疗、社会保险、社区财产管理等的赔偿问题
社区志愿者	为居民成为社区志愿者提供一个在线渠道，允许居民通过 App 注册成为志愿者，可以发布志愿活动和订阅活动。居民还可以查看在附近举行的志愿活动，并报名参加

（2）物业服务 App

物业服务 App 能够协助各小区物业公司高效解决各类物业问题，提高物业服务的质量和效率，主要提供报修处理、投诉处理、信息发布、安保巡更等功能。物业服务 App 主要板块的基本内容如表 9-4 所示。

表 9-4 物业服务 App 主要板块的基本内容

主要板块	基本内容
报修处理	物业服务人员可以通过 App 询问业主的维修要求，根据要求进行维修，并以图片的形式返回维修结果
投诉处理	物业服务人员可以通过 App 及时了解业主的投诉内容，有效处理投诉，并在处理后做出回复。与此同时，业主可以提供有关投诉处理结果的反馈。管理人员可以随时查看业主的投诉处理结果及评估结果，以此作为评估物业服务人员的基础
信息发布	物业服务人员可以通过 App 发布信息，同时也可以添加、删除、修改和查看已发布的信息
安保巡更	自动记录和报告巡逻地点、人员、事件和其他信息，监管和评估物业服务人员，并提高物业管理水平

（3）社区服务 App

社区服务人员通过移动设备处理社区事务，灵活地管理和控制社区动态，主要提供基础信息查询与维护、社区问题上报、社区巡查联动、人员实时定位、公共服务信息查询、二代身份证读取、二维码门牌读取、工作日志及考核等功能。社区服务 App 主要板块的基本内容如表 9-5 所示。

表 9-5 社区服务 App 主要板块的基本内容

主要板块	基本内容
基础信息查询与维护	网格成员可以随时随地查看其管辖范围内的网格中的相关信息，包括建筑信息、住宅信息、主要人口信息、地标信息，并且可以收集、比较和更新信息
社区问题上报	网格成员可以随时随地将发现的问题报告到社区网格服务管理平台，同时上传照片和记录作为现场证据

续表

主要板块	基本内容
社区巡查联动	网格成员可以通过智能手机终端从指挥中心接听电话，并以文本、音频和视频的形式与指挥中心进行通信。指挥中心可以实时了解实际情况，以便及时安排合适的时间进行巡查
人员实时定位	可以将便携式设备持有者的位置实时报告到社区网格服务管理平台或总部，并可以将其显示在地图上。为了方便指挥中心的指挥和协调，缩短响应时间，可以对员工进行追踪，以确保他们的参与，并对他们进行绩效评估
公共服务信息查询	可以查询公共服务指南、热点问题和地点，也可以获得许可，查询公共服务的进展
二代身份证读取	通过外部读卡器，可以在场所读取公民身份信息，并自动填写到相关界面，使操作更加简单，避免了输入错误
二维码门牌读取	通过手机扫码即时读取房屋信息，并自动填写相关界面，简化操作，避免错误进入
工作日志及考核	可以查询自己的历史工作日志和考核结果

（4）未来智慧社区综合管理平台

未来智慧社区综合管理平台的基本功能包括信息采集与档案管理、社区运营管理、社区运营展示、智能预警分析、公共服务管理、高清云视频会议系统、体温监测系统、综合事务管理等。未来智慧社区综合管理平台主要板块的基本内容如表9-6所示。

表9-6 未来智慧社区综合管理平台主要板块的基本内容

主要板块	基本内容
信息采集与档案管理	信息采集与档案管理的内容主要包括建筑管理、住宅管理、房屋登记管理、居民管理、单位管理、城市管理等。所有信息都可以按地图显示、查询和计数。信息来源包括人员、网络和现有的公共部门信息，可以连接、监控和整合多个数据源，确保信息的标准化和一致性，这些信息是由各政府部门共享的

续表

主要板块	基本内容
社区运营管理	适用于综合的社区日常问题处置业务。处置业务由寻找问题、组建案例、开展工作、处理反馈、审核和关闭案例、进行评估等阶段组成。还有一个问题管理工具箱,提醒处理问题的人员尽快解决问题。需要处理的问题的来源主要有电网人员发现、日常监控和公众反应,以及通过媒体热线、请愿书等渠道收集与上传的事件。网格工作人员发现问题后,可以通过移动办公设备及时报告。报告的数据包括问题描述、照片记录、地点信息等。平台接受后,问题将被分类,并将按级别提交或报告给相关部门,相关部门收到问题后可以跟踪处理问题。在相关人员处理完问题后,平台将自动指派网格工作人员来监控和评估问题处理结果,并将其作为管理部门评估的依据
社区运营展示	创建特定的主题层,如建筑、房屋、人口和主要群体,并显示、查找和维护相关信息,如人口单位、组件和道路专业资源。在地图上标记隐藏的危险、冲突、纠纷、事件,结合位置信息和视频监控系统,识别关键问题并及时发现隐藏的重大危险
智能预警分析	根据收集的各种社会事件的数量、性质及其他相关因素,建立相应的早期预警指标,为下一步的社区保护、主要工作内容、主要任务等提供预警依据。它的主要职责是对各种社会事件进行早期预警和控制,将社会冲突解决于萌芽阶段
社区民意分析	通过收集社区状况和公众意见,可以全面记录、总结和报告管辖范围内的事件,如调解争端和居民上诉。对于重大问题和热点问题,可以与不同的单位协调,及时跟进和处理。它的主要职责包括记录和处理民事事务、报告与调解冲突和纠纷等
公共服务管理	为社区居民提供一站式服务。公共服务管理的主要内容包括服务目录管理、服务信息配置管理、工作坊管理、问卷调查、服务项目进度管理等。为社区居民提供公共服务资讯、生活资讯查询服务,如工作手册、为市民提供的福利、社区公关、社区服务机构等
高清云视频会议系统	高清云视频会议系统可以广泛应用于社区工作会议、社区应用、财产问题沟通、业主会议、社区管理服务等方面
体温监测系统	体温监测系统可以接收、分析和处理由热成像摄像头发送的数据,并对进出社区的人员进行非接触式体温检测,在多样的环境中对其进行筛选,如果出现异常,可实时报警,进行疫情预防,从而有效防范疫情输入

续表

主要板块		基本内容
综合事务管理	服务台账	针对老年人、残疾人提供生活津贴及社区矫正服务，如探访、慰问、免费体检、在家康复服务等。慈善机构提供服务，并跟进他们的服务需求及服务内容。服务台账的主要内容包括核心服务组管理、服务请求记录、服务请求接受和查询统计
	监督监察	为每一类问题设定整体时间上限，为每一个关键阶段设定消除时间上限，并通过系统自动提供加班警告，建立县和街道两级监督体系，可以由县和街道的监管机构监督，处理管辖范围内的事件，并发布必要的监督指导。监督监察的主要内容包括监督管理、时间限制、事件处理程序、事后监督、发出监督指令及重大事件的监督通知
	绩效考核	建立社区网格服务管理绩效评估体系，注重居民满意度，促进社区网格管理和服务工作的发展，提高工作效率和质量
	统计分析	从某种意义上说，它将地理信息系统、时间维度管理和分类法结合起来，以反映特定事件的空间分布和临时问题。另外，基于社区网格服务管理信息数据库，对管理对象（实际人口、实际单位、城市部分）进行统计分析，提供包含图表的统计报告，为决策层提供数据参考
	运行管理	运行管理的主要内容包括用户管理、角色管理、权限管理、服务组织、网格管理、设备管理、主题管理、工作日志和中央配置，支持社区网格服务管理系统的正常运行
	网格员管理	网格员管理的主要内容包括网格员档案、志愿者和志愿者管理网格机构、责任、参加、发布工作、设备管理、实时定位、轨迹跟踪等。为了使重型电网人员管理工作实现标准化、信息化，采用先进的技术手段，减轻人员档案管理方面的工作压力，实现所有权和参与权管理

9.4.4.3 平台价值

社区综合公共服务平台是一个交互式的综合服务平台，为社区居民提供生活服务。此外，它是一个开放、共享的人性化服务平台，是构建社会基本公共服务体系和社会基本保障体系的基础服务平台。

各社区综合公共服务平台可为社区居民提供数万人次的公共服务，其内容包括政务服务，居民服务，商业、餐饮、社交及其他方面的服务。各社区综合公共服务平台均针对特定人群，利用信息技术，可找到适合享受公共服务的群体，同时与社会组织和小微企业建立联系，寻找愿意为受众群体提供服务的人，采用"互联网+"的模式，将公共服务与居民和提供公共服务的组织联系在一起。

9.4.5　打造 CIM 时空信息云平台

利用 CIM 技术，为未来智慧社区打造感知敏捷、互联互通、实时共享的"神经元"系统，助力社区网格化建设和精细化管理，真正为社区居民带来便利，为居民创造更加智能化、便捷化的生活环境。CIM 时空信息云平台能够打通原有各系统割裂形成的数据孤岛，提供数据共享服务，并整合基于建筑空间和位置信息的时空大数据平台，为各应用系统提供三维可视化数字底板共享服务，实现各类应用。

9.4.5.1　平台建设思路

CIM 时空信息云平台的建设基于数字孪生的新型智慧城市发展理念，以 CIM 社区信息模型为基础，利用 BIM、3D GIS、人工智能、大数据等信息技术，探索新型社区治理模式。该平台可以实时监测社区各项动态，捕捉预警各类可能发生的事件，多级协同，实现社区"细胞级"治理。CIM 时空信息云平台的建设思路如图 9-10 所示。

图 9-10　CIM 时空信息云平台建设思路框架图

9.4.5.2 平台建设内容

CIM 时空信息云平台核心功能模块包括 BIM 引擎、3D GIS 引擎、业务集成和数据服务平台，各模块的主要功能如图 9-11 所示。

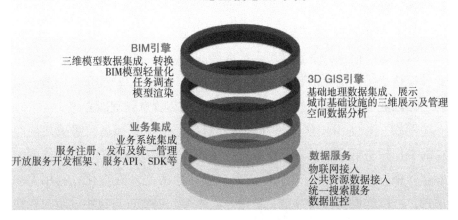

图 9-11　CIM 时空信息云平台各模块主要功能示意图

9.4.5.3 平台价值

CIM 时空信息云平台将 GSD 数据与 IoT 数据深度融合，为社区治理提供数据核心支撑。在社区信息化建设方面，CIM 时空信息云平台是社区信息化发展不可或缺的重要信息资源，可以为社区发展提供有效的数据资源保证。在专业信息系统方面，CIM 时空信息云平台是社区专业信息系统建设不可或缺的支持环境，可以促进信息共享，减少冗余，为社区居民提供服务。CIM 时空信息云平台通过现代网络通信技术提供导航、定位、旅行等服务，为居民生活提供便利。

（1）数据时效性强，有助于提升社区管理的时效性

在社区时空信息数据库建立之后，动态和静态的地理坐标数据得到了改进，包括矢量数据，图像数据，三维数据，地名、地址和建筑信息（结构），时间信息等。每天都有大量数据生成并被及时上传至平台，有助于社区管理者向下和向上提供数据分析与实时显示。

（2）综合空间信息，促进社区公共事务协调

CIM 时空信息云平台满足了未来智慧社区建设过程中的资源共享要

求,并为精细化管理提供数据支持。该平台对地理信息、管道信息、城市空间信息、城市地下空间信息、人口许可证信息、人力资源信息等进行分类和整合,可以满足各层级各类型的信息共享需求。CIM时空信息云平台可实现各部门办公信息的收集与处理,以实现对时空信息的精细化管理,辅助科学决策。

(3) 服务与业务相结合,改善居民生活

CIM时空信息云平台是一个社区级的统一时空信息云平台,为每个业务模块提供标准化的数据支持,减少对每个业务模块的重复创建,提高了社区业务系统的实操性,增强了可视化和智慧管理能力。

例如,通过CIM模型,可以有效打破原有信息孤岛,解决之前存在的工作效率低、人员多、业务不熟等问题,实现各环节、各功能的统筹化管理,并利用新一代信息技术,达到社区治理智慧化;利用CIM平台,可以建设智慧窨井盖、智慧垃圾箱等,以实现对这些设施的在线监测、可视化管理和智能操作;基于CIM模型,还可以有效监测水质、大气等状态,为生态环境优化提供科学决策。

社区级时空信息云平台是智慧城市建设的重要信息基础设施,有效推动了社区时空信息数据CIM共享机制的形成,有助于各层各级各类信息数据的汇集及共享,为实现智慧城市"一张图"管理打下基础,也为未来智慧社区建设创造更大的价值。

9.5 未来智慧社区建设推进建议与展望

9.5.1 发展策略

未来智慧社区的深入发展,需要以"便民、惠民、利民"为核心,以提升社区治理的现代化水平为目标,深化信息基础设施、服务体系和管理体系建设,以智慧生活应用为切入点,优化服务环境,创新发展模式,拓展服务渠道,促进社区服务和治理的智慧化。

(1) 供需对接,建立产业联盟

构建未来智慧社区是一项系统工程,需要多种资源,在改变社区管理和服务方式的同时,还可以带来更多的商机,可以联合多种主体共同建立未来智慧社区产业联盟,并引入更多的项目,共同为未来智慧社区创造美好的明天。

(2) 资源集聚,整体服务

综合利用政府和社会公共服务资源,优化公共服务流程,促进社区综合公共服务平台构建,充分认识"一门式""一网式"公共服务管理模式,为老年人提供基于家庭的社区护理服务,建立社区综合信息平台。

(3) 政府引导,多元参与

鼓励社区服务提供者、社区信息技术开发商、智能设施制造商等参与社区建设,政府相关部门通过公共政策制定,以降低市场准入门槛、提供信息技术开发资金等方式提供支持,鼓励多种主体积极参与社区建设。充分发挥市场机制的作用,创新公共服务方式,推进政府社区建设管理职能转变,有效整合各种资源,加快信息化建设及发展,激活经济社会活力。

(4) 规划引领,先行先试

在明确规划指导方针的前提下,选择试点,先测试新形态、新技术和新模式,为未来的智慧社区探索有效的建设路径,并快速复制。由于复杂的系统由多个技术、多个硬件、多个数据、多个元素组成,未来智慧社区需要根据社区的实际情况来设计业务流程和应用程序场景,并创建有效的版本迭代和应用程序更新。

(5) 宣传推广,共建共享

社区居民是未来智慧社区建设的关键,社区居民对未来智慧社区的认知程度是未来智慧社区建设的重要依据。因此,需要让社区居民参与其中。未来智慧社区的宣传推广,不仅要体现社区建设的成熟度,吸引社区居民使用和参与,而且要重视开放,让社区居民随时随地都能获知智慧社区的未来,为社区建设提供自己的意见。还要及时回答居民、社区单位和社会组织的问题,并根据用户的意见和反馈及时改进智慧社区应用系统,激发社区居民参与建设的热情,提高社区居民的归属感。

9.5.2 推进步骤

未来智慧社区建设是一项系统工程，不会在一夜之间完成，并且有复杂严格的发展路径。在确保未来智慧社区建设与智慧城市建设紧密相连的基础上，按照"基础先、急用先、民生先、创新先"的理念，通过"规划引领，统筹推进""夯实基础，特色先行""技术融合，深化应用"三个关键步骤，逐步完成未来智慧社区的建设和发展。

如图9-12所示，三个关键步骤不仅可以细分为几个关键问题，还具有清晰的逻辑关系。在构建未来智慧社区的过程中，三个关键步骤更多的是并行推进、不断演化和形成完整闭环。

图9-12 未来智慧社区建设的推进步骤

（1）规划引领，统筹推进

基层社区受到人力、物力和财力的限制，在智慧建筑设计和功能建设方面很难面面俱到。因此，构建未来智慧社区必须注重需求，从实现突出功能、解决关键问题等方面着手。通过前期调研，发现构建未来智慧社区的挑战和困难，针对这些挑战和困难，立足社区实际，从顶层设计到规划落地层层破解、逐步推进，形成具有前瞻性和科学性的未来智慧社区建设整体框架规划。

（2）夯实基础，特色先行

在这一阶段，重点工作是夯实基础。社区基础设施建设不仅包括水、电、网络和场地建设，还需要建立支持未来智慧社区经济社会发展的"新基建"，利用"新基建"，加快云访问、集成和信息共享，为未来智慧社区信息资源的共享提供集约化、弹性化、智慧化的"生存基础"。另外，打造特色，重点在政务服务和智慧养老方面积极创新。

（3）技术融合，深化应用

在明确社区发展需求和考虑可控制风险的基础上，充分利用新一代信息技术。在整个社区内构建综合决策支持系统，全面考虑政府、企业和居民在未来智慧社区应用系统中的作用与地位，构建"桥梁"，开发和利用社区信息，促进"政府主导、社会调节、居民自治"局面的形成，建设良性互动、持续发展的理想未来智慧社区。

9.5.3 愿景展望

城市社区是一个集多种要素和问题的聚合系统，社区现代化治理需要系统治理思维，以往"头痛医头，脚痛医脚"的社区治理方式在面对疫情时显得捉襟见肘。尽管社区治理千头万绪，只要我们牢固树立"全周期管理"意识，以"绣花功夫"做好点点滴滴、方方面面，就一定能让社区治理不断提质、提速、提效。

我国未来智慧社区的发展具有良好的潜力，可以借鉴国际一流智慧城市建设的成功经验和相关企业在各种数字生态系统建设中的经验，构建未来智慧社区，以提高社区服务的现代化水平，提高居民自治和共享程度，推动数字产业的发展，扩大社区的商业圈，带动养生、健康、教育等相关产业的发展。

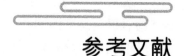

参考文献

[1] 陈宏辉,贾生华.企业利益相关者三维分类的实证分析[J].经济研究,2004(4):80-90.

[2] 郭小建.社区治理[M].成都:西南交通大学出版社,2018.

[3] 胡为雄.马克思主义的公民社会理论及其现实意义[J].扬州大学学报(人文社会科学版),2020,24(1):105-117.

[4] 黄一倬,张天舒.国内外智慧社区研究对比与反思:概念、测评与趋势[J].现代管理科学,2019(7):63-65.

[5] 蒋力群,姚丽萍.城市智慧社区建设的新趋势与综合对策:以上海为例[J].上海城市管理,2012,22(4):25-28.

[6] 姜珊,胡晓寒.社会资本理论研究述评[J].现代商贸工业,2021,42(5):124-125.

[7] 金江军,郭英楼.智慧城市:大数据、互联网时代的城市治理[M].北京:电子工业出版社,2016.

[8] 李琼英.新加坡社区组织架构及对中国的借鉴与思考[J].理论建设,2012(1):9-11.

[9] 李卫.浅谈日本的物业管理[J].中国物业管理,2012(1):34-36.

[10] 李心合.面向可持续发展的利益相关者管理[J].当代财经,2001(1):66-70.

[11] 刘视湘.社区心理学[M].北京:开明出版社,2013.

[12] 宋晓凯,郑丹.日本生协的现状、特点以及对我国消费合作事业的启示[J].青岛农业大学学报(社会科学版),2011,23(2):11-15.

［13］宋煜．社区治理视角下的智慧社区的理论与实践研究［J］．电子政务，2015（6）：83-90．

［14］隋广军，盖翊中．城市社区社会资本及其测量［J］．学术研究，2002（7）：21-23，131．

［15］孙杰．近年来中国公民社会理论研究综述［J］．宁夏大学学报（人文社会科学版），2013，35（3）：48-54．

［16］孙立平．社区、社会资本与社区发育［J］．学海，2001（4）：93-96，208．

［17］谭敬，曾琪洁，顾垚．智慧社区服务平台创建与管理研究［J］．浙江水利水电学院学报，2020，32（3）：63-66．

［18］万建华，戴志望，陈建．利益相关者管理［M］．深圳：海天出版社，1998．

［19］王朝晖，谭华，李颖．基于光网和移动互联网的智慧云社区［J］．移动通信，2013，37（Z1）：18-22．

［20］王成荣，王春娟．"后新冠时代"加快智慧型社区商业服务体系建设的思考［J］．商业经济研究，2020（12）：5-9．

［21］王镜伟．基于物联网的智能家居系统的软件设计［D］．济南：山东大学，2013．

［22］王思斌．体制改革中的城市社区建设的理论分析［J］．北京大学学报（哲学社会科学版），2000（5）：5-14．

［23］王喜富，陈肖然．智慧社区：物联网时代的未来家园［M］．北京：电子工业出版社，2015．

［24］王雪．差序格局的理论综述［J］．理论界，2006（7）：113-114．

［25］亿欧智库．"新基建"驱动城市建设新篇章：2020中国智慧城市发展研究报告［EB/OL］．（2020-10-13）［2021-05-18］.http://data.eastmoney.com/report/zw_industry.jshtml?encodeUrl = mUzXAVsaIzRvBIwfwhxEdQ7KYh6emrgY/XtoGOhZTEM =．

［26］张学谦．基于物联网的智能家居的研究与实现［D］．长春：吉林大学，2013．

[27] 赵晓红.城市化进程中的社区发展历程管窥[J].领导科学论坛,2020(21):22-25.

[28] 赵孟营,王思斌.走向善治与重建社会资本:中国城市社区建设目标模式的理论分析[J].江苏社会科学,2001(4):126-130.

[29] 中通服咨询设计研究有限公司.理想智慧社区白皮书:数智驱动社区治理现代化[EB/OL].(2020-03-16)[2021-04-07].http:www.//chuangze.cn/third_down.asp? txtid=2660.

[30] 朱佳星.国内外智慧社区发展现状及未来趋势研究[D].淮南:安徽理工大学,2019.

附录

中共中央 国务院关于加强和完善城乡社区治理的意见
中发〔2017〕13号

城乡社区是社会治理的基本单元。城乡社区治理事关党和国家大政方针贯彻落实,事关居民群众切身利益,事关城乡基层和谐稳定。为实现党领导下的政府治理和社会调节、居民自治良性互动,全面提升城乡社区治理法治化、科学化、精细化水平和组织化程度,促进城乡社区治理体系和治理能力现代化,现就加强和完善城乡社区治理提出以下意见。

一、总体要求

(一)指导思想。全面贯彻党的十八大和十八届三中、四中、五中、六中全会精神,坚持以邓小平理论、"三个代表"重要思想、科学发展观为指导,深入贯彻习近平总书记系列重要讲话精神和治国理政新理念新思想新战略,紧紧围绕统筹推进"五位一体"总体布局和协调推进"四个全面"战略布局,坚持以基层党组织建设为关键、政府治理为主导、居民需求为导向、改革创新为动力,健全体系、整合资源、增强能力,完善城乡社区治理体制,努力把城乡社区建设成为和谐有序、绿色文明、创新包容、共建共享的幸福家园,为实现"两个一百年"奋斗目标和中华民族伟大复兴的中国梦提供可靠保证。

(二)基本原则

——坚持党的领导,固本强基。加强党对城乡社区治理工作的领导，推进城乡社区基层党组织建设，切实发挥基层党组织领导核心作用，带领群众坚定不移贯彻党的理论和路线方针政策，确保城乡社区治理始终保持正确政治方向。

——坚持以人为本，服务居民。坚持以人民为中心的发展思想，把服务居民、造福居民作为城乡社区治理的出发点和落脚点，坚持依靠居民、依法有序组织居民群众参与社区治理，实现人人参与、人人尽力、人人共享。

——坚持改革创新，依法治理。强化问题导向和底线思维，积极推进城乡社区治理理论创新、实践创新、制度创新。弘扬社会主义法治精神，坚持运用法治思维和法治方式推进改革，建立惩恶扬善长效机制，破解城乡社区治理难题。

——坚持城乡统筹，协调发展。适应城乡发展一体化和基本公共服务均等化要求，促进公共资源在城乡间均衡配置。统筹谋划城乡社区治理工作，注重以城带乡、以乡促城、优势互补、共同提高，促进城乡社区治理协调发展。

——坚持因地制宜，突出特色。推动各地立足自身资源禀赋、基础条件、人文特色等实际，确定加强和完善城乡社区治理的发展思路和推进策略，实现顶层设计和基层实践有机结合，加快形成既有共性又有特色的城乡社区治理模式。

（三）总体目标。到2020年，基本形成基层党组织领导、基层政府主导的多方参与、共同治理的城乡社区治理体系，城乡社区治理体制更加完善，城乡社区治理能力显著提升，城乡社区公共服务、公共管理、公共安全得到有效保障。再过5到10年，城乡社区治理体制更加成熟定型，城乡社区治理能力更为精准全面，为夯实党的执政根基、巩固基层政权提供有力支撑，为推进国家治理体系和治理能力现代化奠定坚实基础。

二、健全完善城乡社区治理体系

（一）充分发挥基层党组织领导核心作用。把加强基层党的建设、巩固党的执政基础作为贯穿社会治理和基层建设的主线，以改革创新精神探索加强基层党的建设引领社会治理的路径。加强和改进街道（乡镇）、城乡社区党组织对社区各类组织和各项工作的领导，确保党的路线方针政策在城乡社区全面贯彻落实。推动管理和服务力量下沉，引导基层党组织强化政治功能，聚焦主业主责，推动街道（乡镇）党（工）委把工作重心转移到基层党组织建设上来，转移到做好公共服务、公共管理、公共安全工作上来，转移到为经济社会发展提供良好公共环境上来。加强社区服务型党组织建设，着力提升服务能力和水平，更好地服务改革、服务发展、服务民生、服务群众、服务党员。继续推进街道（乡镇）、城乡社区与驻社区单位共建互补，深入拓展区域化党建。扩大城市新兴领域党建工作覆盖，推进商务楼宇、各类园区、商圈市场、网络媒体等的党建覆盖。健全社区党组织领导基层群众性自治组织开展工作的相关制度，依法组织居民开展自治，及时帮助解决基层群众自治中存在的困难和问题。加强城乡社区党风廉政建设，推动全面从严治党向城乡社区延伸，切实解决居民群众身边的腐败问题。

（二）有效发挥基层政府主导作用。各省（自治区、直辖市）按照条块结合、以块为主的原则，制定区县职能部门、街道办事处（乡镇政府）在社区治理方面的权责清单；依法厘清街道办事处（乡镇政府）和基层群众性自治组织权责边界，明确基层群众性自治组织承担的社区工作事项清单以及协助政府的社区工作事项清单；上述社区工作事项之外的其他事项，街道办事处（乡镇政府）可通过向基层群众性自治组织等购买服务方式提供。建立街道办事处（乡镇政府）和基层群众性自治组织履职履约双向评价机制。基层政府要切实履行城乡社区治理主导职责，加强对城乡社区治理的政策支持、财力物力保障和能力建设指导，加强对基层群众性自治组织建设的指导规范，不断提高依法指导城乡社区治理的能力和水平。

（三）注重发挥基层群众性自治组织基础作用。进一步加强基层群众性自治组织规范化建设，合理确定其管辖范围和规模。促进基层群众自治与网格化服务管理有效衔接。加快工矿企业所在地、国有农（林）场、城市新建住宅区、流动人口聚居地的社区居民委员会组建工作。完善城乡社区民主选举制度，进一步规范民主选举程序，通过依法选举稳步提高城市社区居民委员会成员中本社区居民比例,切实保障外出务工农民民主选举权利。进一步增强基层群众性自治组织开展社区协商、服务社区居民的能力。建立健全居务监督委员会,推进居务公开和民主管理。充分发挥自治章程、村规民约、居民公约在城乡社区治理中的积极作用,弘扬公序良俗,促进法治、德治、自治有机融合。

(四)统筹发挥社会力量协同作用。制定完善孵化培育、人才引进、资金支持等扶持政策,落实税费优惠政策,大力发展在城乡社区开展纠纷调解、健康养老、教育培训、公益慈善、防灾减灾、文体娱乐、邻里互助、居民融入及农村生产技术服务等活动的社区社会组织和其他社会组织。推进社区、社会组织、社会工作"三社联动",完善社区组织发现居民需求、统筹设计服务项目、支持社会组织承接、引导专业社会工作团队参与的工作体系。鼓励和支持建立社区老年协会,搭建老年人参与社区治理的平台。增强农村集体经济组织支持农村社区建设能力。积极引导驻社区机关企事业单位、其他社会力量和市场主体参与社区治理。

三、不断提升城乡社区治理水平

(一)增强社区居民参与能力。提高社区居民议事协商能力,凡涉及城乡社区公共利益的重大决策事项、关乎居民群众切身利益的实际困难问题和矛盾纠纷,原则上由社区党组织、基层群众性自治组织牵头,组织居民群众协商解决。支持和帮助居民群众养成协商意识、掌握协商方法、提高协商能力,推动形成既有民主又有集中、既尊重多数人意愿又保护少数人合法权益的城乡社区协商机制。探索将居民群众参与社区治理、维护公共利益情况纳入社会信用体系。推动学校普及社区知识,参与社区治理。拓展流动人口有序参与居住地社区治理渠道,丰富流动人口社区生活,促进流动人口社区融入。

(二)提高社区服务供给能力。加快城乡社区公共服务体系建设,健全城乡社区服务机构,编制城乡社区公共服务指导目录,做好与城乡社区居民利益密切相关的劳动就业、社会保障、卫生计生、教育事业、社会服务、住房保障、文化体育、公共安全、公共法律服务、调解仲裁等公共服务事项。着力增加农村社区公共服务供给，促进城乡社区服务项目、标准相衔接，逐步实现均等化。将城乡社区服务纳入政府购买服务指导性目录，完善政府购买服务政策措施，按照有关规定选择承接主体。创新城乡社区公共服务供给方式，推行首问负责、一窗受理、全程代办、服务承诺等制度。提升城乡社区医疗卫生服务能力和水平，更好满足居民群众基本医疗卫生服务需求。探索建立社区公共空间综合利用机制，合理规划建设文化、体育、商业、物流等自助服务设施。积极开展以生产互助、养老互助、救济互助等为主要形式的农村社区互助活动。鼓励和引导各类市场主体参与社区服务业，支持供销合作社经营服务网点向城乡社区延伸。

（三）强化社区文化引领能力。以培育和践行社会主义核心价值观为根本，大力弘扬中华优秀传统文化，培育心口相传的城乡社区精神，增强居民群众的社区认同感、归属感、责任感和荣誉感。将社会主义核心价值观融入居民公约、村规民约，内化为居民群众的道德情感，外化为服务社会的自觉行动。重视发挥道德教化作用，建立健全社区道德评议机制，发现和宣传社区道德模范、好人好事，大力褒奖善行义举，用身边事教育身边人，引导社区居民崇德向善。组织居民群众开展文明家庭创建活动，发展社区志愿服务，倡导移风易俗，形成与邻为善、以邻为伴、守望相助的良好社区氛围。不断加强民族团结，建立各民族相互嵌入式的社会结构和社区环境，创建民族团结进步示范社区。加强城乡社区公共文化服务体系建设，提升公共文化服务水平，因地制宜设置村史陈列、非物质文化遗产等特色文化展示设施，突出乡土特色、民族特色。积极发展社区教育，建立健全城乡一体的社区教育网络，推进学习型社区建设。

（四）增强社区依法办事能力。进一步加快城乡社区治理法治建设步伐，加快修订《中华人民共和国城市居民委员会组织法》，贯彻落实《中华人民共和国村民委员会组织法》，研究制定社区治理相关行政法规。有立法权的地方要结合当地实际，出台城乡社区治理地方性法规和地方政府规章。推进法治社区建设，发挥警官、法官、检察官、律师、公证员、基层法律服务工作者作用，深入开展法治宣传教育和法律进社区活动，推进覆盖城乡居民的公共法律服务体系建设。

（五）提升社区矛盾预防化解能力。完善利益表达机制，建立党代会代表、人大代表、政协委员联系社区制度，完善党员干部直接联系群众制度，引导群众理性合法表达利益诉求。完善心理疏导机制，依托社会工作服务机构等专业社会组织，加强对城乡社区社会救助对象、建档立卡贫困人口、困境儿童、精神障碍患者、社区服刑人员、刑满释放人员和留守儿童、妇女、老人等群体的人文关怀、精神慰藉和心理健康服务，重点加强老少边穷地区农村社区相关机制建设。完善矛盾纠纷调处机制，健全城乡社区人民调解组织网络，引导人民调解员、基层法律服务工作者、农村土地承包仲裁员、社会工作者、心理咨询师等专业队伍，在物业纠纷、农村土地承包经营纠纷、家事纠纷、邻里纠纷调解和信访化解等领域发挥积极作用。推进平安社区建设，依托社区综治中心，拓展网格化服务管理，加强城乡社区治安防控网建设，深化城乡社区警务战略，全面提高社区治安综合治理水平，防范打击黑恶势力扰乱基层治理。

（六）增强社区信息化应用能力。提高城乡社区信息基础设施和技术装备水平，加强一体化社区信息服务站、社区信息亭、社区信息服务自助终端等公益性信息服务设施建设。依托"互联网+政务服务"相关重点工程，加快城乡社区公共服务综合信息平台建设，实现一号申请、一窗受理、一网通办，强化"一门式"服务模式的社区应用。实施"互联网+社区"行动计划，加快互联网与社区治理和服务体系的深度融合，运用社区论坛、微博、微信、移动客户端等新媒体，引导社区居民密切日常交往、参与公共事务、开展协商活动、组织邻里互助，探索网络化社区治理和服务新模式。发展社区电子商务。按照分级分类推进新型智慧城市建设要求，务实推进智慧社区信息系统建设，积极开发智慧社区移动客户端，实现服务项目、资源和信息的多平台交互和多终端同步。加强农村社区信息化建设，结合信息进村入户和电子商务进农村综合示范，积极发展农产品销售等农民致富服务项目，积极实施"网络扶贫行动计划"，推动扶贫开发兜底政策落地。

四、着力补齐城乡社区治理短板

（一）改善社区人居环境。完善城乡社区基础设施，建立健全农村社区基础设施和公用设施的投资、建设、运行、管护和综合利用机制。加快城镇棚户区、城中村和危房改造。加强城乡社区环境综合治理，做好城市社区绿化美化净化、垃圾分类处理、噪声污染治理、水资源再生利用等工作，着力解决农村社区垃圾收集、污水排放、秸秆焚烧以及散埋乱葬等问题，广泛发动居民群众和驻社区机关企事业单位参与环保活动，建设资源节约型、环境友好型社区。推进健康城市和健康村镇建设。强化社区风险防范预案管理，加强社区应急避难场所建设，开展社区防灾减灾科普宣传教育，有序组织开展社区应对突发事件应急演练，提高对自然灾害、事故灾难、公共卫生事件、社会安全事件的预防和处置能力。加强消防宣传和消防治理，提高火灾事故防范和处置能力，推进消防安全社区建设。

（二）加快社区综合服务设施建设。将城乡社区综合服务设施建设纳入当地国民经济和社会发展规划、城乡规划、土地利用规划等，按照每百户居民拥有综合服务设施面积不低于30平方米的标准，以新建、改造、购买、项目配套和整合共享等形式，逐步实现城乡社区综合服务设施全覆盖。加快贫困地区农村社区综合服务设施建设，率先推动易地搬迁安置区综合服务设施建设全覆盖。落实不动产统一登记制度，做好政府投资建设的城乡社区综合服务设施不动产登记服务工作。除国家另有规定外，所有以社区居民为对象的公共服务、志愿服务、专业社会工作服务，原则上在城乡社区综合服务设施中提供。创新城乡社区综合服务设施运营机制，通过居民群众协商管理、委托社会组织运营等方式，提高城乡社区综合服务设施利用率。落实城乡社区综合服务设施供暖、水电、燃气价格优惠政策。

（三）优化社区资源配置。组织开展城乡社区规划编制试点，落实城市总体规划要求，加强与控制性详细规划、村庄规划衔接；发挥社区规划专业人才作用，广泛吸纳居民群众参与，科学确定社区发展项目、建设任务和资源需求。探索建立基层政府面向城乡社区的治理资源统筹机制，推动人财物和责权利对称下沉到城乡社区，增强城乡社区统筹使用人财物等资源的自主权。探索基层政府组织社区居民在社区资源配置公共政策决策和执行过程中，有序参与听证、开展民主评议的机制。建立机关企事业单位履行社区治理责任评价体系，推动机关企事业单位积极参与城乡社区服务、环境治理、社区治安综合治理等活动，面向城乡社区开放文化、教育、体育等活动设施。注重运用市场机制优化社区资源配置。

（四）推进社区减负增效。依据社区工作事项清单建立社区工作事项准入制度，应当由基层政府履行的法定职责，不得要求基层群众性自治组织承担，不得将基层群众性自治组织作为行政执法、拆迁拆违、环境整治、城市管理、招商引资等事项的责任主体；依法需要基层群众性自治组织协助的工作事项，应当为其提供经费和必要工作条件。进一步清理规范基层政府各职能部门在社区设立的工作机构和加挂的各种牌子，精简社区会议和工作台账，全面清理基层政府各职能部门要求基层群众性自治组织出具的各类证明。实行基层政府统一对社区工作进行综合考核评比，各职能部门不再单独组织考核评比活动，取消对社区工作的"一票否决"事项。

（五）改进社区物业服务管理。加强社区党组织、社区居民委员会对业主委员会和物业服务企业的指导和监督，建立健全社区党组织、社区居民委员会、业主委员会和物业服务企业议事协调机制。探索在社区居民委员会下设环境和物业管理委员会，督促业主委员会和物业服务企业履行职责。探索完善业主委员会的职能，依法保护业主的合法权益。探索符合条件的社区居民委员会成员通过法定程序兼任业主委员会成员。探索在无物业管理的老旧小区依托社区居民委员会实行自治管理。有条件的地方应规范农村社区物业管理，研究制定物业管理费管理办法；探索在农村社区选聘物业服务企业，提供社区物业服务。探索建立社区微型消防站或志愿消防队。

五、强化组织保障

（一）完善领导体制和工作机制。各级党委和政府要把城乡社区治理工作纳入重要议事日程，完善党委和政府统一领导，有关部门和群团组织密切配合，社会力量广泛参与的城乡社区治理工作格局。完善中央层面城乡社区治理工作协调机制，地方各级党委和政府要建立健全相应工作机制，抓好统筹指导、组织协调、资源整合和督促检查。各省（自治区、直辖市）党委和政府要建立研究决定城乡社区治理工作重大事项制度，定期研究城乡社区治理工作。市县党委书记要认真履行第一责任人职责，街道党工委书记、乡镇党委书记要履行好直接责任人职责。要把城乡社区治理工作纳入地方党政领导班子和领导干部政绩考核指标体系，纳入市县乡党委书记抓基层党建工作述职评议考核。逐步建立以社区居民满意度为主要衡量标准的社区治理评价体系和评价结果公开机制。

（二）加大资金投入力度。加大财政保障力度，统筹使用各级各部门投入城乡社区的符合条件的相关资金，提高资金使用效率，重点支持做好城乡社区治理各项工作。老少边穷地区应根据当地发展水平，统筹中央财政一般性转移支付等现有资金渠道，支持做好城乡社区建设工作。不断拓宽城乡社区治理资金筹集渠道，鼓励通过慈善捐赠、设立社区基金会等方式，引导社会资金投向城乡社区治理领域。创新城乡社区治理资金使用机制，有序引导居民群众参与确定资金使用方向和服务项目，全过程监督服务项目实施和资金使用。

（三）加强社区工作者队伍建设。将社区工作者队伍建设纳入国家和地方人才发展规划，地方要结合实际制定社区工作者队伍发展专项规划和社区工作者管理办法，把城乡社区党组织、基层群众性自治组织成员以及其他社区专职工作人员纳入社区工作者队伍统筹管理，建设一支素质优良的专业化社区工作者队伍。加强城乡社区党组织带头人队伍建设，选优配强社区党组织书记，加大从社区党组织书记中招录公务员和事业编制人员力度，注重把优秀社区党组织书记选拔到街道（乡镇）领导岗位，推动符合条件的社区党组织书记或班子成员通过依法选举担任基层群众性自治组织负责人或成员。社区专职工作人员由基层政府职能部门根据工作需要设岗招聘，街道办事处（乡镇政府）统一管理，社区组织统筹使用。加强对社区工作者的教育培训，提高其依法办事、执行政策和服务居民能力，支持其参加社会工作职业资格评价和学历教育等，对获得社会工作职业资格的给予职业津贴。加强社区工作者作风建设，建立群众满意度占主要权重的社区工作者评价机制，探索建立容错纠错机制和奖惩机制，调动社区工作者实干创业、改革创新热情。

（四）完善政策标准体系和激励宣传机制。加强城乡社区治理工作理论政策研究，做好城乡社区发展规划编制工作，制定"三社联动"机制建设、政府购买城乡社区服务等相关配套政策。加快建立城乡社区治理标准体系，研究制定城乡社区组织、社区服务、社区信息化建设等方面基础通用标准、管理服务标准和设施设备配置标准。及时总结推广城乡社区治理先进经验，积极开展城市和谐社区建设、农村幸福社区建设示范创建活动和城乡社区结对共建活动，大力表彰先进城乡社区组织和优秀城乡社区工作者。充分发挥报刊、广播、电视等新闻媒体和网络新媒体作用，广泛宣传城乡社区治理创新做法和突出成效，营造全社会关心、支持、参与城乡社区治理的良好氛围。

各省（自治区、直辖市）要按照本意见精神，结合实际制定加强城乡社区治理工作的具体实施意见。各有关部门要根据本意见要求和职责分工，制定贯彻落实的具体措施。